Uni-Taschenbücher 986

UTB

Eine Arbeitsgemeinschaft der Verlage

Birkhäuser Verlag Basel und Stuttgart
Wilhelm Fink Verlag München
Gustav Fischer Verlag Stuttgart
Francke Verlag München
Paul Haupt Verlag Bern und Stuttgart
Dr. Alfred Hüthig Verlag Heidelberg
Leske Verlag + Budrich GmbH Opladen
J.C.B. Mohr (Paul Siebeck) Tübingen
C.F. Müller Juristischer Verlag - R. v. Decker's Verlag Heidelberg
Quelle & Meyer Heidelberg
Ernst Reinhardt Verlag München und Basel
K.G. Saur München . New York . London . Paris
F.K. Schattauer Verlag Stuttgart . New York
Ferdinand Schöningh Verlag Paderborn
Dr. Dietrich Steinkopff Verlag Darmstadt
Eugen Ulmer Verlag Stuttgart
Vandenhoeck & Ruprecht in Göttingen und Zürich

Bolte/Kappe/Schmid
Bevölkerung

Karl Martin Bolte, Dieter Kappe,
Josef Schmid

Bevölkerung
Statistik, Theorie, Geschichte und
Politik des Bevölkerungsprozesses

4. völlig neu überarbeitete Auflage

Leske Verlag + Budrich GmbH, Opladen 1980

CIP-Kurztitelaufnahme der Deutschen Bibliothek

Bolte, Karl Martin:
Bevölkerung: e. Einf. in Theorie, Geschichte, Statistik
u. Ansätze zur polit. Beeinflussung d. Bevölkerungsprozesses/
Karl Martin Bolte; Dieter Kappe; Josef Schmid.
– 4. völlig neu überarb. Aufl. –
Opladen: Leske und Budrich, 1980.
(Uni-Taschenbücher; 986)
Bis 3. Aufl. u. d. T.: Bolte, Karl Martin:
Struktur und Entwicklung der Bevölkerung.
NE: Kappe, Dieter; Schmidt Josef:

© 1980 by Leske Verlag + Budrich GmbH, Opladen
Satz: Copo-Satz, Seeheim-Jugenheim
Satz-Studio I. Steenbeck, Monheim
Buchbinderische Verarbeitung: Sigloch-Henzler,
Stuttgart
Einbandgestaltung: A. Krugmann, Stuttgart

ISBN 978-3-322-92460-5   ISBN 978-3-322-92459-9 (eBook)
DOI 10.1007/ 978-3-322-92459-9

Inhalt

1. Zur Einführung

Wir leben in einer Zeit sozialen Wandels. Die Lebenbedingungen haben sich in Verbindung mit dem Industrialisierungsprozeß in vielen europäischen und außereuropäischen Ländern während der letzten 200 Jahre entscheidend geändert und verändern sich weiterhin. Neue Ideen und Vorstellungen haben sich ausgebreitet und wirken in viele Lebensbereiche hinein. Wechselnde Situationen im Bereich von Arbeit und Freizeit, Familie und Öffentlichkeit, kennzeichnen unser Dasein und zwingen uns zu entsprechenden Reaktionen und Stellungnahmen. Bedeutsame Veränderungen vollziehen sich u.a. im Bereich der Bevölkerungsentwicklung sowie der Vorstellungen und Verhaltensweisen, die mit dieser verbunden sind. Probleme der verschiedensten Art und Versuche, mit ihnen fertig zu werden, sind die Folge. Die nachstehenden Hinweise dieses Kapitels, die z.t. Auszüge aus der Literatur darstellen, mögen einen ersten Einblick in Zusammenhänge geben, um die es dabei geht.

1.1 Vermehrung der Erdbevölkerung

„Haben Sie Spaß an einem kleinen Spiel? Dann nehmen Sie bitte Bleistift und Papier zur Hand. Legen Sie eine Uhr vor sich auf den Tisch und verfolgen Sie den Sekundenzeiger. Sehen Sie, wie er weiterrückt, Schritt um Schritt? Nehmen Sie jetzt Ihren Stift und machen Sie alle drei Sekunden fünf Striche aufs Papier. Tun Sie so, als wollten Sie etwas auszählen, das sich alle drei Sekunden fünfmal wiederholt. Sie müssen sich beeilen, wenn Ihnen der Zeiger nicht davonlaufen soll, nicht wahr? Fünf Striche alle drei Sekunden, das sind hundert Striche in der Minute, hundert Takte − ungefähr der Rhythmus eines modernen Tanzes.

Wissen Sie, was Sie da tun?

Es ist das gegenwärtige Wachstum der Weltbevölkerung, das Sie sichtbar machen. Vorsichtig geschätzt, vermehrt sich nämlich die Menschheit heute um fünf Seelen alle drei Sekunden, oder auch − wenn Sie so wollen − um hundert in der Minute. Wohlgemerkt: diese einhundert, das sind nicht die Neugeburten in aller Welt. Neugeborene gibt es in der gleichen Zeitspanne mehr als doppelt soviel. Die Zahl Einhundert nennt nichts als die Münder, die unsere alte Erde alle sechzig Sekunden zusätzlich ernähren soll. Die stete Ernte des Todes ist schon einkalkuliert: Einhundert kommt heraus, wenn man die minütlichen Todesfälle in der Welt von den minütlichen Neugeburten abzieht . . .

Es kann nicht verborgen bleiben, welch todernstes Problem hinter unserer amüsanten Zahlenspielerei steckt. Was wir ausgerechnet haben, ist die Bilanz der menschlichen Fruchtbarkeit im Verein mit den modernen Methoden, den Tod zu bekämpfen." [1]

Diese vor ca. 10 Jahren geschriebenen Sätze gelten auch heute noch. Nach Vorausberechnungen der UNO, die seit Jahren durchgeführt werden, wird die Erdbevölkerung, die 1961 die 3-Mrd.-Grenze und 1976 die 4-Mrd.-Grenze überschritten hatte, bis zum Jahre 2000 auf mindestens 6 Mrd. angewachsen sein. Es kommt also in den nächsten 20 Jahren zu einer weiteren, sehr starken Vermehrung der Erdbevölkerung.

„Diese Menschen werden ernährt, gekleidet, untergebracht, erzogen, mit Arbeit versorgt und vor Krankheit bewahrt sein wollen . . . Eine gigantische Aufgabe . . ., die ungeheure Anstrengungen verlangt, soll sie gelingen."[2]

1.2 Verlagerung des Bevölkerungsschwergewichts

Die derzeitige Vermehrung der Erdbevölkerung ist in den einzelnen Gebieten der Erde sehr verschieden stark. Eine unter vielen anderen Konsequenzen dieser Entwicklung ist eine deutliche Verlagerung des Bevölkerungsschwergewichts.

Wir können die heutige Erdbevölkerung in drei Gruppen einteilen:
- in die westlich orientierten Völker, die durch pluralistische Demokratie und eine überwiegend auf Privateigentum an Produktionsmitteln aufbauende Wirtschaft gekennzeichnet sind,
- in die Völker des sozialistisch-kommunistischen Lagers,
- in die Völker, die weder eindeutig zur einen noch zur anderen Gruppe gehören, und die weitgehend unter dem Begriff der sog. Entwicklungsländer zusammengefaßt werden können.

Von den fast 3 Mrd. Menschen, die 1960 die Erde bevölkerten, entfielen nicht ganz 1 Mrd. auf die Länder mit ‚westlicher' Lebensart, fast 1 Mrd. auf die Länder des sozialistisch-kommunistischen Lagers und ebenfalls 1 Mrd. auf die Entwicklungsländer.

---

1 Löbsack (99), S. 15 ff. Die eingeklammerte Zahl verweist auf die genaue Literaturangabe im Anhang.
2 Löbsack (99), S. 11.

Bis zum Jahre 2000 wird sich dieses Bild grundlegend geändert haben. Die Bevölkerungszahl in den Ländern westlicher Prägung wird nur langsam angewachsen sein und dann ca. 1,2 Mrd. betragen. Die Bevölkerung in den kommunistischen Ländern (mit China) wird sich auf 2,5 Mrd. Menschen vermehrt haben, und die Bevölkerung in den Entwicklungsländern wird ebenfalls auf ca. 2,6 Mrd. Menschen angestiegen sein. Es baut sich also eine deutliche Verlagerung des Bevölkerungsschwergewichts auf der Erde auf, und es wird noch darüber zu sprechen sein, daß sie von zahlreichen wirtschaftlichen und politischen Problemen begleitet ist.

1.3 Veränderungen des Altersaufbaus

Jahr für Jahr scheiden Menschen aus dem Erwerbsleben aus, und andere treten ein, nachdem sie ein bestimmtes Alter erreicht haben. Die Zahlen derjenigen, die in das Erwerbsleben eintreten und jener, die es verlassen, sind keineswegs gleich. Je nachdem, ob es sich um starke oder schwache Geburtenjahrgänge handelt, je nachdem, ob die Jahrgänge im Laufe ihres Lebens unter besonderer Todesbedrohung durch Krieg, andere Katastrophen oder Krankheiten gestanden haben und je nachdem, ob die im Lande Geborenen durch Einwanderer vermehrt oder durch Auswanderer vermindert werden, kann sich die Zahl der am Erwerbsleben beteiligten Personen durch solche von der Bevölkerungsbewegung — dem Zusammenspiel von Geburtenhäufigkeit und Sterbehäufigkeit sowie von Ein- und Auswanderung — ausgehenden Impulse erheblich verändern. Die unterschiedliche Stärke einzelner Jahrgänge und ihr jeweiliger Anteil am Altersaufbau der Bevölkerung berühren aber nicht nur die Größe des Erwerbspotentials, sondern auch viele andere Gesellschaftsbereiche. Mit der Stärke der Altersgruppen verändert sich die Nachfrage nach bestimmten Gütern (Wohnungen z.B.). Unterschiedlich starke Geburtsjahrgänge wirken sich auf die Belegung von Kindergärten, Schulen und Universitäten aus. Die Veränderung des Verhältnisses der Personen oberhalb des erwerbsfähigen Alters zu den Personen im erwerbsfähigen Alter hat erhebliche Bedeutung für die Altersversorgung im Rahmen der Sozialversicherung. Generell bringen starke Schwankungen der Stärke der einzelnen Jahrgänge im Altersaufbau vielfältige Probleme mit sich und erfordern für ihre Bewältigung mannigfaltige Anstrengungen.

1.4 Gewandelte Formen generativen Verhaltens

„Die Fortpflanzung der Menschen war in der Agrargesellschaft sozial kontrolliert durch rechtliche Institutionen und feste Bräuche: durch

Heiratskonsens der Grundherrschaft, durch Bindung der Ehemöglichkeit zuerst an eine Ackernahrung, später auch an die Mitgliedschaft einer Zunft;...

durch erzwungene Ehelosigkeit, durch erbrechtliche Ordnungen, die das Heiratsalter heraufsetzten, durch Keuschheitsgelübde und vieles andere mehr."

„An die Stelle der alten sozialen Fruchtbarkeitskontrollen der Agrargesellschaft trat die neue, diesmal individuelle Kontrolle der weiblichen Fruchtbarkeit. Wurde früher durch institutionell erzwungene Ehelosigkeit die Fruchtbarkeit außerhalb der Ehe eingeschränkt, so war sie innerhalb der Ehe frei und wurde voll ausgeschöpft....

In der neuen Gesellschaft dagegen ist die Ehelosigkeit nicht mehr erzwingbar: Die Eheschließung ist frei geworden. Aber jetzt wird innerhalb der Ehe die weibliche Fruchtbarkeit nicht mehr voll ausgeschöpft, sondern dem individuellen Urteil und Entschluß unterworfen. Damit aber hat sich in der Intimsphäre eine heimliche Revolution vollzogen.... Die bisher — jahrtausendlang — ‚gottgewollte Fruchtbarkeit‘ ist einer individuellen Entscheidung unterwerfbar geworden." [3]

1.5 „Familienplanung" und „bewußte Elternschaft"

„Nicht nur an den Theologen, den Arzt, den Soziologen und den Staatsmann — an jedes Ehepaar der ganzen großen Welt treten heute die Fragen der Geburtenregelung, der ‚Familienplanung‘ und der ‚bewußten Elternschaft‘ heran. Während den Verantwortlichen der westlichen Industrie-Nationen die Überalterung ihrer Völker und der kaum noch ausreichende Nachwuchs Sorgen bereiten, kämpfen die führenden Persönlichkeiten im Mittleren und Fernen Osten, in Mittel- und Südamerika und anderen Erdgebieten einen bisher fast erfolglosen Kampf gegen die explosionsartige Bevölkerungszunahme mit allen ihren verhängnisvollen Auswirkungen.

So, wie das Problem im großen durch die unterschiedliche Bevölkerungsentwicklung der Länder seine zwei Seiten hat, so auch im kleinen, bei der einzelnen Familie: Hier hat der Arzt die sich sehnlichst Kinder wünschende Frau zu beraten, dort sucht ihn die vor Angst und Sorgen vor weiteren Schwangerschaften sich quälende kinderreiche Mutter auf, die an den Grenzen ihrer seelischen und körperlichen Leistungsfähigkeit angelangt ist. Diese zweigesichtige Problematik, die zu den gewichtigsten, folgenschwersten und akutesten unserer Erde gehört, geht uns alle an." [4]

3 Wollny (189), S. 25 ff.
4 Prof. Kirchhoff, ehemaliger Direktor der Göttinger Universitäts-Frauenklinik, in einem Geleitwort zu dem Buch von Löbsack (99).

1.6 Stellungnahmen zur Bevölkerungsentwicklung

Die Vereinten Nationen erklärten das Jahr 1974 zum Weltbevölkerungsjahr. Damit sollte international auf die Probleme des starken Wachstums der Erdbevölkerung hingewiesen werden. Ein zentrales Ereignis dieses Jahres war die Weltbevölkerungskonferenz in Bukarest, auf der ein „Weltbevölkerungsaktionsplan" verabschiedet wurde. Darin wird der Sorge um die Entwicklung der Erdbevölkerung Ausdruck verliehen und gefordert, das Bevölkerungsproblem zum Gegenstand weltweiter politischer Verantwortung zu machen. In § 36 wird ein Geburtenrückgang in den Entwicklungsländern als wünschenswert bezeichnet. Um dies zu verwirklichen, scheinen „erhebliche Anstrengungen auf dem Gebiet der sozialen und wirtschaftlichen Entwicklung und der Bevölkerungspolitik erforderlich",[5] insbesondere die Durchführung von gezielten Familienplanungsprogrammen, um den Anwendungs- und Wirkungsgrad der Empfängnisverhütung zu erhöhen.

Den Sorgen um die Folgen einer weiteren starken Bevölkerungsvermehrung in vielen Entwicklungsländern stehen in einigen Industrieländern jene um die Konsequenzen einer Abnahme der Bevölkerungszahl gegenüber. 1977 wurden in der Bundesrepublik Deutschland — in Verbindung mit einer Anfrage der Oppositionsparteien — vom Statistischen Bundesamt im Auftrag der Bundesregierung „Modellrechnungen" erstellt, die u.a. erkennen lassen sollten, welche Konsequenzen es für die Bevölkerungsentwicklung haben würde, wenn man einmal „annimmt", daß die niedrigen Geburtenwerte der Mitte der 70er Jahre fortbestehen. In einer Darstellung der Ergebnisse heißt es u.a.:

„Nach den Annahmen des Statistischen Bundesamtes geht die deutsche Bevölkerung im Bundesgebiet bis 1990 von 58 Mio. (1975) auf 55 Mio., d. h. um 3 Mio., zurück. Rechnet man mit unveränderten Annahmen (d. h. gleiche Geburtenwerte wie 1975. Die Verf.) weiter, kommt man für das Jahr 2000 auf eine deutsche Bevölkerung von 52 Mio., für das Jahr 2030 von 39 Mio. und für das Jahr 2070 von 22 Mio.. D.h. die deutsche Bevölkerung im Bundesgebiet würde, immer unter den gemachten Annahmen und wenn keine Einwanderung stattfindet, bis 2030 auf den Stand von 1939 und bis 2070 auf den Stand vor 100 Jahren zurückgehen. Das jährliche Geburtendefizit dürfte bis zum Jahr 1990 nur rd. 200.000 betragen. Danach wäre bei den gemachten Annahmen jedoch ein Überschuß der Sterbefälle über die Geburten zu erwarten, der allmählich bis auf fast 500.000 jährlich ansteigen müßte. Diese Zahlen beweisen eindrucksvoll die enormen Veränderungen des Bevölkerungsstandes, die bei Fortdauer des sehr niedrigen Niveaus der Geburtenhäufigkeit mit der Zeit eintreten müßten."[6]

5 Bundesministerium des Innern (20), S. 60.
6 Schwarz (158). In: Franke/Jürgens (55), S. 28.

Die in den Abschnitten 1.1 bis 1.6 gegebenen Hinweise vermitteln zwar nur einen begrenzten Einblick in die Vielzahl der Probleme, die insgesamt aus dem Bevölkerungsprozeß und den damit verbundenen Vorstellungen und Verhaltensweisen hervorgehen, aber sie machen wohl bereits deutlich, daß es berechtigt ist zu behaupten, daß das soziale, wirtschaftliche und politische Geschehen der kommenden Jahrzehnte auf der Erde allein schon von der Bevölkerungsentwicklung her mit Spannung geladen sein wird. Unser Dasein, bis hinein in die intimste private Sphäre, wird von Aktionen, Vorstellungen und Gesetzen beeinflußt, die in unmittelbarem Zusammenhang mit der Bevölkerungsproblematik stehen. Man darf daher mit Fug und Recht behaupten, daß niemand die heutige Situation und die Entwicklungstendenzen unserer Gesellschaft wirklich zu verstehen und abzuschätzen vermag, der nicht ein gewisses Minimum an Kenntnissen auch über die Struktur und Entwicklung des Bevölkerungsprozesses hat. Es ist das Anliegen dieser Veröffentlichung, in einem Abriß jenes Wissen zu skizzieren, das man u.E. wenigstens benötigt, um zu verstehen und zu beurteilen, was heute im Bereich der Bevölkerung geschieht und welche Folgen von daher in der nächsten Zukunft zu erwarten sein werden.

Die Darstellungen konzentrieren sich in erster Linie auf die Entwicklung in der Bundesrepublik Deutschland sowie auf die dahinter stehenden historischen Vorgänge im deutschen Bereich. Sie werden aber auch die grundsätzlichen Probleme der Bevölkerungsentwicklung in anderen Gebieten der Erde andeuten.

2. Bestimmungsfaktoren des Bevölkerungsprozesses und seine statistische Erfassung

In jedem von Menschen bewohnten Gebiet läßt sich im Zeitablauf ein Prozeß des Zu- und Abgangs von Bewohnern beobachten. Dieser Prozeß der Bevölkerungsbewegung (Bevölkerungsprozeß) beeinflußt nicht nur die Entwicklung der Zahl der Bevölkerung, sondern auch ihre Zusammensetzung nach Alter, Geschlecht und anderen Merkmalen und wirkt damit auf die verschiedensten Bereiche des wirtschaftlichen und gesellschaftlichen Lebens ein.

2.1 Elemente und Faktoren des Bevölkerungsprozesses

Ob eine Bevölkerung wächst, zahlenmäßig gleich bleibt oder schrumpft (d.h. in welcher Richtung der Bevölkerungsprozeß die Zahl der Menschen verändert), hängt vom Zusammenwirken des Zusammenspiels von Geburten- und Sterbevorgang (der biosozialen Bevölkerungsbewegung [1]) einerseits und den Wanderungen über die Gebietsgrenzen (Aus- und Einwanderung) andererseits ab. In diesem Abschnitt soll im folgenden nur die biosoziale Bevölkerungsbewegung interessieren.

Beide Prozesse, aus deren Zusammenspiel die biosoziale Bevölkerungsbewegung resultiert − Geburten- und Sterbevorgang −, lassen sich in Teilprozesse aufgliedern, und hinter diesen stehen Bestimmungsfaktoren verschiedener Art.

So gliedert sich der *Geburtenprozeß* in den ehelichen und in den unehelichen Geburtenvorgang, und als unmittelbare Bestimmungsfaktoren sind hinter diesen beiden Vorgängen dann zunächst folgenden Bedingungen nachzuweisen:

a) Die eheliche Fruchtbarkeit (Fortpflanzungsintensität in der Ehe).
b) Die eheliche Fruchtbarkeit.
c) Die Verheiratungsquote, worunter hier der Anteil derjenigen ver-

---

[1] Wir setzen diese Bezeichnung anstelle der sonst im deutschen Sprachbereich üblichen „natürliche Bevölkerungsbewegung". Sie verweist darauf, daß Geburt und Tod Bio-Vorgänge sind, die aber in vielfältiger Weise auch durch soziale Bestimmungsfaktoren beeinflußt werden. Im einzelnen siehe dazu Kap. 4.

standen werden soll, die von den Angehörigen eines Geburtenjahrgangs im Laufe ihres Lebens zur Heirat kommen. (Wenn uneheliche Geburten unter Strafandrohung gestellt oder moralisch belastet sind, d.h. nur jene sich „fortpflanzen" dürfen, die eine Ehe schließen, so hängt die Größe des Geburtenvorgangs ja nicht nur von der Fruchtbarkeit je Ehe, sondern maßgeblich auch von dem Anteil jener ab, die von den Heiratsfähigen tatsächlich heiraten).

d) Der Generationenabstand, d.h. der durchschnittliche Abstand zwischen den Geburtsjahren der Eltern und der Kinder. (Wenn dieser Abstand z.B. 33 Jahre beträgt, so gehen aus dem Geburtenvorgang in 100 Jahren ca. 3 Generationen hervor, beträgt er dagegen nur 25 Jahre, so sind es im gleichen Zeitraum 4 Generationen.)

e) Die Sterbeverhältnisse insofern, als es ja für die Größe des Geburtenprozesses im Zeitablauf sehr wesentlich ist, wieviel von den Geborenen das Alter erreichen, in dem sie sich selbst wieder fortpflanzen können.

Hinter der ehelichen Fruchtbarkeit (a) stehen dann als Bestimmungsfaktoren:

aa) Die Ehedauer und hinter dieser u.a. das Heiratsalter, die Ehescheidungs- und die Sterbeverhältnisse, die eine Ehe ja vor Beendigung des Fortpflanzungsalters beenden können, und die Wiederverheiratungsverhältnisse;

ab) die biologische Möglichkeit zur Fortpflanzung (Gesundheitszustand, Sterilität usw.) und hinter dieser die medizinischen Kenntnisse, die Ernährungsverhältnisse usw.;

ac) Werthaltungen und Normen, die sich auf die Zahl der Kinder und das Fortpflanzungsverhalten im allgemeinen (z.B. auf die Zeitfolge der Geburten) beziehen und hinter diesen u.a. die religiösen Vorstellungen, die politischen Zielsetzungen des Staates usw.;

ad) individuelle Wünsche hinsichtlich der Zahl der Kinder und des Fortpflanzungsverhaltens und hinter diesen u.a. die wirtschaftlichen Verhältnisse, der individuelle Gesundheitszustand und viele andere Faktoren mehr.

Hinter der unehelichen Fruchtbarkeit (b) lassen sich vor allem die oben schon unter ab) bis ad) genannten Faktoren nachweisen.

Hinter der Verheiratungsquote (c) stehen insbesondere:

ca) Soziale Regelungen wie z. B. Heiratsverbote und hinter diesen wieder politische Absichten, religiöse Vorstellungen u.a.m.;

cb) die Geschlechterproportion in den Altersgruppen der Heiratsfähigen und dahinter u.a. die altersspezifischen Sterbeverhältnisse und alle Faktoren, die diese berühren;

cc) individuelle Vorstellungen über die Notwendigkeit oder Zweckmäßigkeit einer dauerhaften, institutionalisierten Partnerverbindung.

Hinter dem Generationenabstand (d) lassen sich als Bestimmungsfaktoren vor allem das Gebär- und Zeugungsalter nachweisen und hinter diesen dann das Heiratsalter, der Zeitpunkt und Abstand der Geburten in der Ehe und alle Faktoren, die letztere wieder bestimmen, wie z.b. gesetzliche Regelungen sowie individuelle Wünsche und soziale Werthaltungen, die sich auf das Heiratsalter und die Geburtenfolge beziehen.

Hinter dem *Sterbevorgang* – der sich zunächst in die verschiedenen alters- und geschlechtsspezifischen Sterbeprozesse wie z. B. die Säuglings-, Kinder-, Erwachsenen und Greisensterblichkeit untergliedern läßt – stehen als Bestimmungsfaktoren u.a. die allgemeinen hygienischen Verhältnisse, die medizinischen Kenntnisse und der Grad der Gesundheitspflege, die Ernährungsverhältnisse, religiöse oder politisch geprägte Verhaltensweisen, die sich auf die Tötung von Menschen beziehen, und viele andere Faktoren mehr.

Diese kurze, bei weitem nicht vollständige Aufzählung mag verdeutlichen, daß bei der Bestimmung der „biosozialen Bevölkerungsbewegung" eine Vielzahl charakteristischer Prozesse wie altersspezifische Sterbevorgänge, eheliches und uneheliches Fortpflanzungsverhalten, Heiratsverhalten usw., als unmittelbare und mittelbare Bestimmungsfaktoren zusammenwirken. Hinter diesen Prozessen sind dann weitere Bestimmungsfaktoren nachzuweisen, die bis in die Tiefe des Sozialkörpers hinein zu verfolgen sind und damit erkennen lassen, daß der Bevölkerungsprozeß auf engste mit den verschiedenen Bereichen des gesellschaftlichen Lebens verflochten ist.

Die Entwicklung des Bevölkerungsprozesses, die Veränderung der darin enthaltenen Elemente, die dahinter stehenden Bedingungen und die durch die Wandlungen des Bevölkerungsprozesses geschaffenen Verhältnisse (wie z.B. die Altersgliederung) sind für den Menschen als Mitglied der Bevölkerung nicht ohne weiteres erkennbar. Wie jeder soziale Massenvorgang, so gehören auch die Bewegungen im Bereich der Bevölkerung zu jenen Erscheinungen, für deren Erfassung uns ein unmittelbares Organ fehlt. Wir bedürfen eines Hilfsmittels, um dieses Organ zu ersetzen und jene Vorgänge in unser Bewußtsein zu heben. Im Bereich der Sozialwissenschaften ist ein wichtiges Hilfsmittel dieser Art die Statistik. Durch Verzeichnen, Zählen und Vergleichen ist es möglich, Erkenntnisse über die Bevölkerung und ihre Veränderungen zu erlangen, die durch die bloße Anschauung niemals zu gewinnen wären. Zum Verständnis des Bevölkerungsprozesses sind daher gewisse bevölkerungsstatistische Kenntnisse unerläßlich.

2.2 Ausgewählte Begriffe und Maße der Bevölkerungsstatistik

Jeder Statistik liegt eine bestimmte Eigentümlichkeit zugrunde. Man kann statistische Methoden nicht einfach an irgendein Objekt, also z.B. die Bevölkerung, herantragen, um so alles zu erfahren, was über die Bevölkerung überhaupt erfahrenswert ist. Es ist vielmehr notwendig, von bestimmten Fragestellungen her die einzelnen Methoden anzusetzen. Erst wenn eine bestimmte Fragestellung vorliegt, kann von dieser aus eine Seite des Untersuchungsobjekts – nämlich die der Fragestellung entsprechende – erfaßt werden. Alle anderen Seiten, denen die gewählte Fragestellung nicht entspricht, bleiben verborgen und unerkennbar.

Alles was wir heutzutage durch die Statistik über das Bevölkerungsgeschehen wissen, entspricht gewissen Fragestellungen, die zu irgendeiner Zeit einmal an dieses herangetragen worden sind. Die Art der Fragestellungen und die Richtung, in der sie gehen, haben sich im Laufe der Zeit entwickelt und ständig gewandelt, je nachdem welche Seiten des Bevölkerungsvorgangs gerade das Interesse auf sich gezogen hatten. So sind bis in die Gegenwart eine Anzahl von Fragestellungen, Verfahren und Maßen erarbeitet worden, und auf einige Maße, insbesondere auf jene, auf die man immer wieder stößt, wenn man sich mit dem Bevölkerungsprozeß und seinen Auswirkungen befaßt, sei nachstehend kurz hingewiesen. [2]

Man unterscheidet die *Statistik des Bevölkerungsstandes* von der *Statistik der Bevölkerungsbewegung.* In der ersteren geht es darum, einem bestimmten Zeitpunkt zurechenbare Bestandsmassen (z.B. die Zahl der Personen, der Haushalte usw.), deren Gliederung nach verschiedenen Merkmalen (z.B. nach Alter, Geschlecht, Beruf, Konfession oder nach der Zahl der Haushaltsangehörigen) und deren Beziehung zu anderen Größen (z.B. die Zahl der Einwohner je km^2 = Bevölkerungsdichte) darzustellen. In der Statistik der Bevölkerungsbewegung beschäftigt man sich mit der Erfassung sog. Ereignismassen wie Geburten, Sterbefällen, Eheschließungen, Ehelösungen, Wanderungen sowie mit den Veränderungen und Veränderungstendenzen (z.B. der Wachstumsrate) einer Bevölkerung. Die Werte der Statistik der Bevölkerungsbewegung sind im allgemeinen auf einen Zeitraum bezogen (z.B. die Zahl der Geborenen im Jahr 1978).

Angaben über den Bevölkerungsstand können entweder durch zu bestimmten Zeitpunkten durchgeführte besondere Erhebungen [3] oder –

2   Für eine ausführliche Darstellung der Bevölkerungsstatistik siehe Feichtinger (53).
3   Die bekanntesten Erhebungen dieser Art sind die Volkszählungen. Die ersten fanden bereits vor mehr als 2000 Jahren in China und Ägypten, meist aus militärischen und fiskalischen Gründen, statt. In Deutschland hat es seit der Gründung des Deutschen Reiches Zählungen in folgenden Jahren gegeben: Deutsches Reich 1871, 1875, dann alle fünf Jahre bis 1910, 1925, 1933, 1939. Vier Besatzungszonen und Berlin 1946, Bundesrepublik 1950, 1961, 1970. Seit 1957 gibt es in der Bundesrepublik den in diesem Zusammenhang erwähnenswerten Mikrozensus, eine von der amtlichen Statistik mehrmals jährlich durchgeführte Stichprobenerhebung (Teilerhebung).

von den Ergebnissen einer solchen Erhebung ausgehend – durch Fortschreibung mit den entsprechenden Ereignismassen erlangt werden. (Um die Bevölkerungszahl zu einem bestimmten Zeitpunkt zu erfassen, kann entweder eine besondere Zählung durchgeführt werden, oder es kann zur letzten bekannten Bevölkerungszahl die Zahl der seither Geborenen und Eingewanderten zugezählt und dann die Zahl der inzwischen Gestorbenen und Ausgewanderten abgezogen werden.)

Um Angaben über die Bevölkerungsbewegung zu erhalten, wäre es hinsichtlich einiger Fragestellungen grundsätzlich möglich, diese dadurch zu gewinnen, daß die Ergebnisse zweier Volkszählungen miteinander verglichen werden. Die Zeitspanne zwischen diesen Zählungen ist oft jedoch viel zu lang, um kurzfristige Veränderungen zu erfassen, und der Zeit- und Kostenaufwand ist zu groß, um solche Zählungen häufiger durchzuführen. Man bedient sich daher für diesen Zweck sowie zur Erfassung der Ereignismassen (Geburten, Sterbefälle, Wanderungen usw.) – im Gegensatz zu den Primärerhebungen der Volkszählungen und des Mikrozensus – der sog. sekundärstatistischen Methode und gewinnt die erforderlichen Angaben aus den Aufzeichnungen der Standesämter, Meldeämter usw. Der Vorteil dieser Methode ist, daß man nicht nur die Ereignismassen erfassen, sondern auch – wie schon angedeutet – jederzeit den Bestand der Bevölkerung dadurch feststellen kann, daß man mit Hilfe der Sekundärstatistik die Ergebnisse der letzten Volkszählung fortschreibt, d.h. die Zugänge hinzuzählt und die Abgänge abzieht.

Die gebräuchlichsten Angaben und Maße aus der Statistik des Bevölkerungsstandes (Größe der Bevölkerung, Gliederung bzw. Verteilung der Bevölkerung nach Alter und Geschlecht, Bevölkerungsdichte usw.) sind unschwer zu verstehen. Allerdings ist es wichtig, sich genau über den Inhalt der dabei verwendeten Begriffe wie z. B. Wohnbevölkerung, ortsanwesende Bevölkerung, Erwerbspersonen, Erwerbstätige, Stellung im Beruf usw. zu informieren. [4]

Die gebräuchlichsten Maße aus der Stastistik der Bevölkerungsbewegung sind häufig nicht ohne weiteres verständlich und setzen eine genaue Kenntnis dessen voraus, was sie im einzelnen erfassen und aussagen. Wir wollen uns im folgenden daher mit einigen von ihnen beschäftigen.

a) Maße, die sich auf den Geburtenvorgang beziehen:

Einen ersten Einblick in die Fruchtbarkeit (Fortpflanzungsintensität) einer Bevölkerung vermittelt die *Zahl der Geborenen* in einer bestimmten Periode (meist einem Jahr).

4 Definitionen dieser Begriffe finden sich in Lehrbüchern der Bevölkerungsstatistik und u.a. in den relevanten Veröffentlichungen der amtlichen Statistik (z.B. in den Vorbemerkungen der Statistischen Jahrbücher für die Bundesrepublik Deutschland).

Dieses Maß gibt nun zwar einen guten Einblick in die Größenordnung des Geburtenvorgangs, aber es eignet sich nicht, um die Fruchtbarkeit einer Bevölkerung in verschiedenen Zeiträumen oder von zwei oder mehreren Bevölkerungen im gleichen Zeitraum zu vergleichen.

Unterschiedliche Geborenenzahlen in zwei Ländern können z.b. nicht nur darauf zurückgeführt werden, daß die eine Bevölkerung eine größere Fortpflanzungsintensität hat als die andere, sondern sie können sich einfach deshalb unterscheiden, weil in dem einen Land weit mehr Menschen leben als in dem anderen. Da man unter unterschiedlicher Fruchtbarkeit, oder besser Fortpflanzungsintensität, im allgemeinen aber versteht, daß einmal aus einer Bevölkerung bestimmter Größe und Zusammensetzung mehr Geborene hervorgehen als ein andermal, so kommt es für Vergleiche der Fruchtbarkeit darauf an, die absolute Größe der Bevölkerung auszuklammern.

Ein Maß, das dieser Forderung genügt, ist zunächst einmal die *Geborenenziffer* (auch allgemeine oder rohe Geburtenziffer), bei der die Zahl der Lebendgeborenen auf 1000 der „mittleren" Bevölkerung angegeben wird. (Zahl der Geborenen dividiert durch die Zahl der Bevölkerung (Mitte des Jahres oder durchschnittliche Bevölkerung) und multipliziert mit 1000.) (Siehe Tab. 1, Spalte 2).

Am Fortpflanzungsprozeß sind nun ja aber nicht alle Bevölkerungsteile beteiligt, sondern im wesentlichen nur die Altersgruppen zwischen 15 und 45 Jahren bei den Frauen und etwa zwischen 18 und 60 Jahren bei den Männern. Da bei der Geborenenziffer die Geborenen auf die Gesamtbevölkerung bezogen werden, bleibt es für das Ergebnis nicht gleichgültig, ob z.B. der Anteil der Frauen zwischen 15 und 45 Jahren an der Bevölkerung groß oder klein ist. Dieser Tatsache kann durch die Berechnung der allgemeinen weiblichen *Fruchtbarkeitsziffer* Rechnung getragen werden, die die Zahl der Geborenen auf 1000 Frauen im gebärfähigen Alter (meist 15 bis 45 Jahre) angibt. (Siehe Tab. 2)

Eine weitere Differenzierung ist dadurch möglich, daß man den ehelichen und unehelichen Geburtenvorgang trennt und die Zahl der ehelich Geborenen auf 1000 verheiratete Frauen im gebärfähigen Alter und die Zahl der unehelichen Geburten auf 1000 unverheiratete Frauen im gebärfähigen Alter bezieht. Die Berechnung dieser ehelichen und unehelichen Fruchtbarkeitsziffer erfolgt aber selten. Die Größe des unehelichen Geburtenvorgangs wird meist durch die Berechnung der Unehelichenquote (oder -ziffer) erfaßt, die die Zahl der unehelich Geborenen auf je 100 (bzw. auf je 1.000) Lebendgeborene eines Jahres angibt (siehe Tab. 1).

Zu weiteren gebräuchlichen Differenzierungen der Fruchtbarkeit, die von der Bevölkerungsstatistik berücksichtigt worden sind, gehört die Unterscheidung der Geborenen bzw. der Geburtenhäufigkeit nach Alters- und (oder) Ehejahren der Mütter, wodurch die alters- und ehedauerspezifischen Fruchtbarkeitswerte zustande kommen (altersspezifische Fruchtbarkeitsziffer = Zahl der Geborenen von Müttern eines bestimmten Alters auf 1000 Frauen des gleichen Alters).

Wenn die altersspezifischen Fruchtbarkeitsziffern addiert werden und dann die Summe durch 1000 geteilt wird, so ergibt sich ein Wert, der erkennen läßt, wieviel Kinder eine Frau im Durchschnitt zur Welt bringen würde, falls alle in das gebärfähige Alter eintretenden Frauen auch das Ende des gebärfähigen Alters erleben und während dieser Zeit im jeweiligen Alter unter den Fruchtbarkeitsverhältnissen stehen, die im Jahr der Berechnung der altersspezifischen Fruchtbarkeitsziffern in den verschiedenen Altersjahren bestanden hatten. Bei diesem sog.

Index der Gesamtfruchtbarkeit [5] wird eine Querschnittsbetrachtung (Fruchtbarkeitsverhältnisse, die im Jahre X in verschiedenen Altersjahren bestehen) in eine Längsschnittbetrachtung (was würde geschehen, wenn Frauen während ihrer Gebärperiode unter bestimmten Fruchtbarkeitsverhältnissen stehen?) umgesetzt und damit eine Vielzahl von Fruchtbarkeitswerten zu einem zusammenfassenden Wert verschmolzen. (Siehe Tab. 4)

Ein anschauliches Maß für die Fruchtbarkeit sind die *durchschnittlichen Kinderzahlen je Ehe*, die nach Abschluß der Gebär- und Zeugungsperiode in bestimmten Ehejahrgängen erreicht wurden. [6]

b) Maße, die sich auf den Sterbevorgang beziehen:

Einen ersten Einblick in den Sterbevorgang einer Bevölkerung vermittelt die *Zahl der Sterbefälle* eines Jahres. Genau wie die Zahl der Geborenen ist sie abhängig von der Größe der Bevölkerung und eignet sich daher nicht, um räumliche oder zeitliche Vergleiche der Sterblichkeit durchzuführen.

Der Einfluß der Bevölkerungsgröße wird ausgeklammert durch die Berechnung der allgemeinen *Sterbeziffer* (auch rohe Sterbeziffer genannt), die die Zahl der Gestorbenen eines Jahres auf 1000 der mittleren Bevölkerung dieses Jahres angibt (siehe Tab. 1 Spalte 3).

Berechnet man (rohe) Sterbeziffern nach Geschlechtern getrennt, so ergeben sich die nach dem Geschlecht differenzierten besonderen Sterbeziffern (auch geschlechtsspezifische Sterbeziffern). [7] Diese ,,rohen" Sterbeziffern sind genau wie die Geborenenziffern abhängig vom Altersaufbau. Gibt es in einer Bevölkerung relativ viele alte Menschen, so wird die rohe Sterbeziffer dieser Bevölkerung größer sein als die einer anderen, in der in den gleichen Altersgruppen eine gleiche Sterbeintensität herrscht, aber der Anteil der alten Menschen verhältnismäßig gering ist.

Um Werte der Sterbeintensität zu erhalten, die vom Altersaufbau unabhängig sind, ist es zunächst üblich, altersspezifische Sterbeziffern zu berechnen, wobei die Zahl der in einem bestimmten Jahr in einem bestimmten Alter Gestorbenen auf 1000 Personen dieses Alters (Mitte des Jahres) angegeben wird. Die Zahl der in einem bestimmten Kalenderjahr im ersten Lebensjahr Gestorbenen auf 1000 der in diesem Jahr Lebendgeborenen (oder auf 1000 des Durchschnitts aus der Zahl der Lebendgeborenen des betrachteten und des vorhergehenden Jahres) ist ein gebräuchliches, wenn auch nicht sehr gutes Maß für die sog. *Säuglingssterblichkeit* und wird als Säuglingssterbeziffer bezeichnet (siehe Tab. 1).

Innerhalb der Säuglingssterblichkeit findet die Sterblichkeit während der ersten vier Lebenswochen eine besondere Beachtung (Früh-Säuglingssterblichkeit).

Aufwuchszahlen lassen erkennen, wie viele von einer bestimmten Ausgangsmasse Lebendgeborener das erste, zweite usw. Lebensjahr überleben.

---

5 Als Bruttoreproduktionsziffer bezeichnet, wenn allein die lebendgeborenen Mädchen berücksichtigt werden.
6 Nach den Fortpflanzungsverhältnissen (Fruchtbarkeits-, Heirats-, Verwitwungs-, Scheidungs- und Wiederverheiratungswerten) von 1978 würden in der Bundesrepublik auf eine Ehe im Schnitt nach Beendigung ihrer Fruchtbarkeitsperiode 1,4 Kinder entfallen. Zur Bestandserhaltung einer Generation wären aber 2,3 Kinder pro Ehe notwendig. (Siehe auch Tab. 4).
7 In der Bundesrepublik betrug z.B. 1975 die Sterbeziffer der Männer 12,6, die der Frauen 11,7, die allgemeine Sterbeziffer 12,1.

19

Bessere Maße als die altersspezifischen Sterbeziffern sind die sog. altersspezifischen *Sterbewahrscheinlichkeiten*, weil bei ihnen eine echte Beziehung zwischen den im Zähler und Nenner des Bruchs stehenden Massen gegeben ist. Die altersspezifische Sterbewahrscheinlichkeit für ein bestimmtes Altersjahr ergibt sich als eine Verhältniszahl, für deren Berechnung im Nenner die Zahl der Personen, die innerhalb eines bestimmten Zeitraumes in das Xte Lebensjahr eingetreten sind, und im Zähler die Zahl der Personen, die von diesen vor Erreichung des X + 1ten Lebensjahres gestorben sind, aufgeführt wird (siehe Fig. 5).

Altersspezifische Sterbewahrscheinlichkeiten bilden die Grundlage zur Berechnung von *Sterbetafeln*, die in der Sterblichkeitsstatistik heute eine große Bedeutung haben. Die Erstellung von Sterbetafeln ist im einzelnen recht kompliziert, und es gibt hierfür mehrere Verfahren. Hier kommt es lediglich darauf an, die Grundgedanken der Sterbetafelberechnung und die wichtigsten der aus einer solchen Tafel erlangbaren Angaben zu erläutern.

Die Berechnung geht von der zentralen Frage aus, wie eine Ausgangsmasse gleichzeitig Geborener „absterben" würde, wenn sie im Verlauf ihres Lebens in den einzelnen Altersjahren unter Sterbeverhältnissen stehen würde, die in einem bestimmten (meist auf ein oder wenige Jahre begrenzten) Zeitraum in den verschiedenen Altersjahrgängen einer konkreten Bevölkerung beobachtet worden sind. Als „fiktive" Ausgangsmasse gleichzeitig Geborener werden im allgemeinen 100.000 angenommen. Dann errechnet man an der konkreten Bevölkerung die altersspezifischen Sterbewahrscheinlichkeiten innerhalb eines genau abgegrenzten Zeitraums (z.B. an der Bevölkerung der Bundesrepublik Deutschland die Sterbewahrscheinlichkeiten auf Grund der Sterbeverhältnisse vom 1. Juli 1979 bis 30. Juni 1980) und überträgt diese Werte auf die fiktive Bevölkerung. Wenn also die Sterbewahrscheinlichkeit für das erste Altersjahr erkennen läßt, daß von 100 Kindern, die zwischen dem 1. Juli 1979 und dem 30. Juni 1980 geboren wurden, 90 das Ende des ersten Lebensjahres überlebten, so würde in der Sterbetafel als Zahl der Überlebenden des ersten Altersjahres 90.000 registriert. Aus der Übertragung der Sterbewahrscheinlichkeit der Einjährigen auf die verbliebenen 90.000 Personen der Sterbetafel würde sich ergeben, wie viele davon auch das zweite Lebensjahr überlebt haben usw. Dieses Verfahren wird fortgesetzt, bis auch der letzte der Ausgangsmasse von 100.000 „abgestorben" ist. Die Zusammenstellung der Angaben über die Überlebenden der einzelnen Altersjahre bezeichnet man als Absterbeordnung.

In einer Sterbetafel sind außer der Zahl der Überlebenden jedes Altersjahres (für das erste Jahr wird die Berechnung für jeden Monat durchgeführt) die Zahl der in einem bestimmten Altersjahr Gestorbenen, die Sterbewahrscheinlichkeiten für jedes Altersjahr, die von den Überlebenden eines bestimmten Altersjahres insgesamt noch zu durchlebenden Jahre und die Lebenserwartung jedes Altersjahres, wobei sich letztere aus der Divison der von den Überlebenden eines bestimmten Altersjahres über dem Alter X insgesamt noch zu durchlebenden Jahre durch die Zahl der Überlebenden des Jahres X ergibt, enthalten. Der im allgemeinen als durchschnittliche oder *mittlere Lebenserwartung* bezeichnete Wert ist die durchschnittlich zu erwartende Lebensdauer eines Neugeborenen der Sterbetafel (Siehe Tab. 5). Dieses Maß gibt also nicht etwa die tatsächliche durchschnittliche Lebensdauer irgendeiner konkreten Bevölkerungsgruppe an, sondern besagt, wie lange die Angehörigen einer Bevölkerungsruppe im Schnitt leben würden, wenn sie während ihres gesamten Lebens in jedem Altersjahr unter den Sterbeverhältnissen stehen würden, die in einem bestimmten Zeitraum in einer konkreten Bevölkerung beobachtet worden sind. Die durchschnittliche Lebenserwartung eines Neugeborenen ist also eine zusammenfassende Kennziffer für die in einem bestimmten Zeitraum herrschenden altersspezifischen Sterbeverhältnisse. Ähnlich wie beim Index der Gesamtfruchtbarkeit wird sie dadurch erlangt, daß man zahlreiche mit Hilfe einer Querschnittsbetrachtung gewonnene Werte durch einen Kunstgriff in eine Längsschnittbetrachtung umsetzt und dadurch zu einem zusammenraffenden Wert kommt.

Wenn man nun einmal annimmt, daß jedes Jahr 100.000 Menschen geboren werden, die im Laufe ihres Lebens so „absterben", wie es in der Sterbetafel angegeben ist, so hätten wir eine sog. stationäre (gleichbleibende) Bevölkerung vor uns, weil ja in jedem Jahr die Zahl der Geborenen gleich der Zahl der Gestorbenen ist. Der Altersaufbau dieser Bevölkerung wäre ständig unverändert und allein durch die Sterbeverhältnisse bestimmt. Die Größe dieser Bevölkerung wäre gleich der Zahl der insgesamt von den Geborenen eines Jahres im Laufe ihres Lebens durchlebten Jahre. Die Sterbeziffer dieser Bevölkerung wäre: 100.000 (Zahl der Gestorbenen eines Jahres) dividiert durch die Zahl der Bevölkerung und multipliziert mit 1000. Diesen Wert bezeichnet man als *reine* Sterbeziffer, weil er die in einer Bevölkerung in einem bestimmten Zeitraum herrschenden Sterbeverhältnisse vom Altersaufbau „bereinigt" zu messen erlaubt.

Wegen der unterschiedlichen altersspezifischen Sterblichkeit von Männern und Frauen werden Sterbetafeln im allgemeinen für beide Geschlechter getrennt berechnet.

Eine Verfahrensweise, wie sie uns bei der oben erwähnten stationären Bevölkerung begegnet, bei der man also bestimmte Werte, z.B. die Zahl der Geborenen und Gestorbenen innerhalb eines bestimmten Zeitraumes, als konstant annimmt, wird in der Bevölkerungsstatistik auch in anderen Zusammenhängen verwendet. Man bezeichnet sie als *Standardisierung*.

Abschließend sei darauf hingewiesen, daß im Bereich der Statistik der Gestorbenen immer wieder Bemühungen vorhanden sind, die Sterbefälle und die Sterbeintensität nach den verschiedensten Merkmalen zu differenzieren. Am bekanntesten sind die Differenzierungen nach der Todesursache, nach dem Familienstand, nach dem Beruf, nach Stadt und Land, nach Regionen und bei der Säuglingssterblichkeit nach Jahreszeiten und Legitimität.

c) Maße, die den Geburten- und Sterbevorgang kombiniert erfassen:

Um eine Vorstellung von der in der biosozialen Bevölkerungsbewegung enthaltenen zahlenmäßigen Entwicklungstendenz einer Bevölkerung zu bekommen, ist es notwendig Geburten- und Sterbevorgang miteinander zu verbinden. Die einfachste Angabe, die einen Einblick in die Entwicklungsrichtung der Zahl der Bevölkerung erlaubt, soweit diese aus der biosozialen Bevölkerungsbewegung resultiert, ist der *Geburtenüberschuß* bzw. das Geburtendefizit, d.h. die Differenz der Geborenen- und Gestorbenenzahlen. Bezieht man diese Werte auf 1000 der mittleren Bevölkerung, womit der bei Vergleichen u.U. störende Einfluß der Bevölkerungsgröße ausgeklammert wird, so ergibt sich die *Geburtenüberschußziffer*, die auch die Differenz zwischen der Geborenen- und der Sterbeziffer ist (siehe Tab. 1, Spalte 4).

Ein häufig verwendeter Wert ist die jährliche *Zuwachsrate*, die den Zuwachs in Prozenten für ein Jahr ausdrückt:

$$r = \frac{B_2 - B_1}{B_1} \times 100$$

(r = gesuchte Zuwachsrate, B_1 = Bevölkerungszahl am Beginn des Jahres, B_2 = Bevölkerungszahl am Ende des Jahres)

Ein ebenfalls gebräuchlicher Wert ist die *Nettoreproduktionsziffer*. Mit ihrer Hilfe wird versucht, die in einer Bevölkerung m einem bestimmten Zeitraum herrschende zahlenmäßige Entwicklungstendenz (der biosozialen Bevölkerungsbewegung) durch eine Kombination dafür wichtiger Fruchtbarkeits-, Sterbe- und Heiratswerte in einem Ausdruck zu erfassen. Die Nettoreproduktionsziffer beantwortet die Frage, ob die Fruchtbarkeitsverhältnisse, die in einem bestimmten Zeitraum bei den Frauen im gebärfähigen Alter zu beobachten sind, ausreichen würden, um diese Frauen zu reproduzieren, d.h. um so viele Mädchen hervorzubringen, daß bei den gegebenen Sterbeverhältnissen genau so viele in das Gebäralter einrücken, wie im Beobachtungszeitraum Frauen darin vorhanden waren. Ein Wert von 1,0 würde besagen, daß dies gerade der Fall ist, ein Wert über 1, daß in der derzeitigen Kombination von Heirats-, Fruchtbarkeits- und Sterbeverhältnissen eine Vermehrungstendenz enthalten ist. (Siehe Tab. 3/Berechnungsbeispiel Tab. 6) [8]

d) Maße, die sich auf Eheschließungen und Ehelösungen beziehen:

Neben der absoluten *Zahl der Eheschließungen* ist es üblich, die allgemeine *Eheschließungsziffer*, d.h. die Zahl der Eheschließungen auf 1000 der mittleren Bevölkerung, zu berechnen. Meist ist dieser Wert gemeint, wenn von der Heiratshäufigkeit in einem bestimmten Jahr die Rede ist.

Werden die Eheschließungen eines bestimmten Alters und Geschlechts auf 1000 Personen der mittleren Bevölkerung des gleichen Geschlechts und Alters berechnet, so haben wir eine nach Alter und Geschlecht differenzierte Eheschließungsziffer vor uns.

Bei allen diesen Maßen kann nach dem Familienstand, nach Stadt und Land, nach Berufen und weiteren Merkmalen differenziert werden.

Aus dem Alter der Eheschließenden wird im allgemeinen das *durchschnittliche Heiratsalter* (Summe der Altersjahre der Eheschließenden eines Jahres geteilt durch die Zahl der Heiratenden) für jedes Geschlecht getrennt errechnet. Seltener ist die Angabe des „dichtesten"Alterswertes (Modus) der Eheschließenden, welcher das Alter angibt, in dem in einem bestimmten Jahr am häufigsten geheiratet worden ist. Beide Werte werden von „Laien" leicht verwechselt (siehe Tab. 7).

Für manche Überlegungen ist es wichtig zu wissen, wie viele Personen eines bestimmten Altersjahrgangs verheiratet sind. Die *alters- und geschlechtsspezifische Verheiratetenziffer* gibt die Zahl der Verheirateten von 1000 Personen eines bestimmten Alters und Geschlechts an. Analog zu den oben erwähnten Sterbewahrscheinlichkeiten lassen sich Verheiratungswahrscheinlichkeiten, und auf deren Grundlage die sog. Heiratstafeln, errechnen. Sie sind ähnlich aufgebaut wie

---

[8] Neben den meist gebräuchlichen Ziffern, die sich allein auf die Frauen beziehen, sind gelegentlich auch solche berechnet worden. die auf den Männern oder auf beiden Geschlechtern basieren.

Sterbetafeln und zeigen, wie eine Ausgangsmasse Lediger im Verlauf ihres Lebens durch Heirat (evtl. durch Tod) vermindert wird bzw. welche Wahrscheinlichkeit besteht, daß jemand in einem bestimmten Alter heiratet (oder auch wieder heiratet). Aus Heiratstafeln kann man auch einen gewissen Aufschluß darüber erhalten, wie viele Personen einer bestimmten Ausgangsmasse unter den herrschenden Heiratsverhältnissen im Laufe ihres Lebens überhaupt zur Heirat kommen. [9] Heiratstafeln, Abgangsordnungen Lediger und Ehedauertafeln (unter zusätzlicher Berücksichtigung von Ehelösungen) wurden bisher nur verhältnismäßig selten erstellt.

Die *Statistik der Ehelösungen* unterscheidet drei Formen der gerichtlichen Ehelösung: Ehescheidung, Nichtigkeit der Ehe (z.B. Doppelehe) und Aufhebung einer Ehe (z.B. wenn der Abschluß der Ehe unter Drohungen erzwungen wurde). Auf die beiden letztgenannten Formen entfielen 1976 in der Bundesrepublik nur 0,1 v.H. aller Ehelösungen (Nichtigkeitserklärungen 0,04 %, Eheaufhebungen 0,06 %).

Es ist üblich, die absolute Zahl der Ehelösungen und diese bezogen auf 10.000 der mittleren Bevölkerung (Ehescheidungshäufigkeit oder Ehescheidungsziffer) anzugeben. Auch bei den Ehelösungen sind Differenzierungen nach den Gründen, nach Gemeindegrößen und anderen Merkmalen gebräuchlich.

Die oben erwähnten Maße und Verfahrensweisen der Bevölkerungsstatistik sind nur eine Auswahl aus der Fülle der Maße und Verfahren, die zur Erfassung der biosozialen Bevölkerungsbewegung bisher insgesamt entwickelt worden sind. Für eine ausführliche Information ist es unerläßlich, die Spezialliteratur heranzuziehen. [10] Hier kam es lediglich darauf an, eine Verständnisgrundlage für jene Maße zu schaffen, denen man bei der Darstellung des Bevölkerungsprozesses häufig begegnet. Selbst für die Berechnung einiger der hier ausgewählten Werte sind bereits recht detaillierte statistische Erhebungen erforderlich, die nur in Ländern mit einem gut ausgebauten statistischen Apparat und selbst dort oft nur für bestimmte Jahre zu bekommen sind. Dies ist der Grund dafür, daß man sich vor allem bei internationalen Vergleichen meist auf die Verwendung einiger weniger Maße beschränkt, und daß auch im folgenden in erster Linie mit den fast immer verfügbaren allgemeinen Geburten- und Sterbeziffern gearbeitet wird.

9 Nach den Heiratstafeln der entsprechenden Jahre kamen von denen, die das heiratsfähige Alter erreichten (16 bei Frauen, 18 bei Männern) . . . v.H. im Laufe ihres Lebens zur Heirat. (Wirtschaft und Statistik, Heft 11, 1965, S. 712; Heft 1, 1978, S. 38).

	1910/11	1938	1960/62	1972/74
Männer	86,5	92,5	95,7	88,5
Frauen	85,9	93,6	95,1	93,8

10 Siehe insbesondere Feichtinger (53), Ungern-Sternberg und Schubnell (176), Mackenroth (103) und die dort genannte weitere Literatur.

3. Anmerkungen zur Bevölkerungstheorie

Immer wieder ist die Frage aufgeworfen worden, ob die biosoziale Bevölkerungsbewegung bestimmten Gesetzmäßigkeiten folgt und ob sich generelle Aussagen über die Bestimmungsfaktoren dieses Prozesses machen lassen.

Die Beschäftigung mit derartigen bevölkerungstheoretischen Überlegungen begann auf wissenschaftlicher Basis vor allem im 18. Jahrhundert. Die *politischen Arithmetiker* (John Graunt und William Petty in England, Johann Peter Süßmilch und Caspar Neumann in Deutschland) „errechneten zahlenmäßige demographische Werte, entdeckten dabei gewisse Konstanten und sahen darin eine Bestätigung der göttlichen Weltordnung, wie es der Titel des Buches von Süßmilch ausdrückt: ‚Die göttliche Ordnung in den Veränderungen des menschlichen Geschlechts, aus der Geburt, dem Tode und der Fortpflanzung desselben erwiesen' (1742). Auf dem Hintergrund des Nachweises von Gesetzmäßigkeiten für den Bereich der Natur durch die Naturwissenschaften erwuchs am Ende des 18. Jahrhunderts das Bestreben, Gesetzmäßigkeiten auch für den sozialen Bereich aufzufinden, z.B. Bevölkerungsgesetze zu formulieren, die die generativen Vorgänge aller Völker und Zeiten in eine alles menschliche Fortpflanzungsverhalten deckende Formel einfangen sollten." [1]

Auch vor dem 18. Jahrhundert hatte man sich schon mit der Bevölkerung beschäftigt. Seit dem Beginn der Periode der absolutistischen Staaten läßt sich sogar ein ausgeprägtes Interesse an „Bevölkerung" im ursprünglichen Sinne, d.h. an der „Volkreichmachung" (Peuplierung) feststellen. Es handelte sich hierbei aber weniger um eine wissenschaftliche und theoretische als vielmehr um eine ausgesprochen pragmatisch fundierte Beschäftigung, da man glaubte, daß von einer höchstmöglichen, aber auf die Nahrungsmittel wohlabgestimmten Menge von Untertanen der Reichtum, die Macht und die Sicherheit eines Staates abhingen.

---

1 Mackenroth/Bolte (106), S. 151.

3.1 Bevölkerungstheorie bei Malthus

Von allen, die sich bisher mit Gedanken über die „Gesetze" der Bevölkerungsentwicklung befaßten, ist am bekanntesten Th. Robert Malthus (1766 – 1834) geworden. Als die entscheidenden Grundgedanken seiner Theorie – des Malthus'schen Bevölkerungsgesetzes – findet man häufig die folgenden herausgestellt:
Ein ständig gleichbleibender (biologisch bestimmter) Geschlechtstrieb wirkt in Richtung einer Bevölkerungsvermehrung. Wenn er sich frei auswirken könnte, wäre die Welt bald überfüllt. Dieser Tendenz wirken Laster und Elend (Hungertod, Krankheit) entgegen, die durch das Anstoßen der Bevölkerungszahl an den Nahrungsspielraum entstehen, denn dieser dehnt sich langsamer aus als die Bevölkerung. Während die Bevölkerung die Tendenz zeigt, sich in geometrischer Reihe (1,2,4,8 usw.) zu vermehren, verläuft die Vermehrung der Nahrungsmittel nur in arithmetischer Folge (1,2,3,4,5 usw.) [2]
Wie vor allem der deutsche Bevölkerungssoziologe H. Linde verschiedentlich betont hat, wird man mit dieser Zusammenfassung den Überlegungen von Malthus jedoch keineswegs gerecht. Die obigen Formulierungen stützen sich allein auf die erste Ausgabe des „Essay on the Principle of Population" (1798), die –wie der Untertitel deutlich macht: „as it Affects the Future Improvement of Society with Remarks on the Speculations of Mr. Godwin, Mr. Condorcet and other Writers" – eine anonyme Flugschrift insbesondere gegen Godwins 1793 erschienene „Untersuchungen über politische Gerechtigkeit und deren Einfluß auf die allgemeine Tugend und Glückseligkeit" war. [3]
Sorgfältig und systematisch begann sich Malthus aber mit dem Bevölkerungsproblem erst nach der Veröffentlichung dieser Schrift zu beschäftigen, und seine entscheidenden Überlegungen sind in der 2. Auflage des „Essay" (1803) enthalten. Linde führt dazu folgendes aus:

2 „Es kann ruhig erklärt werden, daß sich die Bevölkerung, wenn sie nicht gehemmt wird, alle 25 Jahre verdoppelt, oder in geometrischer Reihe zunimmt . . . Aber die Nahrung zur Erhaltung des Zuwachses der größeren Zahl ist durchaus nicht mit derselben Leichtigkeit zu erlangen . . . Man kann . . . ruhig behaupten, daß in Anbetracht des gegenwärtigen Durchschnittszustandes der Erde die Lebensmittel auch unter den dem menschlichen Fleiße günstigsten Umständen nicht dahin gebracht werden könnten, sich schneller als in arithmetischer Reihe zu vermehren." Malthus (110), S. 18 ff.
3 „Diese und andere Schriften Godwins propagierten ein anarchistisches Gleichgewichtssystem, das aus Spekulation über die unendliche moralische und physische Vervollkommnungsfähigkeit des Menschen durch Vernunft und Wissenschaft hervorgeht und weder der Religion, des Staates, des Rechts, des Eigentums, noch der Ehe, kurz keiner tradierten Institution mehr bedarf, sondern sich allein auf die zur reinen Philantropie geläuterte Natur des einzelnen gründet." Linde (98), S. 705 ff.

„Nach Malthus' eigenem Zeugnis im Vorwort zur zweiten Auflage (1803) wurde der anonyme Versuch über das Bevölkerungsgesetz ,unter dem Impuls des Ausgenblicks' und ,an Hand des spärlichen Materials' geschrieben, das damals (1798) auf dem Lande in seinem Bereiche lag, das Gesetz selbst, als das Hauptargument der Abhandlung, aus Bemerkungen in den Schriften von Hume, Walace, Adam Smith und Price abgeleitet. Im Laufe seiner weiteren Arbeit fand Malthus sehr bald, daß vor ihm viel mehr getan worden war, als er bis zur Veröffentlichung der Godwin-Streitschrift bemerkt hatte. Zahlreiche Schriftsteller hätten schon vor ihm ausdrücklich festgestellt, daß die Bevölkerung notwendig auf das Niveau des Nahrungsspielraumes herabgedrückt werden müsse, aber darüber, ,auf welche verschiedenen Weisen dieses Niveau herbeigeführt wird', gäbe die zeitgenössische und ältere Literatur so gut wie keinen Aufschluß.

Es ist das unbestreitbare und im methodischen Sinne das eigenste Verdienst Malthus', diese Fragen nach den verschiedenen Weisen nicht nur zuerst gestellt, sondern in den Neuauflagen seiner Abhandlung eingehend beantwortet und historisch belegt zu haben. Diese umfangreichen neuen Teile seiner Abhandlung sind der Gewinn seiner europäischen Reisen in den Jahren 1799 und 1802 und des Studiums aller ihm erreichbaren statistischen Werke, der Berichte von Forschungsreisenden und eines ausgedehnten Briefwechsels. Malthus durfte daher seine 1803 erschienene zweite Auflage [4] des „Essay on the Principle of Population" mit Recht als ein neues Werk betrachten, das sich entschieden bemüht, die Lücken der bisherigen Spekulation − nicht zuletzt seiner eigenen − über die Bevölkerungsfrage zu schließen.

Der begriffliche Ertrag dieser empirischen Studien war die Entdeckung eines in der Godwin-Streitschrift noch nicht verzeichneten Hemmnisses des Bevölkerungswachstums, das weder unter die dort verwendeten Bezeichnungen Laster (vice) und Elend (misery) fällt, das auch nicht wie diese repressiv wirkt, sondern sich präventiv geltend macht und von Malthus als sittliche Beschränkung (moral restraint) bezeichnet wird. Es ist, so schreibt er, ,soweit es ein freiwilliges ist, nur dem Menschen eigentümlich und entspringt jener ihn auszeichnenden Überlegenheit seiner Verstandeskräfte, die ihn befähigen, fernliegende Folgen zu berechnen' und durch entsprechende Änderung seines Verhaltens abzuwenden.

Mit dieser Entdeckung wird das Bevölkerungsgesetz aus dem quasi-animalischen Determinismus der Urfassung, in der Malthus die Bevölkerungsfrage als wissenschaftliches Problem begründete, herausgehoben . . . Nur in der Tatsache, daß sie die Faktoren dieser Prozesse, sittliche Beschränkung, Laster und Elend, noch als Hemmnisse einer konstanten und von dem veränderlichen Fond der Subsistenzmittel grundsätzlich unabhängigen, jedoch nicht mehr notwendig über diesen hinausschießenden Vermehrungstendenz begreift, die im Geschlechtstrieb des Menschen begründet ist, findet sich eine Brücke zur Stegreiffassung des Gesetzes in der Godwin-Streitschrift." [5]

Die Malthus'sche Theorie erhält damit eine Fassung, die man etwa wie folgt zusammenraffen kann:

---

4 Der veränderte Untertitel dieser und der folgenden Auflagen lautete: „A View of its Past and Present Effects on Human Happiness."
5 Linde (98), S. 711 ff.

a) Durch den Geschlechtstrieb bedingt, ist in der Bevölkerungsbewegung ständig ein Impuls zur Vermehrung enthalten.

b) Die Vermehrung wird letztlich begrenzt durch die verfügbaren Unterhaltsmittel (Hungertod).

c) Es gibt aber eine Anzahl von „checks" (Hemmnissen) — repressive, wie z.B. Krankheit, und präventive, wie z.b. Enthaltsamkeit — die dazu führen, daß eine Bevölkerung aufhört sich zu vermehren, bevor sie die Grenze des Nahrungsspielraums erreicht hat.

Je nachdem, ob man meint, daß die in der ersten Ausgabe des „Essay" enthaltene — evtl. nur bildhaft gedachte — Feststellung, daß die Unterhaltsmittel sich nur in arithmetischer Reihe vermehren, damit noch ein Bestandteil der Malthus'schen Theorie ist oder nicht, und daß zu den „präventiven checks" auch die modernen Methoden der Geburtenbeschränkung gezählt werden dürfen oder nicht, läßt sich der Malthus' schen Theorie eine mehr oder weniger große Allgemeingültigkeit zusprechen. Es ist daher auch verständlich, daß man die Bevölkerungstheoretiker bis in die Gegenwart hinein als Anhänger oder Gegner von Malthus klassifizieren kann. Einige haben ihn gefeiert, andere ihn verdammt und wieder andere seine Aussagen, falls man bereit ist, die oben erwähnten Konzessionen zu machen (z.B. daß auch die Methoden der Geburtenbeschränkung zu den präventiven checks gehören), als eine Binsenwahrheit klassifiziert. Macht man diese Konzessionen nämlich, so führt das, wie W. Bickel bemerkt, „zu einer für das Verständnis der Bevölkerungsentwicklung wertlosen Binsenwahrheit, nämlich der nicht gerade tiefsinnigen Erkenntnis, daß die Bevölkerung immer dahin tendiert, den Nahrungsspielraum zu überschreiten, es sei denn, daß sie es aus irgendwelchen Gründen nicht tut." [6]
Nach den Arbeiten von Linde sieht es nun so aus, als ob die eigentliche Leistung von Malthus für die Bevölkerungstheorie nicht darin gesehen werden sollte, daß er in der ersten Ausgabe des „Essay" versucht hat, ein allgemeingültiges Bevölkerungsgesetz zu formulieren, sondern darin, daß er sich in der zweiten Ausgabe (1803) bemüht hat aufzudecken, welche Faktoren den Bevölkerungsprozeß bestimmen und wie sie in verschiedenen Ländern bei dieser Bestimmung zusammenwirken. Eine Wiederaufnahme dieser Gedanken und ihre Formulierung zu einer in sich geschlossenen Theorie erfolgte in Deutschland erst in den fünfziger Jahren dieses Jahrhunderts durch G. Mackenroth. Bevor auf dessen Überlegungen näher eingegangen wird, seien aber zunächst aus der Reihe der verschiedenen, heute praktisch als überholt geltenden Bevölkerungstheorien nach Malthus einige der bekanntesten kurz erwähnt.

---

6 Bickel (10), S. 318.

3.2 Ausgewählte bevölkerungstheoretische Ansätze nach Malthus

Seit Malthus hat es — insbesondere in Auseinandersetzung mit ihm — eine Vielzahl bevölkerungstheoretischer Ansätze gegeben. Es ist üblich geworden, die Vertreter der verschiedensten Auffassungen zu kategorisieren und insbesondere die Biologisten, die Optimumtheoretiker, die Anhänger der Wohlstandstheorie und die Sozialisten hervorzuheben.

Die *Biologisten* haben versucht den Nachweis zu führen, daß es ein Bevölkerungsgesetz gibt, das für alle Lebewesen in der gleichen Form gilt. So behauptet H. Spencer [7] einen Zusammenhang zwischen der Höhe der Fruchtbarkeit und der Gefahr der Artzerstörung. Je größer die Gefahr, um so höher muß die Fruchtbarkeit sein, um der betreffenden Species überhaupt ein Überleben zu ermöglichen. Beim Menschen ist durch die Entwicklung von Gehirn und Nervensystem die Gefahr der Artzerstörung außerordentlich herabgesetzt, er muß dafür mit einer Minderung seiner Fortpflanzungsfähigkeit oder seines Zeugungswillens bezahlen. Entgegen der Auffassung von Malthus wird hier also der Standpunkt vertreten, daß es einen immer gleichbleibenden Vermehrungsimpuls nicht gibt.

Andere Biologisten, insbesondere P. F. Verhulst, R. Pearl und J. Reed [8], entwickelten an der Beobachtung von Hefepilzen und Fruchtfliegen eine Kurve der Vermehrung — die sog. logistische Kurve —, die auch für den Menschen gelten sollte. Danach beginnt in einem gegebenen Nahrungsraum die Vermehrung der Bevölkerung langsam aber mit steigenden Wachstumsraten, sie verstärkt sich dann, aber von einem bestimmten Punkt an nehmen die Wachstumsraten ab, und die Vermehrung wird bei weiterer Annäherung an die Grenze des Nahrungsraumes immer geringer. Die Hemmungen der Vermehrung beginnen also im Gegensatz zu Malthus nach dieser Auffassung nicht erst beim Anstoß an den Nahrungsspielraum, sondern schon früher.

Die *Optimumtheoretiker* [9] wandten sich insbesondere gegen den Gedanken von Malthus, daß die Bevölkerung (ohne präventive checks) schneller wachse als die Unterhaltsmittel. Sie vertraten die Ansicht, daß es bei gegebener Kapitalausstattung eine Bevölkerungszahl gäbe — das sog. Bevölkerungsoptimum — bis zu welcher jede Zunahme der Bevölkerung (bzw. der Beschäftigten) zu einem wachsenden Anteil des Sozialprodukts je Kopf, und erst hinter welcher dann eine weitere Zunahme der Menschenzahl zu einem abnehmenden Anteil des Sozialprodukts je Kopf führe. Die Optimumtheorie ist eine makrodemographische Analogie zum sog. Ertragsgesetz der Ökonomie.

7   Spencer (161)
8   Verhulst s. Miller (114), S. 7; Pearl und Reed (129).
9   s. insbesondere Robbins (137) und Cohen (30).

Die *Wohlstandstheorie* bezieht sich nur auf den Geburtenvorgang. Nach dieser Theorie ist der Geburtenrückgang, der in Europa gegen Ende des 19. Jahrhunderts aufgetreten ist, auf die Zunahme des Wohlstandes, auf den kulturellen und sozialen Aufstieg der Bevölkerung zurückzuführen. Je reicher und fortschrittlicher ein Volk, desto niedriger sollen seine Geburtenziffern werden. Diese Beziehung gilt auch innerhalb jedes Staates, ja sogar innerhalb einzelner sozialer Gruppen. Am klarsten kommt der Gehalt dieser Theorie in den Formulierungen L. Brentanos zum Ausdruck. Ihm zufolge ist die Zunahme des Wohlstandes eine unmittelbare Ursache für Geburtenrückgang. Die Vermehrung des Wohlstandes bedeutet eine Steigerung der „Konkurrenz der Genüsse", und mit dem Auftreten neuer Bedürfnisse „macht sich auch hinsichtlich der Befriedigung des Geschlechtstriebes das Gossen'sche Gesetz geltend . . . Der Mensch bricht mit der Kinderzeugung da ab, wo die Mehrung der Kinderzahl ihm geringere Befriedigung schafft als andere Genüsse des Lebens, die ihm sonst unzugänglich würden . . ." [10]

Die *Sozialisten* [11] haben keine einheitliche Deutung des Bevölkerungsgeschehens gegeben und sind auch in ihren bevölkerungspolitischen Einstellungen nicht auf einen Nenner zu bringen. Gleichwohl sollen sie mit einigen ihrer Auffassungen und Forderungen zu Wort kommen, da ihr Einfluß namentlich in der 2. Hälfte des 19. Jahrhunderts, der Phase der sich festigenden politischen Arbeiterbewegung, erheblich gewesen ist.

Karl Marx hat vor allem das Bestehen allgemeingültiger, biologisch fundierter Bevölkerungsgesetze in Frage gestellt und die Verknüpfung des Bevölkerungsgeschehens mit geschichtlich-sozialen Bedingungen betont. Seine Analyse des kapitalistisch geprägten Industriezeitalters enthält eine Bevölkerungskomponente, die jedoch nicht voll ausgearbeitet worden ist. In Verbindung mit seiner Verelendungs- und Krisentheorie hebt Marx den ständigen Überbevölkerungsdruck hervor, der innerhalb der Arbeiterschaft zur Bildung der „industriellen Reservearmee" führt, jener Elendsschicht arbeitsloser Proletarier, die es durch ihre Existenz (und damit das Überangebot auf dem Arbeitsmarkt) den Unternehmern gestattet, die Löhne bis auf das Lebensminimum zu senken und ihre Profite zu erhöhen. Die Argumentation wird aber dort abgebrochen, wo die Frage aufgeworfen werden könnte, ob und wie sich das Fortpflanzungsverhalten der verarmten Unterschicht als (mögliche) Antwort auf die kapitalistische Ausbeutung ändert. Die Vermehrung der Arbeiterschaft im Industrialismus muß in der Marx' schen Systematik als unveränderliche Größe gelten, weil über ihre Variabilität nichts ausgesagt wird.

10 Brentano (18), S. 66.
11 Soetbeer (160) und Unshelm (181).

Der deutsche Sozialistenführer Ferdinand Lassalle hat in seinem „ehernen Lohngesetz" die Bevölkerungsentwicklung der lohnabhängigen Arbeitermassen als vom jeweiligen Lebensstandard abhängige Variable beschrieben. Ausgangspunkt der Konstruktion Lassalles ist die These, daß der durchschnittliche Lohn der Proletarierfamilien gerade das physische Existenzminimum decke (Wiederherstellung der notwendigen Arbeitskraft, Fortpflanzung zur Erhaltung der Generationenfolge). Steige das verfügbare Einkommen in den Proletarierhaushalten, so werde im gleichen Ausmaß der verbesserten Lebensbedingungen die Vermehrungsrate (durchschnittliche Kinderzahl) zunehmen. Dadurch vergrößere sich aber das Angebot an Arbeitskraft, entsprechend könnten die Unternehmer die Lohnsätze drücken, und alsbald pendle sich der Lebenszuschnitt wieder auf das gewohne Elendsniveau ein. [12] Ein derart behaupteter Zusammenhang erscheint uns heute vor allem deshalb merkwürdig und unrealistisch, weil in ihm das Motiv „Verbesserung des Lebensstandards" überhaupt nicht vorhanden ist.

Die auf Lassalle folgende Generation sozialistischer Politiker hat dann die praktischen Konsequenzen gezogen und sich die Forderungen des sog. Neo-Malthusianismus (vor allem Propagierung empfängnisverhütender Mittel) weitgehend zu eigen gemacht. Wenn z.B. im Einigungsprogramm der beiden sozialistischen deutschen Parteien, des Allgemeinen Deutschen Arbeitervereins Lassalles und der Sozialdemokratischen Arbeiterpartei August Bebels (Gotha 1875), die Zerbrechung des ehernen Lohngesetzes verlangt wurde, dann lag es nahe, den Hebel auch von der Bevölkerungsseite, vom veränderten Fortpflanzungsverhalten der Arbeiterfamilien her, anzusetzen. Der Hauptvertreter des sogenannten revisionistischen Flügels der SPD, Eduard Bernstein, empfahl die „Geburtenbeschränkung als eine revolutionäre Waffe" und wollte den Kapitalismus nicht nur mit dem Ausstand der Arbeiter, sondern auch mit dem „Gebärstreik" der Arbeiterfrauen bekämpfen.

Die oben erwähnten Theorien, von denen jede bestimmte Einsichten in den Bevölkerungsprozeß bietet, gelten heute – zumindest hinsichtlich ihres Anspruchs auf Allgemeingültigkeit – als überwunden. Die Wohlstandstheorie läßt sich nicht mit den Tatsachen in Übereinstimmung bringen (so steigt heute die Kinderzahl teilweise mit zunehmendem Wohlstand). Die Optimumtheorie ist von begrenzter Bedeutung, weil solches Optimum zwar theoretisch, aus meßtechnischen Gründen aber statistisch nicht so erfaßt werden kann, daß daraus praktische Konsequenzen gezogen werden könnten (es verändert sich mit jedem Wandel der Preisstruktur der erzeugten Güter). Die phylogenetischen Entwicklungsgesetze Spencers sind, wenn überhaupt, so nur für

12 Mackenroth (103), S. 316.

ganz lange Zeiträume (Jahrtausende) zutreffend und damit zur Erklärung der uns interessierenden Veränderungen des Bevölkerungsprozesses innerhalb weniger Jahrzehnte ungeeignet. Für eine ausführliche Kritik und für weitere hier nicht erwähnte Bevölkerungstheorien sei auf die unten zitierte Spezialliteratur verwiesen. [13]

3.3 Theorie der historisch-soziologischen Bevölkerungsweise

1953 erschien G. Mackenroths „Bevölkerungslehre" [14], ein Werk, in dem er — aufbauend insbesondere auf Arbeiten von P. Mombert [15], G. Ipsen [16] und H. Linde [17] — eine Theorie entwickelte, die, zumindest im deutschen Sprachbereich, seither starke Beachtung gefunden hat. Wenn sie im Ausland weniger bekannt wurde — obwohl es vor allem in den USA eine ganze Reihe durchaus ähnlicher theoretischer Ansätze gibt —, so liegt das wohl nicht zuletzt am frühen Tod Mackenroths (1955) und an der Tatsache, daß deutschsprachige Literatur in den angelsächsischen Ländern eben doch nur wenig gelesen wird.

In knappster Form lassen sich die hier interessierenden Ausführungen Mackenroths wie folgt zusammenraffen:

a) „Da wir uns mit keiner der vorgetragenen Theorien einverstanden erklären konnten, bleibt uns nun übrig, eine eigene Theorie zu entwickeln.
Fassen wir zunächst noch einmal zusammen, wie eine solche Theorie nicht aussehen kann. Sie kann nicht ein biologisches Gesetz sein. Biologischer Zeugungsvorgang und Bevölkerungsvorgang sind nicht dasselbe, sondern müssen scharf geschieden werden.
Der Bevölkerungsvorgang ist ein Lebensvorgang, der wie jeder Lebensvorgang eine rein naturale Seite hat, ohne sich jedoch darin zu erschöpfen." „Der ... geschichtliche ... Mensch als ein geistig-seelisches Wesen entwickelt ein im physiologischen Rahmen unendlich differenziertes Fortpflanzungsverhalten. Diesem naturwissenschaftlich nicht mehr greifbaren Phänomen gegenüber können wir nur mit eigenen, typisch sozialwissenschaftlichen Kategorien beikommen." [18]
b) Wir müssen davon ausgehen, „daß der Bevölkerungsvorgang in allen wesentlichen Teilen unmittelbar aus menschlichem Verhalten hervorgeht. Solches Verhalten hat immer auch seelische Bestimmungsgründe, insofern ist auch Psychologie am Platze. Aber die individual-psychologischen Determinanten werden und

---

13 Hinweise auf weitere bevölkerungstheoretische Ansätze und ausführlichere Darstellungen, als sie hier gegeben werden konnten, finden sich u.a. in Ungern-Sternberg und Schubnell (176), Miller (114), Lorenz (100), Mackenroth (103) und Schmid (149).
14 Mackenroth (103).
15 Mombert (117).
16 Ipsen (75).
17 Linde (97), S. 25 ff.
18 Mackenroth (103), S. 325 ff.

sind sozial überformt, sie interessieren uns nicht in ihrer individualpsychologischen Verbesonderung, sondern in der durch soziale Überformung entstandenen Häufung. Heiraten, Kinderzeugung und Kinderaufzucht sind sozial überformte gruppentypische Verhaltensweisen. Beim Sterbevorgang liegt es anders, er ist für den einzelnen der menschlichen Entscheidung entzogen. Sozial gesehen liegt aber auch der Sterbevorgang nicht außerhalb der Sphäre menschlicher Willensentscheide. Die Anstrengungen der letzten Jahrhunderte haben die Sterblichkeit ganz außerordentlich beeinflußt." [19]

c) „Wir müssen zunächst einmal geschichtlich studieren, welche Verhaltensweisen denn wirklich vorkommen und in welcher Kombination sie vorkommen. Das geschichtliche Zusammenspiel generativer Verhaltensweisen einer Menschengruppe wollen wir ihre Bevölkerungsweise oder ihre generative Struktur nennen. . . . Die Elemente, aus denen geschichtliche Bevölkerungsweisen aufgebaut sein müssen, . . . haben immer bestimmte statistische Werte: niedriges durchschnittliches Heiratsalter, hohes Heiratsalter, niedrige Säuglingssterblichkeit usw." [20] „Generative Strukturen sind . . . keine Bewußtseinstatsachen, sie finden sich gar nicht im Bewußtsein ihrer Träger, sondern nur in ihrem Verhalten, sie können daher auch nicht abgefragt werden, sondern enthüllen sich nur dem die Zusammenhänge knüpfenden, kritisch geschulten Blick des Sozialwissenschaftlers."

d) „Generative Strukturen dürfen wir nur in sozialen Gruppen gleicher Lebensformen suchen, also in Gruppen von einiger Homogenität. . . . Alle statistische Mittelung wischt gerade über die schichtenspezifischen Differenzierungen hinweg und löscht die generativen Strukturen aus. Wenn wir eine Gesellschaftsschicht A haben mit hoher Heiratshäufigkeit und niedriger ehelicher Fruchtbarkeit und eine zweite Schicht B von gleicher Stärke mit niedriger Heiratshäufigkeit und hoher ehelicher Fruchtbarkeit, so ergibt sich als Mittel eine mittlere Heiratshäufigkeit und mittlere Fruchtbarkeit, die überhaupt keiner generativen Struktur zugehört, sondern eben nichts weiter ist als ein unechter statistischer Mittelwert, soziologisch ohne jedes Gewicht. Jeder Versuch, sie einem Sozialsystem zuzuordnen, stößt ins Leere, weil es ja gar keine Schicht gibt, die einen solchen Wert in ihrer Struktur hat. Soziologisch echt sind nur die Extreme, weil sie ein Verhalten widerspiegeln, das sich in der sozialen Wirklichkeit auch findet." [21]

„Dabei ist der Übergang von einer generativen Struktur auf eine andere oft ein abrupter Übergang, der in den globalen statistischen Zahlen . . . gerade verwischt wird. Der Übergang von den großen Geburtenzahlen noch des 19. Jahrhunderts in Deutschland zur innerehelichen Geburtenbeschränkung hat sich sicher jeweils im Laufe eines Generationenwechsels vollzogen, und zwar in der Weise, daß von den bürgerlich-bäuerlichen Führungsschichten her das Verhalten der breiten Massen der Arbeiter und Handwerker umgeprägt worden ist. Der Arbeitersohn, der in seiner Jugend in einer großen Familie aufgewachsen war, nahm sich in seinem eigenen generativen Verhalten nicht mehr seine Eltern zum Vorbild, sondern seinen Chef, was im Generationswechsel ein recht abrupter Übergang sein kann. In den statistischen Globalzahlen erscheint dieser soziologische Vorgang als ein allmähliches Absinken der Fruchtbarkeitswerte über lange Zeit, wenn eben immer

19 Mackenroth (104), S. 68.
20 Mackenroth (104), S. 110.
21 Mackenroth (104), S. 70.

mehr Arbeiter in die Prägekraft der neuen generativen Strukturen einbezogen werden." [22]

e) „Dieser Wandel (der Bevölkerungsweisen, die Verf.) vollzieht sich als ein dauerndes Umprägen so, daß von soziologisch führenden Schichten oder Völkern her das Verhalten der anderen laufend umgeprägt wird. Diese soziologisch führenden Schichten sind weder notwendig die politisch führenden noch die wirtschaftlichen Oberschichten. Ihre „Führung" besteht eben nur in der Prägekraft der von ihnen entwickelten Verhaltensstrukturen". [23]

f) „Wir können diese Strukturen als Ganzes wie auch die Elemente mit anderen Bereichen des Sozialprozesses in eine Beziehung setzen . . .

Das generative Verhalten jeder geschichtlichen Wirklichkeit ist immer in das Insgesamt eines Sozialprozesses eingebettet und stimmt sich über soziologische Zwischenglieder mit seinen anderen Elementen ab."

g) „Diese wechselseitigen Beeinflussungen, historischen Schichtungen und geschichtlichen Entwicklungen herauszuarbeiten und zu den anderen Bereichen des Sozialprozesses in Beziehung zu setzen, ist der eigentliche Inhalt einer Bevölkerungslehre, die im Wirklichen bleiben und sich nicht ins Spekulative verlieren will. Die Statistik hat dabei die Aufgabe, die zahlenmäßigen Auswirkungen bestimmter Verhaltensweisen oder Verhaltensänderungen auf Zahl und Zusammensetzung einer Bevölkerung zu studieren. Dazu ist die Statistik unentbehrliches Hilfsmittel, sie ist aber nicht alleiniger Inhalt der Bevölkerungslehre. Das letzte Wort hat in der Bevölkerungslehre immer die Soziologie, und Soziologie wiederum kann nicht anders betrieben werden als unter Einbezug der ‚historischen Dimension'." [24]

Wenn man einmal davon absieht, daß Mackenroth den Begriff der Bevölkerungsweise (oder der generativen Struktur, was bei ihm gleichbedeutend ist) an verschiedenen Stellen seiner Arbeiten in z.T. etwas unterschiedlicher Form definiert hat und man sich auf sein tatsächliches Vorgehen bezieht, so ist unter einer Bevölkerungsweise die in einer Bevölkerungsgruppe für eine bestimmte Periode typische Art des Zusammenwirkens jener – aus der Kombination biologischer Bedingungen und sozial überformten Verhaltens resultierenden – Prozesse zu verstehen, die die biosoziale Bevölkerungsbewegung bestimmen (also der Prozesse des Heiratens, der Fortpflanzung und des Sterbens). [25]

Für den Bevölkerungswissenschaftler kommt es nach Mackenroths Auffassung darauf an, nach jenen Prozessen zu suchen, die in homogenen Bevölkerungsgruppen (d.h. in solchen, für die die Fruchtbarkeits-, Sterbe- und anderen demographischen Werte echte Durchschnitte sind – geringe Streuung der Einzelwerte um den Mittelwert) die biosoziale Bevölkerungsentwicklung bestimmen und deren Zusammenspiel aufzudecken. Dann gilt es, dieses zu erklären sowie schließlich deutlich zu machen, wie diese Prozesse und ihr Zusammenspiel – d.h. also die Be-

22 Mackenroth (104), S. 71.
23 Mackenroth (104), S. 70.
24 Mackenroth (103), S. 111.
25 Zum Begriff der generativen Struktur siehe ausführlich bei Bolte (15), S. 259.

völkerungsweise – mit den übrigen Bereichen des Sozialprozesses verflochten sind. Bei diesen Untersuchungen kann man in ganz unterschiedliche Tiefen des „generativen Geschehens" vorzustoßen versuchen. Eine erste Ebene wäre der Nachweis eines charakteristischen Zusammenspiels von Geburten- und Sterbevorgang. Die nächst tiefere Ebene wäre der Nachweis eines typischen Zusammenwirkens von ehelichem und unehelichem Fortpflanzungsprozeß, des Heiratsverhaltens, der altersspezifischen Sterbevorgänge usw. Je tiefer man in die hinter der Sterblichkeit und Geburtlichkeit stehenden Prozesse eindringt, um so unterschiedlichere Bevölkerungsweisen wird man aufdecken können. Zwei Bevölkerungen, deren Bevölkerungsweisen, wenn man nur die „oberste" Ebene des Zusammenwirkens der die „biosoziale Bevölkerungsbewegung" bestimmenden Komponenten, nämlich das Zusammenspiel von Geburten- und Sterbevorgang, betrachtet, gleich zu sein scheinen, könnten sich bei einer Erfassung der „tieferen" Ebenen durchaus als unterschiedlich erweisen. Wieweit man bei empirischen Forschungen in die Tiefe des Sozialkörpers eindringen soll und kann, wird z.T. eine Ermessensfrage für den Forscher und z.T. eine Frage des verfügbaren Wissens über einzelne biologische, soziale und andere Bedingungen in der untersuchten Bevölkerung sein.

Wie im Kapitel 2 gezeigt wurde, gibt es verschiedene Maße, um die Größenordnung der hier interessierenden Prozesse zu erfassen. Stellt man jene demographisch-statistischen Werte zusammen, die den in die Bevölkerungsweise eingehenden Prozessen entsprechen, so ergibt die Kombination dieser Werte eine ganz bestimmte statistische Indikation der jeweiligen Bevölkerungsweise. Demographisch-statistische Werte, die hier vor allem zu berücksichtigen sind, sind solche, die das Heiratsverhalten, das Fortpflanzungsgeschehen und das Sterben charakterisieren. [26]

Das theoretische Konzept der historisch-soziologischen Bevölkerungsweise erscheint in hervorragender Weise geeignet, um die Bevölkerungsentwicklung in einem Lande zu erklären, und wir wollen uns später dieses Werkzeugs bedienen, um die „biosoziale Bevölkerungsentwicklung" in Deutschland während der letzten 200 Jahre zu beschreiben und zu erläutern. [27]

26 Je nach der Kombination dieser Werte kann die Wachstumsrate zweier Bevölkerungen sehr unterschiedlich sein. Sehr gut kommt dies in einem schematischen Beispiel Mackenroths zum Ausdruck, in dem vor allem auch die Bedeutung des durchschnittlichen Generationenabstandes für die Bevölkerungsentwicklung erkennbar wird, ein Faktor, dessen Wirkung der „Laie" meist übersieht (siehe Tab. 8 und den dazugehörigen Text).
27 Den Begriff „Bevölkerungsweise" übernahm Mackenroth von G. Ipsen (75). Der Begriff „generatives Verhalten" bzw. „generative Struktur" wird bei Mackenroth nicht eindeutig benutzt. Mal bezieht er sich auf alles Verhalten, welches den Geburten- und Sterbeprozeß berührt, mal nur auf Verhalten, das den Geburtenvorgang betrifft. Neuerdings hat sich im deutschen Sprachbe-

3.4 Weitere neuere Ansätze in der Bevölkerungstheorie

Wichtige Impulse für die Weiterentwicklung der Bevölkerungstheorie gingen in den letzten Jahrzehnten von Bevölkerungswissenschaftlern der USA aus. Diese selbst erklären das dortige starke Interesse an Bevölkerungsvorgängen unter anderem damit, daß die USA ein Land mit hoher Einwanderungsquote und zahlreichen ethnischen Gruppen sind, woraus sich ein großer Bedarf an empirischen Studien zum demographischen Verhalten entwickelte. [28]

Anders als die klassischen Bevölkerungstheoretiker konzentrieren sich die Bevölkerungstheoretiker der USA nicht auf die Suche nach einer generellen Bevölkerungstheorie, sondern auf spezifische Aspekte des Bevölkerungsgeschehens. Vor allem folgende Interessenschwerpunkte sind dabei bisher erkennbar:

Eine erste Gruppe von Theoretikern befaßte sich mit der wechselseitigen Beziehung zwischen Bevölkerungs- und Wirtschaftsentwicklung (unter besonderer Berücksichtigung der Verhältnisse in der Dritten Welt). In diesem Zusammenhang entstanden demo-ökonomische Modelle, wie das „Coale-Hoover-Modell", das die Probleme der Belastung einer sich entwickelnden Volkswirtschaft mit zu großem Bevölkerungswachstum darstellt, sowie das „Enke-Modell", das Projektionen der Wirtschafts- und Bevölkerungsentwicklung mit und ohne Anwendung von Familienplanung durchspielt. Kosten-Nutzen-Analysen der Geburt von Kindern und die Erforschung der Wirksamkeit von Investitionen in bestimmte Familienplanungsmodelle haben sich dabei zu einem eigenen Forschungsgebiet entwickelt.[29]

Eine zweite Gruppe von Theoretikern analysierte die Zusammenhänge zwischen der Bevölkerungsentwicklung einerseits und soziokulturellen Faktoren, insbesondere der Struktur und Veränderung der in einer Gesellschaft bestehenden Wertvorstellungen andererseits. Sie versuchte zu zeigen, wie das für Fruchtbarkeit, Sterblichkeit und Wanderungen relevante Verhalten einzelner Menschen durch solche Faktoren geprägt und wie dadurch der gesamte Bevölkerungsvorgang bestimmt wird.[30]

Auf der Basis des soziologischen Funktionalismus (demzufolge Gesellschaft als System verstanden wird, dessen Integration auf bestimmten gemeinsamen „(Grund)Werten" basiert und das bei Störungen der

---

reich die zweite Verwendung verbreitet, der auch wir uns im folgenden Text anschließen.
28 So z.B. Davis (38), S. 204 ff.
29 Vgl. dazu: Coale, Hoover (28), Enke (48), ders. (49). Zur Kosten-Nutzen-Analyse: Leibenstein (95), ders. (94), Schattat (148), in: Schmid (149).
30 Als früher Vertreter dieser Richtung ist zu nennen: Hiller (65).

Integration Gegenkräfte mobilisiert,) formulierte K. Davis seine Theorie des „demographischen Gleichgewichts".[31]

Sie besagt, daß Bevölkerungsstruktur und Sozialstruktur im geschichtlichen Wandel die Tendenz zur Herstellung eines „Gleichgewichts" zeigen. So kann beispielsweise die verstärkte Auswanderung von Teilen der Bevölkerung als eine Reaktion auf bestehende Nahrungsengpässe begriffen werden. Der zu beobachtende „Baby-Boom" nach Kriegen (wie z.B. in der Bundesrepublik und den USA) erscheint aus dieser Sicht als Folge von individuell nachgeholten Eheschließungen und erfüllt für das soziale System die Funktion des Ausgleichs von Kriegsverlusten. Davis zeigte, daß die Sozialgeschichte eine Fülle von Vorgängen bietet, die sich in dieser Weise interpretieren lassen.

Eine dritte Gruppe von Theoretikern beschäftigte sich mit dem „demographischen Übergang" („demographic transition") von der vorindustriellen zur industriellen Zeit. Sie entwarfen eine Parallelkonstruktion zur Mackenroth'schen Theorie der historisch-soziologischen Bevölkerungsweise, die in ihren Anfängen allerdings nicht die soziologische Gründlichkeit der Mackenroth'schen Ableitungen erreicht hatte.[32] Diese Theoretiker erklären die Veränderungen in Sterblichkeit und Fruchtbarkeit als das Ergebnis sozialer und technischer Wandlungen, die sich in Verbindung mit der Industrialisierung durchsetzen. Besondere Aufmerksamkeit haben u.a. die Arbeiten von J.M. Beshers[33] gefunden, der den Wandel im generativen Verhalten analysierte, der sich mit dem Einbruch rationaler und planender Denkweisen in die alltägliche Lebenswelt der Individuen im Zuge der Modernisierung von Gesellschaften vollzieht.

Im Zusammenhang mit der Erforschung der Bestimmungsgründe des generativen Verhaltens ist im Hinblick auf die USA auch eine umfangreiche empirische Untersuchung erwähnenswert, die sog. „Puerto-Rico-Studie".[34] Sie kam zu dem Ergebnis, daß die Bereitschaft zur Planung der Kinderzahl eindeutig mit dem Grad der Kommunikation zwischen Ehemann und Ehefrau zunimmt, und daß die Intensität der Kommunikation ihrerseits von der Struktur der Familie und vom Bildungsgrad der Familienmitglieder abhängig ist.

Seit der Mitte der 70er Jahre zeigt sich auch in der Bundesrepublik wieder ein verstärktes Interesse an der Weiterentwicklung der Bevölkerungstheorie. Der Anlaß hierzu war die Frage, ob sich die Tendenzen zur Bevölkerungsabnahme, die nicht nur in der Bundesrepublik, sondern auch in benachbarten fortgeschrittenen Industriegesellschaften seit einiger Zeit zu beobachten sind, noch mit dem Mackenroth'schen Instrumentarium erfassen und erklären lassen (siehe Kap. 3.3).

31 Davis (37), ders. (38), ders. (39), Davis, Blake (40).
32 Thompson (170); Notestein (126); Carr-Saunders (26).
33 Beshers (9); Coale (27); vgl. dazu: Schmid (149), S. 275 ff.
34 Hill, Stycos, Back (64).

Eine Arbeitsgemeinschaft deutscher Bevölkerungswissenschaftler diskutiert seit einiger Zeit, wie die Mackenroth'schen Ansätze verfeinert, weiterentwickelt und für die Erklärung der gegenwärtigen Bevölkerungsbewegung nutzbar gemacht werden können. Da die traditionellen Merkmale der Sozialstruktur wie Religion, Wohnortgröße, Beruf, Schichtzugehörigkeit usw. viel von ihrem einstigen Erklärungswert für unterschiedliches generatives · Verhalten eingebüßt haben, gilt es die heute für Kinderwunsch und Lebensplan junger Paare bestimmenden Faktoren zu identifizieren und zu kombinieren. [35]

Daneben hat sich in der Bundesrepublik in den letzten Jahren eine sozialpsychologische Forschungsrichtung entwickelt, die verhaltenstheoretische Ansätze für die Erklärung generativen Verhaltens nutzbar zu machen versucht. [36]

---

35 Das Bundesministerium für Jugend, Familie und Gesundheit (22), darin die Referate von Linde, Marschalck und Schmid.
36 von Rosenstiel (139).

4. Die „biosoziale Bevölkerungsbewegung" in Deutschland und ihre Bestimmungsfaktoren

Im „Lichte der Statistik" vollzieht sich die Bevölkerungsentwicklung in Deutschland erst seit dem Beginn des vorigen Jahrhunderts. Was vorher geschah, kann nur aus sporadisch vorliegenden Zahlen und Berichten rekonstruiert werden, und die Angaben über die damaligen Bevölkerungsbewegungen bleiben trotz aller Sorgfalt jener, die sie zusammentrugen, mit Unsicherheitsgrenzen belastet.[1]

4.1 Bevölkerungsentwicklung in der vorindustriellen Zeit

Über die Vorgänge bis zum Beginn des 19. Jahrhunderts findet sich ein zusammenraffender Überblick bei Mackenroth, und die folgenden Partien enthalten einen Auszug aus seiner Darstellung:

„Das Wachstum der Bevölkerung im deutschen Raum seit dem frühen Mittelalter verläuft nicht gleichmäßig, sondern in großen Wellen von wechselnder Länge. Als die Völkerwanderung mit der Landnahme der germanischen Stämme abschließt, ist deren Volkszahl vermutlich sehr klein. Es folgt, von der Landnahme bis zur Kolonisation im 12. Jahrhundert reichend, die Periode des ersten Landesausbaus. Die Nahrungsfläche wächst extensiv durch die Rodungen von Wald, die Bewirtschaftungsformen werden verbessert durch Übergang zu intensiveren Akkerbaumethoden, zunächst von wilder Feldgraswirtschaft zu geregelter Feldgraswirtschaft und dann zur Dreifelderwirtschaft mit geregeltem Umtrieb und Wechsel von Wintergetreide – Sommergetreide – Brache in dreijährigem Turnus.

Diese Zeit des ersten Landesausbaus bis etwa 1100 ist eine Zeit des mäßigen Volkswachstums. Während des größten Teils dieses halben Jahrtausends, etwa bis in die Zeit der Spätkarolinger, stoßen Volkswachstum und Wachstum der Nahrungsfläche extensiv noch an keine Grenzen. Land und vor allem Wald, der zu Ackerland gerodet werden kann, sind noch unerschöpft. Unter den späteren Karolingern dürfte das ostfränkische Reich auf etwa 350.000 qkm rund 2,5 bis 3 Millionen Menschen umfaßt haben, in begünstigten Landstrichen schon mit einer Bevölkerungsdichte von 10 bis 20 je Quadratkilometer, im ganzen gegenüber den großen ethnischen Blöcken der damaligen Welt, dem lateinischen und griechischen, doch noch verschwindend klein.

In den beiden letzten Jahrhunderten werden schon Grenzen eines weiteren extensiven Wachstums der Nahrungsfläche fühlbar. Rodungen auf unfruchtbaren

1 Siehe dazu u.a. Kirsten, Buchholz, Köllmann (87), Bd. 1.

Böden gehen wieder ein und werden Wüstungen. Die Eingrenzung ist landschaftsweise verschieden, zuerst vermutlich im Gebiete des Rheins, in Franken und Schwaben fühlbar. Wo dem extensiven Wachstum der Nahrungsfläche Grenzen gezogen sind, wird das Volkswachstum nun von einer Intensivierung der Bewirtschaftungsformen auf der vorhandenen Nahrungsfläche getragen. Das Volkswachstum geht langsam und zügig weiter, die Einwohnerzahl des Reiches unter den Saliern dürfte 3 bis 3 1/2 Millionen Menschen betragen haben.

Das extensive Wachstum der Nahrungsfläche ermöglicht ein extensives Wachstum der Bevölkerung ohne wesentliche Veränderungen der Sozialorganisation. Die rein betriebstechnischen Verbesserungen des Ackerbaus dagegen bedeuten ein Steigen der durchschnittlichen Arbeitsproduktivität . . . und ermöglichen damit auf der vorhandenen agrarischen Grundlage eine Verbreiterung des sozialen Überbaus. Dieser Überbau besteht primär aus der Schicht der Grundherren. Die Grundherrschaft und die rationale Großorganisation der Klöster werden selbst zu Trägern des Landesausbaus. Mit den weltlichen und geistlichen Grundherrschaften eng verzahnt steht der genossenschaftlich wirtschaftende Dorfverband des mittelalterlichen Gewanndorfes, die der Dreifelderwirtschaft angepaßte rationellste Siedlungsform. Sie stehen beide nicht nebeneinander, sondern durchdringen einander. Auch der auf grundherrlichem Land arbeitende Bauer ist wie der auf eigenem Land arbeitende Freibauer in die Flurordnung des Dorfverbandes eingefügt. Grundherrschaft und Dorfverband bewähren sich am Landesausbau und werden damit zu politisch schlagkräftigen und wirtschaftlich tragfähigen sozialen Gebilden durchstilisiert.

Zu dem primären militärisch-politischen Überbau, der Grundherrenschicht, tritt dann sekundär der gewerblich-kommerzielle Überbau der Städte . . .

Die Periode gleichmäßigen langsamen Bvölkerungswachstums wird vom Beginn des 12. Jahrhunderts an abgelöst von einer zweiten, wesentlich kürzeren Periode eines raschen Bevölkerungsaufschwungs. Sie dauert etwa 1 1/2 Jahrhunderte und reicht fast bis zum Ende der Stauferzeit." „Verursacht wird sie durch das Vordringen von Kolonisten nach Osten, die mit den im Westen geformten sozialen Gebilden diesen Raum organisieren und damit seine Tragfähigkeit für Bevölkerung beträchtlich steigern." „Österreich, die Karpathenländer, Böhmen und Mähren, Obersachsen, Schlesien, das Havel- und Wartheland, Ostholstein, Mecklenburg, Pommern und Preußen werden so teilweise durch neu einwandernde deutsche Menschen aus dem alten Siedlungsraum, teilweise aber auch unter Einbau der alteingesessenen Bevölkerung in die neuen dorthin verpflanzten Sozialformen, mit Menschen aufgefüllt.

Der Höhepunkt dieser Entwicklung scheint im 12. und 13. Jahrhundert gelegen zu haben, wenn sie sich auch schon vorher abzeichnet und bis in die Jahrhunderte des Spätmittelalters ausläuft. Städtebildung und Kolonisation greifen dabei ineinander und ergänzen und bedingen sich gegenseitig.

Vom 13. Jahrhundert an ist die dritte Periode der deutschen Bevölkerungsgeschichte anzusetzen. In ihr zeigen sich neue Tendenzen: Bevölkerungsstillstand und teilweise Rückgang im Spätmittelalter. Die Kolonisation hört auf, die politischen Gegner erstarken nach dem Zerfall der Stauferreiches. Das Bevölkerungswachstum schwächt sich wieder ab oder hört ganz auf, im 14. Jahrhundert ist mindestens für gewisse Gebiete ein absoluter Bevölkerungsrückgang für die Dauer mehrerer Jahrzehnte festzustellen.

Hungersnöte hat es immer und überall im europäischen Mittelalter gegeben. Im 14. Jahrhundert scheinen sie an Schwere zugenommen zu haben. Eine der schwersten suchte Deutschland in den Jahren 1307 bis 1315 heim. [2] Mit dem Zusammensiedeln der Menschen in den Städten und dem engeren Kontakt der geographischen Gebiete treten im Laufe des 14. Jahrhunderts große Seuchen überall in Europa auf. Die von Asien her eingeschleppte Pest ergreift nacheinander einzelne Gebiete Europas, in Deutschland sind die Jahre 1348/1349 die Jahre des ,schwarzen Todes'. Auch die folgenden Jahrzehnte bringen mehrere Hunger- und Pestjahre. Die Verluste an Menschen werden für Europa als Ganzes auf etwa ein Viertel der Bevölkerung beziffert, erreichen aber gebietsweise sicher höhere Prozentsätze bis zu zwei Dritteln . . .

Die Lücken, die die großen Epidemien und Hungersnöte gerissen haben, werden jedoch immer wieder aufgefüllt, sie dauern oft nur wenige Generationen. Anderwärts geht die Aufwärtsentwicklung ungebrochen weiter, von der zweiten Hälfte des 14. Jahrhunderts an ist wieder mit einem allgemeinen Aufschwung zu rechnen. Am Ende des Mittelalters, um 1500, sind die Menschenverluste allenthalben ausgeglichen. . .

In der politischen Geschichte wird das Jahr 1500 als Einschnitt gesehen, in der Bevölkerungsgeschichte ist ein Umbruch nicht festzustellen. Die alten Entwicklungstendenzen laufen weiter und führen zu einer gleichmäßigen Bevölkerungsvermehrung, die nach . . . begründeten Schätzungen im Jahre 1600 die Zahl von 20 Millionen für das Gebiet des damaligen Reiches erreicht haben dürfte.

Erst der Dreißigjährige Krieg bringt für Deutschland einen gewaltigen Einschnitt.[3] Die eigentlichen Kriegsverluste, die Gefallenen in den Schlachten und Gefechten des Krieges, sind im Vergleich zu den Kriegen unseres Jahrhunderts verschwindend gering. [4] Dagegen sind die Menschenverluste unter der Zivilbevölkerung in den von den Kriegshandlungen und Truppendurchzügen wirklich betroffenen Gebieten ganz außerordentlich hoch . . . Für das Reich als Ganzes schätzt man einen Verlust von 40 Prozent der ländlichen und 33 Prozent der städtischen Bevölkerung. Auf die kurze Zeit eines Menschenalters zusammengedrängt, ist das ein ganz außerordentlich hoher Satz.

Vom Ende des Dreißigjährigen Kriegs bis zur Mitte des 18. Jahrhunderts ist die nächste Periode der deutschen Bevölkerungsgeschichte anzusetzen. Auf den großen Krieg folgt zunächst ein Wanderungsaustausch zwischen Schongebieten und Verlustgebieten: Norddeutschland wird in seinen Verlustbezirken aus dem niederländischen und skandinavischen Raum, Oberdeutschland aus den Alpenländern einschließlich Österreich und Schweiz wieder aufgefüllt. Dazu kommt eine innere Bevölkerungsvermehrung. . .

In dieser Zeit formiert sich im deutschen Raum der merkantilistische Staat, dem der Menschenmangel ein ständiges Hindernis in der Verfolgung seiner Ziele ist, und in dessen wirtschaftspolitischen Programmen daher die Populationistik einen bevorzugten Platz einnimmt. Vor allem die zwei Großstaaten, Preußen und Österreich, haben in dieser Zeit eine zähe und zielbewußte Menschenökonomie betrieben, indem sie den von ihnen beherrschten deutschen und außerdeutschen Raum planmäßig ausbauten und mit Menschen füllten.

In erster Linie geschah das durch planmäßige Herbeiziehung von Wanderungen. Das persönliche Motiv für die Massenwanderung ist in jener Zeit weniger das

2 Vgl. Abel (1).
3 Vgl. hierzu ausführlich Franz (56).
4 Sie werden durch v. Inama-Sternegg mit etwa 325.000 - 338.000 angegeben. Inama-Sternegg (71), S. 15.

wirtschaftliche als das der religiösen Freiheit. Preußen war dank der toleranten Politik seiner Fürsten ein Hauptzielgebiet religiös motivierter Masseneinwanderungen. Aber auch planmäßige Ansiedlung von technisch besonders begabten Siedlern (Holländern im Deich- und Kanalbau) kommt vor. Siedler erhielten Land aus Domänenbesitzen, außerdem Zuschüsse zur Begründung des Hausstandes, und wurden für eine beträchtliche Zeit von Jahren von Steuern und Abgaben freigestellt. Gutsherren, die neue Bauernstellen schufen, erhielten in Schlesien bis zu 150 Taler . . .

Man kann in dieser Zeit geradezu eine neue Phase des (merkantilistischen) Landesausbaus ansetzen. Die bis dahin in der wirtschaftlichen Entwicklung zurückgebliebenen Gebiete des deutschen Raumes und des europäischen Ostraumes wurden dadurch auf das Niveau der alten Siedlungsräume gehoben, im ganzen wurde das Gefälle beseitigt und eine größere Ausgeglichenheit der Räume erzielt. Die wirtschaftlichen Aufgaben dieses Landesausbaus waren: Aufsiedlung brachliegender Ländereien, von domänialem und grundherrlichem Land, Moorkultivierung, Deichwirtschaft, Einführung neuer Nahrungsfrüchte (Kartoffeln) . .

Organisator und Träger dieser planmäßigen Erweiterung des Nahrungsraumes ist der Staat. Die Initiative dieses Landesausbaus ist im Gegensatz zu älteren Zeiten, wo er von der Grundherrschaft getragen wurde, an größere politische Gebilde übergegangen, er erfordert die größere finanzielle und organisatorische Kraft der staatlichen Organisation." [5]

Hinter dieser Bevölkerungsentwicklung, die ständig latent gegen den Nahrungsspielraum gespannt war, ohne jedoch an ihn — außer in Katastrophenzeiten — anzustoßen, stand ein charakteristisches Zusammenspiel jener Prozesse, die die biosoziale Bevölkerungsentwicklung bestimmten, stand eine ganz bestimmte Bevölkerungsweise.

4.2 Bestimmungsfaktoren der vorindustriellen Bevölkerungsweise

Mackenroth schildert die vorindustrielle europäische Bevölkerungsweise wie folgt: ,,Der überwiegende Teil der nächsten Generation wird in der Familie geboren. Die außereheliche Fruchtbarkeit spielt eine geringe Rolle. Die Familie ist durch Religion und Recht stark gesichert, sie hat auch in der Produktionswirtschaft einen festen Platz. Der Bevölkerungsvorgang reguliert sich über ein Mehr und Minder an Familiengründungen. Heiratshäufigkeit und Heiratsalter sind die Variablen der Bevölkerungsweise, mit denen sie sich zum Nahrungsspielraum und zur Konsumnorm und Arbeitsnorm abstimmt.

Die Fruchtbarkeit in der Ehe ist keine soziologische Variable, wenigstens nicht in breiten Schichten. In einigen Besitzerschichten mag auch das der Fall sein, doch würde sich ein solches Verhalten hart an der herrschenden Sexualethik stoßen müssen." Einer hohen ehelichen

5 Mackenroth (103), S. 112 ff. Siehe auch die dort von ihm zitierte sozialgeschichtliche Literatur.

Fruchtbarkeit steht eine hohe Sterblichkeit, besonders auch Säuglingssterblichkeit, gegenüber, vor allem in den unteren sozialen Schichten.

„Die Bevölkerungsweise ist also eine solche hohen Bevölkerungsumsatzes, es kommt im Durchschnitt eine niedrige Zahl durchlebter Jahre auf eine Geburt." [6]

Fruchtbarkeit und Sterblichkeit lagen damals (im Vergleich zu heute) recht hoch.

Der Geburtenvorgang

Als der Geburtenvorgang im Gebiet des späteren Deutschen Reiches um 1840 in das „Licht der Statistik" trat, wies die Geborenenziffer ein Niveau von etwa 35 v.t. auf (zum Vergleich: in der Bundesrepublik Deutschland 1978 ca. 9,5 v. T.). Trotz ihrer relativen Höhe blieb die Geborenenziffer damals aber deutlich unter dem Niveau, das sie bei ungehemmter Fortpflanzung aller Bevölkerungsgruppen erreicht hätte (etwa 60 v.T.). Die Ursache hierfür liegt in den vielfältigen Heiratsbeschränkungen der vorindustriellen Gesellschaft.

„So gab es um 1616 in den Fürstentürmern Ober- und Niederbayern strenge Vorschriften, die die Heirat junger Dienstboten verboten und eine solche überhaupt nur für diejenigen erlaubten, welche ihre Nahrung ohne jede Beschwerde für andere Bürger erwerben konnten. Im hessisch-darmstädtischen Gebiet wurde die Heiratserlaubnis (1749) vom vorherigen Dienst in der Miliz oder den Landbataillonen abhängig gemacht. Eine Verordnung der ehemaligen Reichsstadt Rottweil von 1782 bestimmte unter anderem: ‚Zweitens hat der um die Heiratserlaubnis Anhaltende nachzuweisen, ob und wie er sich zu ernähren imstande sei.' Scharfe Bestimmungen fanden sich im Herzogtum Württemberg, die z.B. in der Mitte des 18. Jahrhunderts die Heiratserlaubnis von der Erreichung des 25. Lebensjahres abhängig machten." [7]

Im Prinzip wurden nur solche Personen zur Heirat und Familiengründung zugelassen, die den Besitz einer sogenannten Vollstelle nachweisen konnten. Was als Vollstelle oder Familiennahrung angesehen wurde, unterlag regional und zeitlich unterschiedlichen Bewertungen; im Regelfall waren darunter Bauernstelle, Handwerksbetrieb oder eine sonstige berufliche Position zu verstehen, die (standesgemäße) Einkünfte und die Versorgung einer Familie gewährleisteten.

Die Regelungen fielen im Mittelalter in die Zuständigkeit der Grund- und Gutsherren (ländliche Feudalgesellschaft) und der Magistrate bzw. der damaligen Berufsverbände (Zünfte, Gilden; städtische Selbstverwaltung). Die institutionell auferlegten Heiratsbeschränkungen zwangen einen relativ hohen (wenngleich in Abhängigkeit vom verfügbaren

6 Mackenroth (105), S. 7.
7 Bolte (12), S. 162.

Nahrungsmittelspielraum schwankenden) Anteil der jeweiligen Geburtsjahrgänge zur Ehelosigkeit. Die Unverheirateten blieben zumeist in den Familien ihrer verheirateten Geschwister, fanden aber auch als (unverheiratete) Bedienstete in anderen Familien oder in Klöstern Aufnahme.

Die Heiratsbeschränkungen wurden im allgemeinen in den absolutistischen Fürstentümern beibehalten. Auch wenn die sogenannte Peuplierungspolitik (Volkreichmachung) bestrebt war, das Bevölkerungswachstum durch Förderung von Einwanderungen (z.b. Hugenotten nach Preußen), Behinderungen oder gar Verbote von Auswanderungen, Auferlegung von Ledigen-Steuern usw. zu stimulieren, so stand hinter allen derartigenMaßnahmen der Bevölkerungspolitik doch das Ziel der Vermehrung der Macht der Fürsten und des Reichtums ihrer Territorien. [8] So sehr Arbeiter und Steuerzahler erwünscht waren und Soldaten benötigt wurden, so entschieden versuchte man die Fortpflanzung unproduktiver, zur Eigenversorgung nicht fähiger oder williger Bevölkerungsgruppen zu verhindern und sie zur Arbeit zu zwingen (Bedeutung von Waisen-, Invaliden-, Zuchthäusern).

Erst im Verlauf der liberalen Reformen wurden in weiten Gebieten Deutschlands zu Beginn des 19. Jahrhunderts die Heiratsbeschränkungen aufgehoben (Bauernbefreiung, Abschaffung des Zunftzwanges). Unter dem Eindruck der damit einsetzenden starken Bevölkerungsvermehrung (vgl. Abschnitt 4.3) etablierten sich jedoch die traditionellen Regelungen teilweise wieder, vornehmlich in den süd- und mitteldeutschen Staaten:

„So wurde die in Württemberg 1807 eingeführte Verehelichungsfreiheit 1828 wieder abgeschafft und unter neue Beschränkungen gestellt. Seit 1833 mußte für die Heiratserlaubnis wieder ein ‚genügender Nahrungsstand' nachgewiesen werden. Interessante Bestimmungen fanden sich im Königreich Hannover. Ein Reskript des Kabinettsministeriums aus dem Jahre 1827 besagt, daß die Pfarrer nur solche Personen trauen dürfen, die vorher nachgewiesen haben, daß sie von der Gemeinde, in der sie sich niederlassen wollen, auch angenommen werden. Im Bereich der Landdrostei Hildesheim ergingen über diese Annahme 1835 und 1840 genaue Anweisungen. Danach war für eine Aufnahme Voraussetzung, daß die aufzunehmenden Personen genügend arbeitsfähig waren, daß das Gewerbe, in dem sie sich niederlassen wollten, nicht etwa überfüllt war, daß sie mit demjenigen, was zur Bestreitung eines Hausstandes und Gewerbes erforderlich war, versehen waren, eine Wohnung gefunden und bisher eine sparsame Lebensweise geführt hatten.
Beschränkungen dieser und ähnlicher Art fanden sich im deutschen Bereich außer in den bereits genannten Gebieten in Ober- und Niederbayern, in den Großherzogtümern Baden, Sachsen, Weimar und Hessen, in den Herzogtümern Sachsen-Altenburg und Sachsen-Coburg und im Fürstentum Schwarzburg-Sonderhau-

---

8 Vgl. Lütge (101), 5. Kap.: Das Zeitalter des Merkantilismus; Abschnitt II A 1: Bevölkerungsverhältnisse und Bevölkerungspolitik, S. 298 ff.

sen. Zu Beginn des 19. Jahrhunderts gab es keine oder verschwanden Beschränkungen dieser Art in Preußen, im Königreich Sachsen, in Schleswig-Holstein und in der bayerischen Rheinpfalz. Ein Gesetz von 1868 setzte dann für den Bereich des Norddeutschen Bundes wesentliche der oben skizzierten Beschränkungen außer Kraft. Aber erst die Reichsverfassung von 1919 hat hier ein einheitliches Recht geschaffen und in Deutschland die letzten Reste dieser Bestimmungen beseitigt." [9]

Da in den vorindustriellen Gesellschaftsformen die uneheliche Fruchtbarkeit moralisch stark belastet und häufig strafrechtlich verfolgt wurde (in Preußen ließ Friedrich der Große öffentlich-entehrende Strafen für uneheliche Schwangerschaften weitgehend abschaffen), stand hinter der relativ hohen Geborenenziffer fast ausschließlich die eheliche Fortpflanzung. Sie wurde entscheidend bestimmt durch die Sozialethik der christlichen Kirchen.

Das biblische Gebot ,,Seid fruchtbar und mehret Euch und füllet die Erde" (1. Buch Mose, 1.28) galt für alle Ehen und fand seine Ausprägung in einer betont optimistischen Grundhaltung kirchlicher Repräsentanten gegenüber Bevölkerungsproblemen. Diese Einstellung kam z.B. auf markante Weise in Martin Luthers ,,Predigt vom ehelichen Leben" zum Ausdruck: ,,Wer sich nicht findet geschickt zur Keuschheit, der tue beizeiten dazu, daß er etwas schaffe und zu arbeiten habe und wage es danach in Gottes Namen und greife zur Ehe. Der Knabe auf längste, wenn er zwanzig, ein Mägdelein, wenn es fünfzehn oder achtzehn Jahr ist, so sind sie noch gesund und lassen Gott sorgen, wie sie mit ihren Kindern ernährt werden. Gott macht Kinder, der wird sie wohl auch ernähren."[10]

Die großen Kinderzahlen hingen aber auch eng mit den Erfordernissen der damaligen familiär ausgerichteten Produktionswirtschaft zusammen, in der billige Arbeitskräfte willkommen waren und Kinder schon in frühen Lebensjahren zu Dienstleistungen herangezogen wurden. Außerdem wurde ,,Kindersegen" als Garant der Versorgung alter, invalider und kranker Familienmitglieder in der Generationenfolge angesehen. Schließlich ist zu bedenken, daß die außerordentlich hohe Säuglings- und Kindersterblichkeit in einer Art Wechselbeziehung zum Kinderreichtum der Familien stand. Daß der Ausgleich der Mortalität in den ersten Lebensjahren durch entsprechend hohe Fruchtbarkeit zu den ,,kulturellen Selbstverständlichkeiten" zu rechnen war, belegt das folgende Zitat F. Lebruns über die Einstellung französischer Bauern im 18. Jahrhundert:

,,Der Tod eines kleinen Kindes wird auf der religiösen Ebene unter der Voraussetzung, daß es getauft ist, als Erlösung empfunden, denn dem Kind ist ja die

9 Bolte (12), S. 162.
10 Luther (102), S. 303 ff.

Gnade zuteil geworden, direkt ins Paradies einzugehen, ohne die Bitterkeit des Lebens kennenzulernen . . . Auf der menschlichen Ebene ist der Tod eines kleinen Kindes ein fast banales Ereignis, das durch eine darauffolgende Geburt wieder wettgemacht wird." [11]

Der Sterbevorgang

Hinter der hohen Sterblichkeit – die allgemeine Sterbeziffer lag vor 1700 vermutlich nur wenig unter der Geborenenziffer und schwankte stark in Abhängigkeit von Hungersnöten, Seuchen und sonstigen Krisen – standen vor allem drei Bestimmungsgründe:

Erstens sind die Ernährungsverhältnisse der vorindustriellen Zeit zu nennen. Europa war damals noch nicht zu einem großen Wirtschaftsraum mit internationaler Arbeitsteilung zusammengewachsen, sondern weitgehend in viele kleine Wirtschaftsräume aufgeteilt, die aus einer begrenzten Verbundenheit einzelner, meist kleiner Städte mit den umliegenden landwirtschaftlichen Gebieten entstanden. Mißernten bedeuteten Hungersnöte und erhöhte Sterblichkeit, denn neben anderen Gründen war vor allem die Produktivität der landwirtschaftlichen Nachbargebiete zu gering, um Notstandsgebiete mitzuversorgen.

Zweitens waren die begrenzten Kenntnisse und Heilmethoden der Medizin von Bedeutung. Es gelang den Ärzten nicht, der immer wieder aufflackernden Seuchen Herr zu werden.

Ein erschütterndes Beispiel für die damaligen Zustände gibt Defoe, der Verfasser des Robinson Crusoe, in seinem Bericht über „Die Pest zu London" aus der Mitte des 17. Jahrhunderts. Die von der Krankheit Befallenen wurden streng isoliert und häufig ihrem Schicksal überlassen. Gegen die Ansteckungsgefahren glaubte man sich durch das Essen von Knoblauch und Besprengen mit Essig schützen zu können. Erst beim Auftreten der sogenannten Pestbeulen nahmen sich die Ärzte der Opfer an und behandelten sie (nach des Chronisten Auskunft) so: „Wenn die Geschwülste hart wurden, legten sie Ziehpflaster oder Breiumschläge auf, um sie zum Aufbrechen zu bringen, und wenn das nicht half, schnitten sie die Geschwülste auf und stachen sie auf, was fürchterlich war. Bisweilen wurde die Härte nur zu einem Teil durch die Gewalt der Krankheit, zum anderen aber dadurch hervorgerufen, daß zu gewaltsam an ihnen herumkuriert wurde, und sie wurden so hart, daß sie sich mit keinem anderen Instrument schneiden ließen, und dann brannte man sie mit Ätzmitteln, so daß viele, rasend vor Schmerzen, dabei starben, und manche mitten in der Operation." [12]

Drittens waren die hygienischen Verhältnisse sehr schlecht. Zeitgenössische Schilderungen vermitteln ein recht drastisches Bild der damaligen Gepflogenheiten der Fäkalien- und Schmutzwasserbeseitigung.

11 Zitiert bei Shorter (159), S. 262.
12 Defoe (41), S. 93 – Siehe zur Situation der damaligen „ärztlichen Kunst" u.a. Cook (31).

45

Auch die Frischwasserversorgung war ein ständiger Gefahrenherd bei der Entstehung und Ausbreitung von Krankheiten (man denke an die seinerzeit reale Bedeutung der heutzutage im übertragenen Sinn gemeinten Brunnenvergiftung). Die unzureichende Körperpflege und Lebensmittelhygiene kamen verschärfend hinzu.

Das geschilderte Zusammenspiel von ehelicher und unehelicher Fruchtbarkeit, von Sterblichkeit, Heiratshäufigkeit und Heiratsalter — die Bevölkerungsweise der Zeit vor 1750 — sowie die dahinter stehenden Regelungen waren ein Teil des sog. vorindustriellen Wirtschafts- und Sozialsystems, d.h. jener Verhältnisse, die sich in Nord-, West- und Mitteleuropa nach der Völkerwanderung und in manchen Gebieten in enger Verbindung mit der Gründung des Reichs Karl des Großen allmählich entwickelt hatten. Die Bevölkerungsweise jener Zeit ist ein isoliert nicht zu verstehender Teil der gesamten Sozialstruktur und war vor allem eng mit den Arbeits- und Produktionsverhältnissen, den Formen des familiären Zusammenlebens sowie den allgemeinen Werthaltungen des damaligen Sozialsystems verknüpft.

Die Bevölkerungsentwicklung der vorindustriellen Zeit im deutschen Raum war also keineswegs durch eine ständig an die Grenzen des Nahrungsspielraumes anprallende, ungehemmte Bevölkerungsvermehrung gekennzeichnet. Sie verlief vielmehr im Prinzip unter einem in den Sozialverfassungen der damaligen Zeit enthaltenen Ordnungsgedanken, nach dem die Bevölkerungsvermehrung durch die Regulierung der Stellenzahl (und damit der Familiengründungen) auf die Entwicklung des Nahrungsspielraumes abgestimmt werden konnte. Es handelt sich hierbei um eine charakteristische Bewältigung des Problems der Abstimmung von Bevölkerungsentwicklung und Nahrungsspielraum, das latent in jeder Gesellschaft vorhanden, aber u.U. überhaupt nicht oder völlig anders „planmäßig" gelöst sein kann. Es sei hier z.B. nur an die letzte Phase der Tokugawa-Periode (etwa 1720 - 1867) in Japan erinnert, in der diese Abstimmung insbesondere über Kindestötungen erreicht wurde.

4.3 Wandel der Bevölkerungsweise im Verlauf der Industrialisierung

Von der im Abschnitt 4.2 skizzierten vorindustriellen Ausgangslage her zeigten sich im deutschen Reichsgebiet charakteristische Veränderungen der Geburten- und Sterbewerte, die in Fig. 1 und außerdem in Tab. 1 dargestellt sind.

Wenn man einmal von den Geburtenausfällen und Sterbehochs der Kriege absieht, so lassen sich im Zeitverlauf bis zur Mitte der sechziger Jahre folgende Phasen unterscheiden:

(1750 - 1875): Die Sterbeziffer beginnt seit 1750 (evtl. sogar schon seit 1700) langsam zu sinken, während die Geborenenziffer bei stärkeren Schwankungen seit 1800 zunächst offenbar leicht und seit 1860 dann stärker ansteigt.

(1875 - 1900): Die Sterbeziffer sinkt weiter, die Geborenenziffer beginnt seit 1875 ebenfalls, und zwar zunächst nur allmählich, zu sinken.

(1900 - 1930): Beide Ziffern nehmen weiter ab, die Abnahme der Geborenenziffer übersteigt aber seit etwa 1905 die der Sterbeziffer.

(1930 - 1965): Die Abnahme der Sterbeziffer schwächt sich ab, und die Geborenenziffer beginnt - etwas über der Sterbeziffer liegend — charakteristische Schwankungen zu zeigen.

Entwicklung der Sterblichkeit

Die Bestimmungsfaktoren dieser Entwicklungen sind vielfältig. Am einfachsten sind jene der sinkenden Sterblichkeit zu verstehen, denn die im Abschnitt 4.2 bezeichneten Faktoren der hohen Sterblichkeit in der vorindustriellen Gesellschaft erfuhren im Laufe der Entwicklung eine grundlegende Wandlung. So begann sich mit dem Ende des 18. Jahrhunderts die Ernährungslage weiter Teile Europas zu verbessern. Durch die Modernisierung der Agrarwirtschaft[13] (Übergang von der Dreifelder- zur Fruchtwechselwirtschaft, rationelle Viehhaltung, Verkehrserschließung, Bodenmeliorationen u.a.) und die später einsetzende maschinelle Bearbeitung und Mineraldungung stieg die landwirtschaftliche Produktivität. Das Zusammenwachsen Europas zu einem arbeitsteilig verbundenen Wirtschaftsraum im 19. Jahrhundert sowie der sich ausbreitende Welthandel erhöhten den Lebensstandard und schufen die Voraussetzung eines Ernährungsausgleichs bei regional auftretenden Mißernten.

Einen entscheidenden Beitrag zur Senkung der Sterblichkeit leistete der Fortschritt der Medizin, dem es vor allem gelang, die chirurgische Praxis zu verbessern und die verheerenden Seuchen unter Kontrolle zu bekommen. ,,Das späte 19. Jahrhundert brachte . . . die ,Asepsis', die Ausschließung pathogener Mikroorganismen, und die ,Antisepsis', die auf deren Vernichtung zielt. Damit wurde das größte Problem des operativen Eingriffs in den menschlichen Körper, das Wundfieber, beseitigt. Sterilisierung der chirurgischen Instrumente, Gesichtsmasken und Desinfektion des Operationsraumes sollen mehr Menschenleben gerettet als die Kriege des 19. Jahrhunderts gefordert haben Es entstand die Bakteriologie, die sich auf die Haltbarmachung von Lebensmitteln anwenden ließ (,Pasteurisierung'). Eng damit hing auch die Entdeckung des Injektionsprinzips und der Impfstoffe zusammen. Ein Großteil

13 Vgl. die prägnante Darstellung der für Europa bahnbrechenden Umwälzungen in der Landwirtschaft Englands bei Hill (63).

von Krankheiten, die vor hundert Jahren die Mortalität einer Bevölkerung in die Höhe getrieben hatten, konnten nun verhindert werden.[14]

Schließlich verbesserten sich die hygienischen Verhältnisse: u.a. Kanalisation, Trinkwasserversorgung, städtische Sanierungsmaßnahmen, Lebensmittelüberwachung und zunehmende Körperpflege.

Heute bewerten wir den erfolgreichen Kampf gegen den Tod als eine humanitäre Tat besonders hohen Ranges. Nicht immer ist diese uns selbstverständlich erscheinende ethische Einstellung jedoch unbezweifelt gewesen. In einer Zeit, in der vor allem die Säuglings- und Kindersterblichkeit abnahm, das überkommene Fruchtbarkeitsverhalten aber nicht der sich verändernden Situation „angepaßt" wurde und die mögliche Anhebung des Lebensstandards durch rasch steigende Zuwachsraten der Bevölkerung gefährdet erschien, wiesen einzelne kritische Beobachter des Geschehens auf das Problematische, ja Bedrohliche einer gleichsam isolierten Senkung der Sterblichkeit hin. Exemplarisch für diese Einsicht in demographisch-strukturelle Zusammenhänge ist der folgende, an eine Matrone (Dame aus bürgerlichen Kreisen) gerichtete, Brief, der sich in den Schriften des einflußreichen Juristen Justus Möser (1720 - 1794), einem Zeitgenossen Goethes, findet:

„Nun, mein liebes Kind, ich will nichts mehr dagegen sagen, laß Deinem Dutzend Kindergen je eher je lieber die Blattern geben (laß sie gegen die Blattern impfen, die Verf.), alle meine Wünsche stehen Dir dabei zu Dienste, und zwar von ganzem Herzen. Aber siehe auch hernach zu, wie Du Deine acht Mägden an den Mann bringest. Denn das will ich Dir wohl im voraus sagen, daß kein einziges davon sterben werde: unsere Ärzte verstehen das Ding zu gut und sind viel zu glücklich, um Dir auch nur eine einzige Aussteuer zu ersparen.

Wo will es aber endlich hinaus, wenn das so fort geht; wenn die Brut, die jetzt erhalten ist, sich mit gleichem Eifer vermehrt und nichts davon abgeschlachtet wird? Vordem dankte eine gute Mutter dem lieben Gott, wenn er redlich mit ihr teilte und auch noch wohl ein Schäfgen mehr nahm; man erkannte es als ein sicheres Naturgesetz, daß die Hälfte der Kinder unter dem zehnten Jahre dahinsterben müßte und richtete sich darnach mit den Wochenbetten. Aber künftig wird man seine Kinder selbst säugen und also alle zwei Jahre nur ein Wochenbette halten dürfen oder mit dem zwanzigsten Jahre aufhören müssen, Kinder zu holen, wo die Welt den Menschenkindern nicht zu enge werden soll. Und doch hat die weise Vorsehung die Blattern gewiß nicht umsonst in die Welt geschickt, . . . sie sollen also wahrscheinlich dazu dienen, einer Überladung der sublunarischen Welt vorzubeugen, und diesem großen Winke sollte man folgen und den Ärzten ein Handwerk verbieten, was am Ende zu nichts dienen wird, als Mann und Frau von Tisch und Bette zu scheiden."[15]

---

14 Siehe dazu u.a. Schmid (149), S. 129.
15 Möser (116), S. 59.

Zur Entwicklung der Geborenenziffer ist anzumerken, daß bereits im Gefolge der fürstenstaatlichen Binnenkolonisationspolitik in den 70er Jahren des 18 Jahrhunderts anscheinend ein leichter Anstieg der Geburtenwerte begann. ,,Ihren eigentlichen Auftrieb erhielt diese Entwicklung . . . durch die Bauernbefreiung und dem mit ihren Ergebnissen verbundenen Landesausbau. Wurde bisher der Bestand ländlicher Bevölkerung fast ausschließlich durch die bäuerliche Familie erhalten, waren die nicht erbenden jüngeren Kinder mit wenigen Ausnahmen von der Reproduktion ausgeschlossen, so kam mit der Freisetzung des Landvolks und der Schaffung neuer ländlicher Familienstellen diese Gruppe der bäuerlichen und unterbäuerlichen Schicht zur Familiengründung, sei es, daß sie als ,Eigenkätner bäuerlicher Abkunft' Familienstellen erwarb, sei es, daß Landarbeiterfamilien als Instleute, als Gutstagelöhner die aus der Fronleistung entlassenen Bauern in der Gutswirtschaft ablösten und das von ihnen zur Entschädigung übernommene Land besetzten.

Es kam hinzu, daß auch die älteren gesetzlichen Eheschließungshindernisse fielen; das Recht, einen Ehekonsens zu erteilen, wurde mit der Aufhebung des Gesindezwangs dem Gutsherrn genommen. Mit der Intensivierung der Wirtschaft entstand eine Vielzahl neuer Stellen, sowohl im Dorf als auch auf dem Gutsland, und die Vielzahl neuer Familien darauf, die sich fast ungehemmt vermehrten, bedingte einen Anstieg der Geborenenzahlen." [16]

Tab. 9 verdeutlicht den Zusammenhang am Beispiel Ostpreußens. Die unterbäuerliche Schicht der Kätner, die die Fesseln städtisch-zünftlerischer Bevormundung abstreifenden Dorfhandwerker und die das nach der gutherrlichbäuerlichen Regulierung eingetretene Defizit an Arbeitskräften abdeckenden Instleute und Tagelöhner sind jene drei Gruppen, die im Laufe des 19. Jahrhunderts die stärksten Zuwachsraten aufwiesen (vgl. dazu auch das folgende Kapitel über Wanderungen).

Wenn sich die Geborenenziffer — im Hinblick auf diese Vorgänge — nicht noch stärker erhöht hat als es aus Fig. 1 zu ersehen ist, so muß das auf den Einfluß der abnehmenden Säuglingssterblichkeit zurückgeführt werden. Bei oft mehrjährigen Stillzeiten und einer dadurch bedingten verminderten Empfängnisfähigkeit vergrößerten sich die Abstände zwischen den Schwangerschaften und Geburten.

In Verbindung mit der Entstehung vieler neuer industrieller Arbeitsplätze und einer weiteren Ablösung der alten Heiratsbeschränkungen nahm dann seit etwa 1860 die Verheiratungsquote offenbar immer mehr zu (genaue statistische Angaben sind hierfür u.W. aller-

16 Köllmann (88), S. 382 ff.

dings bisher nicht verfügbar). Der deutliche Anstieg der Geborenenziffer in dieser Periode resultiert vermutlich also zum größten Teil
aus der Vermehrung der Ehen, innerhalb welcher das „alte" Fortpflanzungsverhalten — soviel Kinder, wie es die Gesundheit der Ehepartner erlaubt — zunächst fortgeführt wurde. (Diese Anstiegsphase
ist auch in anderen nordwest- und mitteleuropäischen Ländern festzustellen, in denen wie in Deutschland eine schnelle Industrialisierung
und Ablösung der alten Heiratsbeschränkung stattgefunden hat). Daneben wirkte sich auch ein Geburtenhoch nach dem Krieg von 1870/
71 aus.

Seit etwa 1875 begann dann der große Umbruch der Geburtenwerte,
der zu einer langfristigen Abnahme der Geborenenziffer bis in die 30er
Jahre dieses Jahrhunderts führte. Wir wissen heute, daß diese sinkenden Geburtenwerte nicht — wie man einmal annahm — biologische Ursachen hatten. Dahinter stand keine — infolge von Verstädterung und
industriellen Arbeitsbedingungen — zunehmende Unfähigkeit zu zeugen und zu gebären, sondern ein Wandel des generativen Verhaltens in
Richtung einer bewußten Beschränkung der innerehelichen Fruchtbarkeit.

Bestimmungsgründe sinkender Fruchtbarkeit

Die Gründe für die Neuformung des generativen Verhaltens waren
vielgestaltig. Hier können nur einige der wesentlichsten genannt werden [17], und bei ihrer Aufzählung ist folgendes zu bedenken. Aus Untersuchungen verschiedener Art ist zwar ableitbar, daß die aufgeführten „Bestimmungsgründe" als Einflußfaktoren hinter dem Geburtenrückgang stehen. Für keinen dieser Einflußfaktoren ist aber nachzuweisen, wie stark er im einzelnen auf den Geburtenrückgang und im
Verhältnis zu anderen Faktoren gewirkt hat.

(1) Man kann davon ausgehen, daß der Geburtenrückgang zunächst
im städtischen Besitzbürgertum einsetzte und dieses als erste Bevölkerungsgruppe Methoden der Geburtenbeschränkung in größerem Ausmaß praktizierte. Die Gründe für diesen (zumeist nicht eingestandenen) Bruch mit dem jahrhundertelang unbezweifelten Fruchtbarkeitsideal sind schon in dem zitierten Möser-Brief zum Ausdruck gebracht
worden. Bei abnehmender Säuglingssterblichkeit (und die Bedingungen hierfür waren in den Bürgerhäusern günstig) führte die Verpflichtung, alle Kinder am väterlichen Erbe teilhaben zu lassen — sei es
durch standesgemäße Ausbildung und Berufswahl der Jungen, sei es
durch eine entsprechende Aussteuer für die Mädchen —, zu erheblichen Belastungen. Derartige Abfindungen bedeuteten spürbare Ein-

17 Im einzelnen siehe dazu u.a. bei Mackenroth (105).

griffe in die Vermögenssubstanz. Insbesondere in einer Zeit des scharfen Wettbewerbs, dessen Bestehen hohen Kapitaleinsatz erforderte, konnten solche Entnahmen für private Zwecke ein Unternehmen nachhaltig schwächen oder zumindest seine Modernisierung erschweren und damit künftige Entwicklungschancen illusorisch machen. Das wohlverstandene ökonomische Interesse des Wirtschaftsbürgertums am „Überleben" bewog diese Gruppe zur Planung auch im familialen Bereich.

Daß häufig auch ländliche Besitzschichten im 19. Jahrhundert Geburtenbeschränkung betrieben, um eine Zersplitterung ihres Erbes zu vermeiden, kann ebenfalls als nachgewiesen gelten. [18]

(2) Der Übergang von der vorindustriellen Abstammungs- zur industriellen Leistungsgesellschaft löste eine weitere Motivation zur Beschränkung der ehelichen Fruchtbarkeit aus. In der vorindustriellen Zeit waren mit der Geburt eines Menschen innerhalb eines bestimmten, rechtlich abgegrenzten Standes die Würfel über seinen künftigen Werdegang praktisch gefallen. Die familiäre Abstammung eines Menschen war weitgehend prägend im Hinblick auf die Berufswahl, die bis ins einzelne geregelte Lebenshaltung, die Bildungsmöglichkeiten und die Teilhabe an bzw. den Ausschluß von politischer Herrschaft. Dem Willen des einzelnen, „seine Sache" selbst in die Hand zu nehmen, waren enge Grenzen gezogen.

Industrialisierungs- und Demokratisierungsprozesse zerbrachen die für die meisten Menschen unüberwindlichen Schranken der traditionsverhafteten Ständegesellschaft. Im Wertekatalog, der das soziale Ansehen der Individuen begründete, rückte das Kriterium der beruflichen Leistung nach oben, die Eigeninitiative zum Aufstieg wurde ermutigt: „ . . . Zeugnisse und Diplome beginnen den Geburtsschein zu ersetzen. All das läuft auf eine Schwächung des familialen Placierungseinflusses hinaus." [19] Wer sich ohne den Startvorteil eines produktiven Vermögens dieser gesellschaftlichen Wettbewerbssituation ausgesetzt sah, mußte, um zu bestehen, eine wesentliche Grundbedingung erfüllen: möglichst Besuch einer weiterführenden Schule und daran anknüpfend eine qualifizierte Berufsausbildung. Dafür waren aber bei den damaligen Gegebenheiten im Bildungs- und Ausbildungswesen erhebliche finanzielle Mittel erforderlich, die beim Vorhandensein vieler Kinder in einer Familie einfach nicht aufzubringen waren. Daher entschloß man sich in den aufstiegswilligen Gruppen (zunächst vornehmlich Angestellte und Beamte), auf reichen „Kindersegen" zu verzichten, um weniger Nachkommen eine um so wirksamere Unterstützung geben zu können.

---

18 Siehe dazu bei Bahrdt (5), S. 18 ff. und Schubnell (152).
19 Neidhardt (120), S. 74.

(3) Der steile Abfall der Geborenenziffer wäre nicht möglich gewesen, ohne daß auch die damals anteilsmäßig starke Gruppe der Arbeiter ein verändertes generatives Verhalten übernommen hätte. Ihre Beweggründe hat G. Mackenroth unter dem Begriff „Krisenerlebnis" in die bevölkerungswissenschaftliche Diskussion eingeführt. Die Industrialisierung schuf Arbeitsplätze ganz neuer Art, von denen die dort beschäftigten Arbeitnehmer annahmen, sie garantieren Lebensunterhalt und soziale Sicherung einer Familie. Aber der Schein trog. Die Löhne reichten oft kaum aus, um das Existenzminimum zu decken, und die periodisch auftretenden Wirtschaftskrisen führten immer wieder zu Massenarbeitslosigkeit und Massenelend. Frauen und Kinder der Arbeiterfamilien mußten mithelfen, um die kümmerliche Existenz zu sichern. Die Situation, daß Kinder als wichtige Arbeitskräfte verstanden werden konnten, die durch ihre, ihnen bereits in frühem Alter abverlangte, Arbeitsleistung nicht unwesentlich dazu beitrugen das Familieneinkommen zu verbessern, änderte sich grundsätzlich, als sich gegen Ende des vorigen Jahrhunderts die Bedingungen änderten, unter denen Kinder zur Arbeit herangezogen werden konnten. Erneut erwies sich eine humanitäre Maßnahme als schwere Benachteiligung für die Betroffenen. Die Einschränkung und schließlich das Verbot der Kinderarbeit bedeuteten für die Arbeiterhaushalte den Verdienstausfall ihrer mithelfenden Familienangehörigen und damit zusätzliche Belastungen, weil Kinder ja nun bis zum Ende der Schulzeit — materiell gesehen — bloße „Kostenelemente" waren. Hinzu kam, daß immer größere Anteile der Bevölkerung und insbesondere der Arbeiterschaft unter städtischen Lebensverhältnissen wohnten, die im allgemeinen höhere finanzielle Belastungen für Wohnung, Nutzung von Verkehrsmitteln u.a.m. mit sich brachten. (Während 1871 nur 5 v.H. der Bevölkerung in Großstädten — über 100.000 Einwohner — lebten, waren es 1933 bereits 35 v.H.). Das Begreifen der geschilderten Zusammenhänge führte zur Verminderung der Kinderzahl auch in der Arbeiterschicht. Daß die politische Arbeiterbewegung aufgrund der von ihren Führern akzentuierten Interdependenz zwischen Arbeitsangebot und Lohnhöhe außerdem als politische Verhaltensweise eine Veränderung des Fruchtbarkeitsverhaltens propagierte („Sperrt den Kapitalisten die Ware Mensch"), war bereits dargelegt worden. Es verdient hervorgehoben zu werden, daß dies geschah, obwohl Geburtenbeschränkung — nach der im folgenden zitierten Auffassung A. Bebels — der „ehelichen Zweckbestimmung" widersprach:

„Soll die Ehe beiden Gatten ein befriedigendes Zusammenleben gewähren, so erfordert sie neben der gegenseitigen Liebe und Achtung die Sicherung der materiellen Existenz, das Vorhandensein desjenigen Maßes von Lebensnotwendigkeiten und Annehmlichkeiten, die sie glauben für sich und ihre Kinder notwendig zu haben. Die schwere Sorge, der harte Kampf um das Dasein sind der erste Nagel zum Sarge ehelicher Zufriedenheit und ehelichen Glückes. Die Sorge wird aber um so größer, je fruchtbarer sich die eheliche Gemeinschaft erweist, also in je höherem Grade sie ihren Zweck erfüllt. Der Bauer z.B. ist vergnügt über jedes Kalb, das seine Kuh ihm bringt, er zählt mit Behagen die Zahl der Jungen, die ein Mutterschwein ihm wirft, und mit Befriedigung berichtet er das Ergebnis seinem Nachbarn; aber er blickt düster, wenn seine Frau ihm zu der Zahl der Sprößlinge, die er glaubt ohne schwere Sorge erziehen zu können – und groß darf sie nicht sein –, einen neuen Zuwachs schenkt." [20]

Krisenerlebnisse neuer Art zeigten sich dann viel später wieder in Verbindung mit der Weltwirtschaftskrise am Beginn der 30er Jahre dieses Jahrhunderts.

(4) In der vorindustriellen Zeit wurden die klassischen Risiken Alter, Krankheit, Invalidität u.a.m. weitgehend durch Hilfeleistungen auf Gegenseitigkeit im Rahmen von Familie, Nachbarschaft, Zunft und Gemeinde abgedeckt. Je mehr diese alten Regelungen im Verlauf des sich entfaltenden Industrialisierungsprozesses zerfielen oder ihre Funktionsfähigkeit einbüßten, um so bedeutsamer blieben (oder wurden sogar in einigen Schichten) eigene Kinder für die Alterssicherung von Eltern. Verstärkte Mobilität, Individualeinkommen, die unzureichend waren, um andere (z.B. Eltern) mitzutragen oder Rücklagen für eigene Risikofälle zu tätigen, das Auftauchen neuer Risiken (Massenarbeitslosigkeit) u.a.m. führten dann zu den sozialen Problemen und politischen Bewegungen der zweiten Hälfte des vorigen Jahrhunderts und schließlich u.a. zu Maßnahmen staatlicher Sozialpolitik. In Verbindung damit löste sich die Beziehung auf, daß Menschen eigene Kinder brauchen, um im Alter gesichert zu sein. Die Tatsache, daß vom gesellschaftlichen Blickpunkt das Vorhandensein einer Kindergeneration ein wesentlicher Faktor für die soziale Sicherung der Elterngeneration blieb, war ein „Makrozusammenhang", der – falls er überhaupt erkannt wurde – kaum mehr Motivationen dazu hergab, aus Sicherheitsüberlegungen „ausreichend" eigene Kinder zu wünschen.

(5) Im Verlauf der industriellen Entwicklung setzte sich in immer breiteren Bevölkerungskreisen ein ausgeprägtes Konsumstreben durch. Der Begriff der „standesgemäßen" Nahrung der vorindustriellen Zeit und die im Rahmen der christlichen Sozialethik, der Zunftordnungen und der allgemeinen sozialen Kontrolle bis in das 17. Jahrhundert hineinreichende Zügelung des Erwerbs- und Konsumstrebens zerfielen mehr und mehr. In enger Verbindung mit den politischen Forderungen nach der Gleichheit staatsbürgerlicher Rechte und Chancen erschienen die früheren Differenzierungen des Lebensstandards zwischen Adel, Kaufleuten, Handwerkern und Landbevölkerung nicht mehr als gottgege-

20 Bebel (6), S. 106.

bene, sondern als historisch gewachsene und zu verändernde Verhältnisse. Die Forderung nach Hebung des Lebensstandards für die Masse der Arbeitnehmer, die Gewöhnung an ein steigendes Konsumgüterangebot in Verbindung mit zunehmender Massengüterproduktion und deren Propagierung durch Werbung, die Tatsache, daß der „Aufwand" mehr und mehr zum Symbol wurde, mit dem man sich und anderen zeigen kann, was man in der Gesellschaft „darstellt" u.a.m. ließen die Konsumwünsche ständig steigen, und zwar schneller als den Lebensstandard. Nicht die Steigerung des Lebensstandards an und für sich wirkte in Richtung einer Beschränkung der Kinderzahl, sondern die Diskrepanz zwischen Konsumwünschen und Aufwandsbedürfnissen einerseits und dem tatsächlichen Lebensstandard andererseits. Erst diese Spanne zwischen dem, was man hat, und dem, was man haben möchte, bringt die bekannte Alternative „Baby oder Auto" mit sich.

Zu den Wünschen, die sich auf einen steigenden Lebensstandard richteten, dürfen nicht nur die auf rein materielle Dinge zielenden, sondern auch jene nach mehr Freizeit und Bildung, nach anderen Formen der Freizeitgestaltung u.ä.m. gerechnet werden. Insbesondere seit dem Ersten Weltkrieg kam es – nicht zuletzt in Verbindung mit den politischen Entwicklungen – zu einer „Sozialisierung von Leitbildern", d.h. zu einer Verbreitung von Lebenszielen, zu einer Formulierung und Verwirklichung von Wünschen für viele, die vorher auf bestimmte Bevölkerungsgruppen beschränkt waren.

(6) Wesentliche Bedeutung für die Geburtenentwicklung hatte auch die Herausbildung eines neuen Selbstverständnisses der Frau in den modernen Industriegesellschaft n. Im Verl uf der Emanzipationsbestrebungen wiesen immer mehr Frauen die ihnen in der vorindustriellen Gesellschaft auferlegte Rolle der „ewigen Gebärerin" zurück und suchten nach Chancen zur aktiven Teilhabe am außerhäuslichen beruflichen und geselligen Leben. Diese Bestrebungen und die aus einer Teilnahme am außerhäuslichen beruflichen und geselligen Leben resultierenden Anforderungen gerieten mit denen der Mutterrolle in Konflikt (vor allem bei mehreren Kindern), was sich sowohl in Richtung einer Beschränkung der Kinderzahl auswirkte als auch auf ein Zusammendrängen des „Kinderkriegens" auf wenige Ehejahre, um außerhalb dieser Zeit für anderes „frei" zu sein.

(7) In der gleichen Richtung wirkte die Tatsache, daß sich mit zunehmender Industrialisierung und den damit verbundenen Mobilitätsanforderungen an Arbeitskräfte mehr und mehr die Kernfamilie (Vater, Mutter und Kinder) als typische Form familiären Zusammenlebens durchsetzte. Insbesondere unter städtischen Lebensbedingungen wurden damit Aufsichts- und Erziehungsverpflichtungen gegenüber Kindern, die früher im Alltagsleben größerer Familienverbände (u.a. durch Großeltern, Onkel, Tanten und Gesinde) sozusagen am Rande mitbe

wältigt worden waren, zu einer eigenständigen Aufgabe, und zwar zunächst meist für die Frau.

(8) In Verbindung mit dem Industrialisierungsprozeß kam es zu charakteristischen Mobilitätsvorgängen sowie zu steigenden Mobilitätsanforderungen und -erwartungen. Einerseits wurden regionale Mobilitätsvorgänge, also Wohnortwechsel, ausgelöst, weil die neuentstehenden industriellen Arbeitsplätze sich nicht gleichmäßig über den Raum verteilten, sondern sich in bestimmten Gebieten „ballten" und Menschen in diese Ballungsräume sogen. Andererseits führten die sich ausbreitenden Wünsche nach sozialem Aufstieg zu beruflicher und damit auch regionaler Mobilität. Obwohl das Einleben in neue Wohnorte gerade durch die über Kinder zustandekommenden Kontakte erleichtert werden kann, gibt es in Verbindung mit sozialer und regionaler Mobilität aber zahlreiche Probleme, die sich mit steigender Kinderzahl eher vergrößern. Das Bewußtwerden dieser Zusammenhänge wirkte ebenfalls in Richtung einer Beschränkung der Kinderzahl.

(9) Die bisher genannten Faktoren hätten sich kaum durchsetzen können, wenn die frühere Sozialethik der christlichen Kirchen mit ihrem Fruchtbarkeitsgebot bzw. ihrer bevölkerungsoptimistischen Einstellung den gleichen unangefochtenen Einfluß auf das soziale Dasein behalten hätte wie früher. Im Verlaufe des sog. Säkularisierungsprozesses („Verweltlichungsprozeß") löste sich aber die Gestaltung des Alltagslebens mehr und mehr vom Einfluß der Kirche, ohne daß sich zunächst deren Einstellung — wonach Fortpflanzung als primäres Eheziel angesehen wurde — änderte.

(10) Angesichts des raschen Bevölkerungswachstums und nicht zuletzt unter dem Eindruck der Auseinandersetzungen, die die bedrohlich erscheinenden Deutungen und Prognosen der biosozialen Bevölkerungsbewegung durch Malthus im 19. Jahrhundert ausgelöst hatten, wurde in den nordwest- und mitteleuropäischen Ländern eine Dikussion darüber entfacht, wie man eine allzu hohe Fruchtbarkeit unter Kontrolle bringen kann. Die teilweise Wiedereinführung von Heiratsbeschränkungen in der ersten Hälfte des 19. Jahrhunderts war bereits erwähnt worden. Von besonderer Bedeutung wurde dann — gegen Ende des 19. Jahrhunderts — die Ausbreitung des Gedankenguts und der Methoden der Empfängnisverhütung. Vor allem die 1877 in Londen gegründete „Malthusian League" trug zu einer Popularisierung antikonzeptioneller Bestrebungen und Mittel bei. Trotz erheblicher Widerstände haben sich diese in den europäischen Ländern nachhaltig durchgesetzt.
Geburtenbeschränkung wurde aber keinesfalls nur als Empfängnisverhutung praktiziert. Neben dieser wurde an erster Stelle vor allem

die Abtreibung bedeutsam und in geringem Ausmaß die Sterilisierung. [21]

(11) Schließlich gilt es zu erkennen, daß auch die Abnahme der Sterblichkeit ein wichtiger Grund für die sinkenden Geburtenwerte war. In der Mitte des vorigen Jahrhunderts erreichten nur 60 v. H. der Geborenen das 20. Lebensjahr, heute dagegen 97 v. H. Wer damals eine bestimmte Zahl von Kindern in das Erwachsenenalter bringen wollte, mußte also nahezu doppelt so viele bekommen. Je mehr das deutlich sinkende Sterberisiko bewußt wurde, um so stärker dürfte es das Verhalten jener beeinflußt haben, die zur Gegenwart hin an einer bestimmten Kinderzahl interessiert waren.

Faßt man das zu den Bestimmungsfaktoren der sinkenden Geborenenziffer Gesagte zusammen, so wird deutlich, daß hinter diesem Abfall zunächst einmal eine zunehmende Rationalisierung des Fortpflanzungsverhaltens steht. Immer stärker setzte sich das ,,Prinzip der bewußten Elternschaft" durch: Vor der Entscheidung für ein Kind werden die daraus folgenden Konsequenzen bedacht. Mit der geschilderten Veränderung der Sterbeverhältnisse und des Fortpflanzungsverhaltens haben sich ebenfalls die Heiratssitten gewandelt, und auch ihre Auswirkungen stehen bereits hinter der oben beschriebenen Bewertung der Geburtenwerte.

Ausformung einer neuen Bevölkerungsweise

Betrachtet man das Zusammenwirken all jener Prozesse, die die biosoziale Bevölkerungsbewegung bestimmen, so wird deutlich, daß sich zur Gegenwart hin eine neue Bevölkerungsweise herausgebildet hat, die Mackenroth wie folgt umreißt:

,,Die Familie hat noch immer große, wenn auch gegenüber früher abgeschwächte Bedeutung für die generativen Vorgänge . . . Mehr und mehr hören Heiratsalter und Heiratshäufigkeit auf soziologische Variable zu sein. sie bekommen den Charakter von Konstanten, d.h. jeder, der überhaupt zur Heirat ansteht, heiratet auch und heiratet relativ früh. Wenn auch das Heiratsalter nicht wesentlich gesunken ist, so doch ganz beträchtlich im Verhältnis zur gestiegenen mittleren Lebensdauer. Die Spätheirat der städtischen Intellektuellenschichten, die eine Zeit lang für sie typisch war, aber heute deutlich im Abbau ist, war eine Übergangserscheinung. Allgemein steigt die Heiratshäufigkeit (Verheiratungsquote, die Verf.) und sinkt das Heiratsalter. Es gibt eine ganze Reihe von äußeren Umständen, die das statistische Bild verdunkeln: die Männerverluste in den Kriegen, die Frauenüberschüsse, die Zweitheiraten u.a.m. Das hat aber alles mit dem soziologischen Faktum nichts zu tun: innerhalb der überhaupt möglichen Familienbildungen werden Heiratshäufigkeit und Heiratsalter Konstanten der Bevölkerungs-

---

21 Zum Ausmaß der Abtreibung in neuerer Zeit siehe u.a. bei Jürgens und Pieper (81).

weise. Die ganze Variabilität verlagert sich auf die Fruchtbarkeit in der Ehe. Hier setzt der vielbesprochene Rationalisierungsvorgang ein. Die eheliche Fortpflanzungsnorm wird ausgerichtet nach einem Lebensplan der eine bestimmte Zahl von Kindern vorsieht."[22]

Die biosoziale Bevölkerungsbewegung in Deutschland seit 1750 läßt sich also aus dem Zerfall einer alten und der zunehmenden Durchsetzung einer neuen Bevölkerungsweise verstehen. Diese neue Bevölkerungsweise hat sich, wie zu zeigen versucht wurde, keinesfalls in allen Bevölkerungsgruppen gleichzeitig, sondern schichtenspezifisch durchgesetzt. So kam die Verbesserung der medizinischen Kenntnisse z.B. zunächst den besser gestellten Schichten zugute, und auch das neue Fortpflanzungsverhalten mit seiner Beschränkung der Kinderzahl breitete sich von den oberen zu den unteren Schichten, von der Stadt zum Land und von der evangelischen Bevölkerung zur katholischen aus.

4.4 Geburtenentwicklung in der Bundesrepublik Deutschland

Am 13.9.1950, dem Stichtag der ersten Volkszählung in der Bundesrepublik Deutschland, wurden 50,8 Millionen Einwohner registriert. Zum Zeitpunkt der nächsten Volkszählung, am 6.6.1961, hatte sich die Einwohnerzahl auf 56,2 Millionen, also um nahezu 10 v.H., erhöht. Der Geburtenüberschuß war daran mit 3 Millionen, der Wanderungsgewinn mit 2,4 Millionen beteiligt. Im Zeitraum bis zur Volkszählung am 27.5.1970 verlangsamten sich die jährlichen Wachstumsraten, doch war die Zunahme mit insgesamt 4,47 Millionen in etwa derselben Größenordnung angesiedelt. Trotz eines Mitte der 60er Jahre einsetzenden starken Geburtenrückgangs (vgl. Tab. 10) machte der Geburtenüberschuß mit 2,87 Millionen noch zwei Drittel dieser Steigerung aus, während der positive Wanderungssaldo mit 1,6 Millionen (35,7 v.H.) deutlich zurückgegangen war (vgl. dazu das folgende Kapitel). 1972 sanken die Geburtenwerte unter jene der Sterblichkeit. Wegen positiver Wanderungssalden nahm aber bis 1973 die Bevölkerungszahl weiter zu. Seit 1974 zeigten dann sowohl die biosoziale Bevölkerungsbewegung als auch die Wanderungssalden „rote Zahlen", und es begann eine Abnahme der Bevölkerungszahl.

Hinter den oben geschilderten Vorgängen verbergen sich eine Reihe von Entwicklungen, die für die Bevölkerungswissenschaft neue Fragen und „Sichten" sowie für die hochindustrialisierten Länder zahlreiche politische Probleme mit sich brachten.

Viele Bevölkerungswissenschaftler hatten während der vergangenen Jahrzehnte angenommen, daß sich in Verbindung mit dem Industriali-

22 Mackenroth (105), S. 11 ff.

sierungsprozeß für die davon betroffenen Länder jene charakteristische Umstellung des Zusammenspiels von Geburten und Sterbeprozeß ergibt, die schematisch aus Figur 2 zu erkennen ist. [23] Als typische Situation für ein entwickeltes Industrieland wurde die vierte Phase hingestellt, in der sich über einer langsam sinkenden Sterblichkeit deutliche Auf- und Abbewegungen der Geburtenwerte zeigen, wobei die eigentliche Variable des biosozialen Bevölkerungsgeschehens die innereheliche Fruchtbarkeit ist. Damit verband sich (vereinfacht formuliert) die Annahme, daß die Geburtenwerte im Schnitt über den Sterbewerten liegen, die Bestandserhaltung der Bevölkerungen aus biosozialer Vermehrung heraus also gesichert sein und Probleme eher aus den Schwankungen der Geburtenwerte und den daraus resultierenden unterschiedlichen Jahrgangsstärken im Altersaufbau der Bevölkerung sowie aus Wanderungsvorgängen entstehen würden, als aus deutlichen Wachstums- oder Schrumpfungstendenzen des biosozialen Bevölkerungsgeschehens.

Diese Annahmen erscheinen im Hinblick auf Entwicklungen, die sich nicht nur in der Bundesrepublik, sondern auch in anderen Industrieländern in den letzten Jahrzehnten angebahnt haben, keinesfalls mehr gesichert. Ganz im Gegenteil ist inzwischen die Frage aufgeworfen worden, ob in Verbindung mit den Leitbildern und Lebensverhältnissen in hochindustrialisierten Gesellschaften nicht Entwicklungstendenzen wahrscheinlich sind, die die Geburtenwerte längerfristig unter die Sterbewerte drücken, und ob nicht die Heiratshäufigkeit (die Verheiratungsquote) auch unter industriellen Lebensbedingungen viel variabler ist, als dies z. B. G. Mackenroth angenommen hatte (siehe S. 56). In Verbindung damit begann man im „politischen Raum" die Fragen zu diskutieren, welche Konsequenzen das haben könnte und ob oder welche Reaktionen und Maßnahmen daraufhin zweckmäßig oder notwendig seien.

Zum Verständnis der angedeuteten Probleme soll auf die Vorgänge in der Bundesrepublik im einzelnen eingegangen werden.

In der Entwicklung des Geburtenvorgangs in der Bundesrepublik während der drei Jahrzehnte seit Ende des Zweiten Weltkrieges lassen sich bisher vier Phasen erkennen: Das Geburtenhoch nach dem Krieg, ein leichter Geburtenrückgang bis 1953, ein Geburtenanstieg bis in die Mitte der 60er Jahre und der Geburtenrückgang seit dieser Zeit.

Im einzelnen dazu folgendes:

„Aufgrund eines „Nachholfbedarfs" wurden bis 1950 noch viele Kinder geboren, die ohne die Abwesenheit der Männer in Krieg und Kriegsgefangenschaft und ohne die sonstigen Kriegsfolgen (Aufschiebung von Eheschließungen) schon früher geboren worden wären. Der

---

23 Siehe dazu die These vom „demographischen Übergang" (Kap. 3.4) und die Darstellungen Mackenroths (Kap. 3.3)

sich anschließende Normalisierungsprozeß mußte zwangsläufig zu einem Geburtenrückgang bis 1953 führen. Der darauf folgende Geburtenanstieg beruhte vor allem auf der hohen Zahl von Eheschließungen nach dem Kriege, dem Sinken des Heiratsalters und auch der größeren Zahl von Personen, die in die Altersklasse von 20 − 30 Jahren aufrückten, die in der Regel die höchsten Geborenenzahlen aufweist."[24] Der Kulminationspunkt des Kurvenverlaufs der Geburtenentwicklung (siehe Tab. 10 und Figur 1) wurde 1964 mit über 1.065.000 Lebendgeborenen und einem Geburtenüberschuß von mehr als 421.000 erreicht. Dann trat (sich deutlich abzeichnend nach 1966) ein markanter Umbruch in der Entwicklung ein. Innerhalb eines Jahrzehnts sank die Zahl der Lebendgeborenen im Bundesgebiet um fast 45 v.H.

Der nach unten gerichtete Trend der Geborenenzahl bzw. Geborenenziffer tritt bei einer statistischen Unterteilung in die deutsche und die in der Bundesrepublik lebende ausländische Bevölkerung (vornehmlich Gastarbeiter) vor allem für die deutsche Bevölkerung akzentuiert hervor (siehe Tab. 10). So ist z.B. das Geburtendefizit des Jahres 1974 durch den Geburtenüberschuß des ausländischen Bevölkerungsteils um die Hälfte „gemildert" worden. Die Geburtenzahlen der deutschen Bevölkerung haben sich innerhalb nur eines Jahrzehnts (1966 − 1975) nahezu halbiert.

Im Hinblick auf die ausländischen Arbeitnehmer und ihre Familien ist folgendes zu bedenken:

„Bei einer Bevölkerungsgruppe mit so wenigen alten Menschen und einem so hohen Anteil an Frauen im Alter der höchsten Geburtenhäufigkeit ist ein hoher Geburtenüberschuß eine selbstverständliche Erscheinung".[25]
Für 1971 wurde unter rechnerischer Ausklammerung der stark divergierenden Altersstrukturen eine gegenüber den deutschen Frauen um ein Viertel höher liegende Geburtenhäufigkeit der in der Bundesrepublik lebenden Ausländerinnen ermittelt.[26] Vieles deutet aber darauf hin, daß die Ausländer begonnen haben, sich in ihrem generativen Verhalten dem der Deutschen anzupassen."[27]

Der Geburtenrückgang von 1966 − 1975 ist in bevölkerungsstatistischen Analysen daraufhin untersucht worden, ob er „wirklich darauf

24 Bundesinstitut für Bevölkerungsforschung (19), S. 14.
25 Oehlert (128), S. 83.
26 Oehlert (128), S. 84.
27 Wirtschaft und Statistik (163), Heft 3, 1977, S. 156. Für die Geburtenentwicklung bei Deutschen und Ausländern ist auch eine Änderung des Reichs- und Staatsangehörigkeitsgesetzes von Bedeutung. Sie ist am 1.1.1975 in Kraft getreten und legt fest, daß ein eheliches Kind mit der Geburt die deutsche Staatsangehörigkeit erwirbt, wenn ein Elternteil Deutscher ist. Da diese Bestimmung bis dahin für die Konstellation Mutter Deutsche/Vater Ausländer nicht zutraf, wurden z.B. 1975 12.000 Geburten dem deutschen Bevölkerungsteil zugerechnet, die sonst als ausländische Kinder registriert worden wären.

beruht, daß unsere Bevölkerung nicht mehr so viele Kinder wie früher will und/oder es ihr zunehmend gelingt, unerwünschte Kinder zu vermeiden (Änderungen des generativen Verhaltens), und in welchem Umfang der Geburtenrückgang möglicherweise durch vorübergehende Besonderheiten der Bevölkerungsstruktur (Altersaufbau usw.) bedingt ist (demographische Komponente)"[28]. Tab. 11 vermittelt einen einprägsamen Überblick über die Entwicklung zwischen den beiden Stichjahren, aufgeschlüsselt nach dem Einfluß der demographischen Komponente und jenem des generativen Verhaltens, außerdem unterteilt nach ehelichen und nichtehelichen Geburten sowie der Ordnungsnummer der geborenen Kinder (erstes, zweites, drittes Kind usw.).

Die Abnahme der Geburten um 42,7 v.H. kann danach zu einem knappen Drittel durch spezifische Veränderungen der Bevölkerungsstruktur (Einzelheiten weiter unten) erklärt werden; für zwei Drittel der Abnahme sind Wandlungen des generativen Verhaltens bestimmend gewesen. Aus den in Tab. 11 vorgenommenen Differenzierungen ist außerdem folgendes zu ersehen: Der Rückgang der nichtehelich Geborenen (22,9 v.H. gegenüber 42,7 v.H. der ehelich Geborenen) wurde stärker durch demographische Einflüsse bestimmt als der der ehelichen Kinder. Im Hinblick auf die seit Ende der 60er Jahre ansteigende Unehelichenquote (siehe Tab. 1) kann in diesem Zusammenhang darauf hingewiesen werden, daß dieser Anstieg nicht durch eine Zunahme der Unehelichenfruchtbarkeit (auf alle Frauen bezogen) zustande kam, sondern dadurch, daß die Unehelichenfruchtbarkeit langsamer abnahm als die eheliche. Tab. 11 ist außerdem zu entnehmen, daß die Abnahme der Zahl der Erstgeborenen um ein Drittel überwiegend auf demographische Faktoren zurückzuführen ist (insbesondere auf den geringeren Anteil „junger" Ehen), während der rapide Abfall der jeweils vierten und weiteren Geburten ausschließlich in den veränderten Einstellungen und Verhaltensmustern der Ehepartner gesucht werden muß.

Um den durchaus nicht unerheblichen Einfluß demographischer Faktoren zu verstehen, muß man sich u.a. folgendes vor Augen halten:

„Da es nicht mehr so viele dritte, vierte und weitere Kinder gibt wie früher, sind die im Durchschnitt der Ehen überhaupt zu erwartenden Kinder zu zwei Drittel schon in den ersten sechs bis sieben Ehejahren geboren. Daraus folgt, daß die Entwicklung der Eheschließungen und damit auch die Zahl der „jungen" Ehen auf die Geburtenentwicklung einen großen Einfluß hat."[29]

Spalte 5 der Tab. 1 weist aus, daß bereits seit Beginn der 60er Jahre der Trend der Eheschließungen rückläufig war, kurzfristig unterbro-

---

28 Schwarz (157), S. 734. Die folgenden Daten sind im wesentlichen diesem Aufsatz entnommen.
29 Schwarz (157), S. 376 ff.

chen nur durch einen Anstieg 1975; vermutlich eine Reaktion auf die Anfang 1975 in Kraft getretenen gesetzlichen Senkungen des Ehemündigkeitsalters. Dieser Trendverlauf war bis Anfang der 70er Jahre Ausdruck für das Eintreten relativ geburtenschwacher Jahrgänge der Kriegs- und unmittelbaren Nachkriegszeit in das „übliche" Heiratsalter. Eigentlich wäre seitdem durch das Nachrücken geburtenstärkerer Jahrgänge ein Umschwung zu erwarten gewesen. Jetzt begann aber eine deutlich rückläufige Heiratshäufigkeit, die (bei faktisch gleichbleibendem Heiratsalter) einen Anstieg der jährlichen Eheschließungen bislang verhinderte: „Es zeigte sich, daß 88,5 % der männlichen und 93,8 % der weiblichen deutschen Bevölkerung im Alter von 18 bzw. 16 Jahren unter den Heirats- und Sterblichkeitsbedingungen der Jahre 1972/74 im Verlaufe ihres weiteren Lebens heiraten würden. 1960/62 wäre dies noch für 95,7 % der männlichen und 95 % der weiblichen Personen zu erwarten gewesen."[30] Berücksichtigt man den engen Zusammenhang zwischen Verheiratungsquote und „Fruchtbarkeitsleistung" (94 – 95 v.H. der Lebendgeborenen kommen in Ehen zur Welt), dann läßt sich der entscheidende Einfluß der demographischen Komponente aus der Tatsache ableiten, daß die Zahl der „jungen" Ehen mit einer Dauer von 0 – 6 Jahren 1975 um ein Fünftel unter der von 1966 lag (2.670.000 zu 3.317.000).[31]

Dehnt man die demographisch-strukturelle Betrachtung auf die Sterblichkeitsverhältnisse aus, so ist deren Einfluß auf die rasch abnehmenden Geburtenüberschüsse und das Eintreten eines Geburtendefizits aus folgendem Grund nicht zu übersehen. Während z.B. die durchschnittliche Lebenserwartung neugeborener Jungen seit der Jahrhundertwende um etwa 25 Jahre gestiegen ist, haben 65jährige Männer in der Bundesrepublik gegenwärtig im statistischen Mittel nur zwei Lebensjahre mehr als damals. Wenn also in den nächsten Jahren der Anteil der „Alten" im Altersaufbau zunimmt (siehe Fig. 3), wird sich das in einer weiter steigenden Sterbeziffer während der 80er Jahre niederschlagen und den Sterbeüberschuß vergrößern.[32]

Wenden wir uns nun wieder der Feststellung zu, daß der Geburtenrückgang seit 1966, soweit man ihn z.Zt. statistisch analysiert hat, nämlich bis 1975, zu zwei Drittel auf Änderungen des generativen Verhaltens zurückzuführen ist.[33]

30 Ebenda, S. 391.
31 Schwarz (157).
32 Siehe dazu Höhn, Linke (68), S. 337 ff.
33 Dabei muß allerdings angemerkt werden, daß in den Berechnungen der Tab. 4 die Auswirkungen einer Vergrößerung der Geburtenabstände nicht enthalten sind, also möglicherweise ein Teil des Fruchtbarkeitsdefizits durch Verwirklichung nur hinausgeschobener Kinderwünsche nach 1975 ausgeglichen wird.
Für die Jahre 1966 – 1971 ist so z.B. eine Ausdehnung der Geburtenabstände nachgewiesen worden; bei den ehelichen Erstgeborenen um 1,3 Monate

Die Tabelle 4 (endgültige Zahl der Kinder in bestimmten Ehejahrgängen) macht die Veränderungen des generativen Verhaltens im einzelnen deutlich und stellt die Entwicklung teilweise in einen größeren zeitlichen Rahmen (Bundesrepublik Deutschland, Deutsches Reich seit der Jahrhundertwende). Aus der Tabelle sind zunächst noch einmal die zwei „Schübe" des Geburtenrückgangs deutlich zu erkennen: der erste, der bis in den Anfang der 30er Jahre reicht und der zweite, der Mitte der 60er Jahre einsetzt. Außerdem zeigt sich folgendes:

„Der Geburtenrückgang ist überdurchschnittlich ein Rückgang der Geburten dritter und weiterer Kinder und ist damit zugleich mit einer besonders starken Verminderung der Zahl der Geburten in den schon seit mehreren Jahren bestehenden Ehen verbunden."[34] Während um die Jahrhundertwende in jeder zweiten Familie vier und mehr Kinder geboren wurden, ist deren Anteil in den Ehejahrgängen 1968/1971 auf den Umfang einer „Splittergruppe" geschrumpft.

„Bei Konstanz des generativen Verhaltens von 1975 (würden) die Familien mit vier oder mehr Kindern allmählich verschwinden."[35] (Siehe Tab. 4).

Im Hinblick auf die ca. jeweils ein Drittel der Bevölkerung, die nach den Fruchtbarkeitsverhältnissen von 1975 ein bzw. zwei Kinder haben, gilt es darauf hinzuweisen, daß die z.Zt. verfügbaren Informationen vermuten lassen, daß der Anteil der Zweikinderfamilien weiter sinken wird. Aus Befragungen über Kinderwünsche geht hervor, daß „je jünger die Ehen, desto geringer die Bereitschaft zum zweiten Kind".[36]

Der aus den vorstehenden Daten erkennbare offensichtliche Wandel im ehelichen Fortpflanzungsverhalten wird sehr deutlich, wenn man auf die Entwicklung der Nettoreproduktionsziffern blickt. Eine NRZ von 1,0 würde – vereinfacht formuliert – andeuten, daß die Zahl der Mädchen, die von den heute im gebärfähigen Alter befindlichen Frauen geboren werden, ausreicht, um ihre Müttergeneration gerade zu ersetzen. (Siehe dazu im einzelnen Kap. 2.2)

Wie aus Tab. 3 hervorgeht, ist die NRZ seit 1964 ständig gesunken

seit der Eheschließung (hier wirkt der hohe Anteil – etwa 40 v.H. – vorehelicher Konzeptionen gegenläufig), bei zweiten Kindern seit der Geburt des ersten um 2,8 Monate, bei dritten Kindern seit der Geburt des zweiten um 7,3 Monate und bei vierten/weiteren Kindern seit der Geburt des vorhergehenden um über 8 Monate. Schwarz (156), S. 638. Für die Jahre 1966 – 1972 ist der Einfluß des sog. Spacing-Faktors auf den Geburtenrückgang auf rd. 16 v.H. beziffert worden, (Schwarz (156), S. 700) oder anders formuliert: Allein aus diesem Grunde waren 1971 etwa 60.000 Neugeborene weniger als 1966 zu erwarten.

34 Rückert (141), S. 5.
35 Schwarz (157), S. 375.
36 Höhn (69), S. 488.

und zeigte für 1977 eine Fruchtbarkeit der deutschen Bevölkerung an, die mehr als ein Drittel unter dem Reproduktionsniveau lag.[37]

Die zur Reproduktion erforderliche Kinderzahl in jeweils 100 Ehen wurde für 1977 mit 220 errechnet.[38] Im Hinblick auf die inzwischen weiter gesunkene Heiratshäufigkeit wäre sie derzeit bereits mit 230 anzusetzen. Die aufgrund des Fortpflanzungsgeschehens am Ende der 70er Jahre tatsächlich zu erwartende Kinderzahl auf 100 Ehen beträgt jedoch nur ca. 140 Kinder.

Geht man davon aus, daß die gegenwärtig von der großen Mehrheit der Ehepaare gewünschte Kinderzahl bei maximal zwei Kindern liegt, dann erscheint die Einschätzung gerechtfertigt, „daß Erwartungen auf einen automatischen Tendenzumschwung nur schwache Grundlagen haben. Ein Anstieg der Kinderzahlen erscheint vielmehr nur möglich, wenn sich die Leitbilder und Wertvorstellungen ändern. Das wiederum dürfte andere außerfamiliäre und innerfamiliäre Rahmenbedingungen voraussetzen, als sie zur Zeit gegeben sind."[39] Es wird darauf zurückzukommen sein.

Die oben skizzierte Entwicklung vollzog sich nicht gleichförmig, sondern in Form charakteristischer gruppenspezifischer Differenzierungen, und die derzeitige Fruchtbarkeitssituation weist daher in bestimmten Bevölkerungsteilen noch immer gewisse Unterschiede auf. Während der früher bedeutsame Einfluß der Konfessionszugehörigkeit auf die Fruchtbarkeit in der Bundesrepublik heute nicht mehr festzustellen ist[40], gibt es bestimmte Unterschiede der Geburtenhäufigkeit nach Region und nach Berufsposition.

Wie Untersuchungen des Statistischen Bundesamtes erkennen lassen[41], bestehen gewisse Unterschiede der Geburtenhäufigkeit zwischen den Bundesländern, die sich aber zu einem erheblichen Teil auf unterschiedliche Anteile von städtisch-industriellen oder ländlichen Räumen zurückführen lassen. Um die Mitte der 70er Jahre lag die Nettoreproduktionsziffer in den Großstädten mit 0,55 (NRZ) um ca. ein Drittel unter jener der Landkreise, wobei deren NRZ sich aber selbst schon um ca. ein Fünftel unter dem Reproduktionsniveau befand. Unter den 268 Landkreisen des Jahres 1974 hatten noch knapp 10 v.H. eine NRZ von 1,0 oder etwas darüber. „Charakteristisch für diese Kreise ist die niedrige Bevölkerungsdichte, verbunden mit einem noch verhältnismäßig hohen Anteil landwirtschaftlicher Bevölkerung und einem relativ niedrigen Stand der Schulbildung".[42] (In Fig. 11 sind die

37 Siehe dazu Schwarz (157), S. 375.
38 Schwarz (157), S. 378.
39 Schwarz (157), S. 378.
40 Schubnell (153), S. 34; Rückert (141), S. 17.
41 Wirtschaft und Statistik (163), Heft 6, 1977 und Heft 8, 1978.
42 Geburtenhäufigkeit in den Kreisen des Bundesgebiets. In: Wirtschaft und Statistik (163), S. 389, Heft 6, 1977.

regionalen Differenzierungen für die Gebietseinheiten des Bundesraumordnungsprogramms wiedergegeben). Ein Einfluß der Religionszugehörigkeit wird z.T. auf den ersten Blick dadurch vorgetäuscht, daß die vorgenannten anderen Charakteristika der Bevölkerung mit dem Anteil der Katholiken und Evangelischen stark korrelieren.

Über den Zusammenhang zwischen Fruchtbarkeit und Stellung im Beruf liegen interessante Daten aus einer Auswertung der Mikrozensus-Erhebung „Berufliche und soziale Umschichtung der Bevölkerung" (1971) durch das Bundesinstitut für Bevölkerungsforschung vor[43]. Danach hatten die höchsten Kinderzahlen die selbständigen Landwirte, die geringsten die Angestellten. Bei den Selbständigen in und außerhalb der Landwirtschaft bestand eine eindeutige Korrelation zwischen zunehmender Hofgröße bzw. wachsender Betriebsgröße und steigender Kinderzahl. Für die Berufsgruppen der Angestellten und Beamten war ein J-förmiger Zusammenhang zwischen beruflicher Qualifikation und durchschnittlicher Kinderzahl typisch, wobei die höchsten Leistungsgruppen sich markant abhoben. Eine L-förmige Beziehung ergab sich bei einer fachlichen Unterteilung der Arbeiter nach dem Qualifikationsgrad. (Siehe Tab. 12) Entsprechende Werte aus dem Mikrozensus des Jahres 1978 zeigen die gleichen grundsätzlichen Tendenzen (siehe Tab. 13).

Aus einem Vergleich der Kinderzahlen in verschiedenen Berufsgruppen mit denen der jeweiligen Elterngeneration (siehe Tab. 14) wird deutlich, daß im damit erfaßten Zeitraum der Geburtenrückgang am stärksten bei den Arbeitern war (Halbierung). Dies deckt sich mit der weiter vorn referierten schichtspezifischen Durchsetzung der modernen Bevölkerungsweise.

4.5 Erklärungsansätze für den Geburtenrückgang in der Bundesrepublik Deutschland

Im Hinblick auf die im vorigen Abschnitt dargestellten Entwicklungen ist immer wieder die Frage nach den Bestimmungsgründen des starken Geburtenrückgangs seit Mitte der 60er Jahre aufgeworfen worden. Ein besonderes Interesse an dieser Frage zeigten jene, die darüber nachzudenken und zu diskutieren begonnen hatten, wohin die Entwicklungen weiter gehen werden, und ob evtl. ein „politisches" Eingreifen geboten ist.

Zur Frage der Bestimmungsgründe der Veränderung des generativen Verhaltens liegt inzwischen eine umfangreiche Literatur vor, und ausgewählte Ergebnisse sollen im folgenden skizziert werden. Vorweg dazu einige grundsätzliche Anmerkungen:

43 Rückert (143), S. 36 ff.

Der „zweite" Geburtenrückgang – um ihn von jenem „ersten" zwischen dem Ende des vorigen und den frühen 30er Jahren dieses Jahrhunderts abzusetzen – hat, genau wie der erste, nicht einen einzigen Bestimmungsgrund, sondern vielfältige Ursachen. Dabei ist zwar nachweisbar, daß es Zusammenhänge zwischen dem Rückgang der Fruchtbarkeit einerseits und bestimmten Faktoren andererseits gibt, aber welche Bedeutung die einzelnen Faktoren dabei bzw. im Verhältnis zueinander haben, und wie die Verursachungsketten im einzelnen aussehen, ist bisher nicht bekannt.[44]

Damit fehlt eine wichtige Information für evtl. beabsichtigte, gestaltende Eingriffe (worauf später zurückzukommen sein wird).

Fragt man nach den wichtigsten Faktoren, die in der Literatur im hier interessierenden Zusammenhang als bedeutsam herausgestellt wurden, so wären zunächst einmal fast alle zu nennen, die schon hinter dem „ersten" Geburtenrückgang (vom Ende des vorigen bis zum Anfang der 30er Jahre dieses Jahrhunderts) standen. Dabei haben sich z.T. die Bevölkerungsgruppen verändert, die von den jeweiligen Faktoren berührt wurden. Zum Beispiel ist der Gedanke „lieber weniger Kinder und denen eine gute Bildung und Ausbildung verschaffen" längst nicht mehr nur in Beamten- und Angestelltengruppen, sondern auch in anderen (z.B. bei den qualifizierten Arbeitern) anzutreffen. Außerdem haben sich z.T. die Ausgangsbedingungen verändert, auf denen die Faktoren ruhen (wie z.B. im Bereich des Bildungssystems, wenn man auf die heute weitgehend gegebene Lehr- und Lernmittelfreiheit, auf das ausgebaute Förderungswesen u.a.m. blickt). Prinzipiell wirken aber die in Kap. 4.2 genannten Faktoren weiter, was nicht verwunderlich ist, da sie ja im allgemeinen auf bestimmte Aspekte industrieller Lebensbedingungen verweisen, durch die unter solchen Verhältnissen lebende Menschen veranlaßt werden, ihre Kinderzahl zu begrenzen.

Die Wirkungsimpulse dieser Faktoren reichen allerdings keineswegs ungebrochen von der Phase des ersten Geburtenrückgangs in jene des zweiten hinein. Sie wurden in der Zeit des Nationalsozialismus durch die Einflüsse der damaligen intensiven – auf eine Hebung der Geburtenwerte zielenden – Bevölkerungspolitik überlagert (siehe Kap. 8.1). Bis heute ist allerdings ungeklärt, wie stark deren Auswirkung wirklich war, da ein ähnlicher Anstieg der Geburtenwerte, wie er sich damals in Deutschland zeigte, auch in anderen Ländern ohne solche Politik vorkam. Auch die letzte Spalte der Tabelle 4 vermag zu dieser Frage keine Auskunft zu geben. Evtl. Auswirkungen nationalsozialistischer Bevölkerungspolitik wurden nämlich im Hinblick auf die (endgültigen) durchschnittlichen Kinderzahlen der entsprechenden Ehejahrgänge durch die Wirkungen überlagert, welche dadurch entstanden, daß das

44 Feichtinger (54), S. 394; Schubnell (154), S. 47.

Fortpflanzungsalter dieser Jahrgänge in den Zweiten Weltkrieg hinein-
reichte.

Neben den Bestimmungsgründen, die schon hinter dem „ersten" Geburtenrückgang standen, wirken hinter dem „zweiten" Geburtenrückgang aber offenbar weitere. Sie sind entweder wirklich neu oder geben
den schon früher nachgewiesenen Faktoren neue Impulse:

(1) Nach dem Zweiten Weltkrieg setzten intensive Bemühungen um
verbesserte Informationen im Bereich der Empfängnisverhütung ein,
und neue chemische und mechanische Verhütungsmittel wurden verbreitet. Seit Beginn der 60er Jahre erschien dann auf dem Markt für
empfängnisverhütende Mittel in der Bundesrepublik die „Pille". Auf
einen Zusammenhang zwischen Geburtenrückgang und Verbreitung
dieses relaitv sehr zuverlässigen Verhütungsmittels wurde schon sehr
bald mit der These vom „Pillenknick" hingewiesen. Zwar ist richtig,
daß die „Pille" nicht als Verursacher des Geburtenrückgangs angesehen werden darf, sondern lediglich als Mittel, das es erlaubt, vorhandene Wünsche zur Planung der Kinderzahl zuverlässiger zu verwirklichen
als mit anderen.[45] Indem sie aber diese Möglichkeit bietet, wurde sie
selbst zu einem Faktor, der in Richtung sinkender Geburten wirkte.[46]

Neben den Entwicklungen im Bereich der Empfängnisverhütung begannen nach dem Zweiten Weltkrieg auch die Debatten für und wider
Abtreibung erneut. Die Situation war zunächst durch eine liberale
Auslegung der Gesetze, durch deutliche Diskrepanzen zwischen gesetzlichen Regelungen und faktischem Verhalten und durch Umgehung
der deutschen Gesetze — man ließ Schwangerschaftsabbrüche in benachbarten Ländern vornehmen — gekennzeichnet. Dann zeigten sich
zunehmende Bestrebungen zur Lockerung der entsprechenden Gesetzgebung, die 1976 zu einer Neufassung und Ergänzung des § 218 führten (siehe dazu auch Kap. 8.3).

(2) Nach dem Zweiten Weltkrieg breitete sich verstärkt die Berufstätigkeit und dabei auch die außerhäusliche Erwerbstätigkeit von Frauen
in immer weitere Gesellschaftsschichten aus (siehe Tab. 15). Während
von den erwerbstätigen verheirateten Frauen im Alter von 20 — 40
Jahren Ende der 20er Jahre noch fast die Hälfte als mithelfende Erwerbstätige in der Familie arbeiteten, waren Ende der 70er Jahre von
dieser Gruppe 85 v.H. außer Haus tätig.

Damit wurde zunächst ein immer größerer Teil der Frauen schon seit
langem bekannten Spannungen zwischen Berufsrolle einerseits sowie
Mutter- und Hausfrauenrolle andererseits ausgesetzt. Der Wunsch oder
der „Zwang" (aus der Notwendigkeit, mitverdienen zu müssen) zur Berufstätigkeit und die dabei infolge bisher unzureichender objektiver

45 Jürgens (80), S. 75; Schubnell (154), S. 41.
46 Ähnlich argumentiert auch Wingen (188), Kap. 2.3.2.

und subjektiver Anpassung auftretenden Konflikte[47] schlugen sich offenbar in Richtung einer Begrenzung der Kinderzahl nieder. Darüber hinaus verbesserte sich sehr deutlich die Qualifikation der Ausbildung von Frauen. Damit wuchs einerseits das Bestreben, diese Qualifikation nun auch zu verwerten und andererseits die Befürchtung, bei zu langem Ausscheiden diese Qualifikation zu verlieren, was wiederum in die oben angedeutete Richtung wirkte.

(3) In Verbindung mit den Emanzipationsbestrebungen der Frauen kam es – vor allem in den späten 60er und frühen 70er Jahren – zu Tendenzen, Frauenemanzipation mit Berufstätigkeit für Frauen gleichzusetzen. In den Massenmedien wurde als Leitbild für die fortschrittliche und erfolgreiche Frau vor allem die berufstätige Frau herausgestellt. Nur Mutter und Hausfrau zu sein, bekam den „Beigeschmack" des Rückständigen.

(4) Zu den Leitbildern der allgemeinen Lebensgestaltung, die sich nach dem Zweiten Weltkrieg in der Bundesrepublik ausbreiteten, gehörten u.a. jene nach persönlicher Freiheit, nach Verhaltensautonomie, nach „Beweglichkeit" in vielfältiger Hinsicht, bis hinein in das Reisen als typische Form der Feriengestaltung. Anforderungen, die sich aus der Beaufsichtigung und der Erziehung von Kindern ergeben, stehen dazu in deutlichem Kontrast. Viele Kinder zu haben wurde zum Indikator altmodischer Denk- und Lebensweisen. Die Behinderung bei der Verwirklichung eigener „fortschrittlicher" Lebensziele durch Kinder[48] und vor allem das langjährige ständige „Angebundensein" durch Kinder[49] sind Faktoren, die in empirischen Untersuchungen immer wieder als „Gründe" gegen Kinder aufgedeckt werden konnten.

(5) Daß es Zusammenhänge zwischen Konsumwünschen und Kinderzahl gibt, war schon in Verbindung mit dem „ersten" Geburtenrückgang zu Beginn des Jahrhunderts erkannt worden. Dieser Zusammenhang bekam nach dem Zweiten Weltkrieg neue Akzente. Dadurch, daß sich die Berufstätigkeit von Frauen ausdehnte, daß ihr Einkommensni-

---

47 objektiv: es wären vielerlei sozialpolitische Maßnahmen denkbar und sind z.T. gefordert und eingeleitet worden, die zu einer leichteren Kombination von Berufs- und Mutterrolle führen könnten (Kindergärten, „Tagesmütter", Halbtagsbeschäftigungen u.a.m.).

    subjektiv: das Verhalten von Frauen und Männern im Hinblick auf die Bewältigung der Probleme, welche aus der Kombination mehrerer Rollen für die Frau hervorgehen, befindet sich offenbar noch in einem Lernstadium. Es haben sich bisher keine gesellschaftlich verbindlichen Verhaltensmuster ausgeprägt (z.B. auch nicht bei Ehemännern zur Berufstätigkeit ihrer Frauen).

48 Bericht über die Jahrestagung der Deutschen Gesellschaft für Bevölkerungswissenschaft (8), S. 3.

49 Urdze und Rerrich (182).

veau sich verbesserte (siehe die Forderung: Gleicher Lohn für gleiche Leistung!) und daß infolge zuverlässiger werdender Geburtenbeschränkung und veränderter Wertvorstellungen sexuelle Beziehungen ohne Ehe und Ehen ohne Kinder möglich und unproblematisch wurden, gewöhnten sich Unverheiratete und junge Ehepaare an einen relativ hohen Lebensstandard. Trotz Kindergeldern (die in der Bundesrepublik einen „Lastenausgleich" zu Gunsten der Familien mit Kindern anstreben) und anderer finanzieller Hilfen für Eltern ist die Diskrepanz im Lebensstandard ohne und mit Kindern erheblich, nicht zuletzt deshalb, weil die Aufwandsnorm für Kinder selbst deutlich gestiegen ist. Vorliegende Berechnungen deuten an, daß der Lebensstandard eines Ehepaares, dessen beide Partner verdienen, drei- bis viermal so hoch ist wie der einer Familie mit drei Kindern, in der nur ein Ehepartner erwerbstätig ist.[50]. Daß in derartigen Diskrepanzen − sobald sie bewußt werden − Anreize zur Begrenzung der Kinderzahl (oder sogar zur generellen Ablehnung von Kindern) liegen, erscheint verständlich. In diesem Zusammenhang sei betont, daß sich vor allem das Bewußtsein der Diskrepanz zwischen dem, was sich Menschen mit und ohne Kinder leisten können, und nicht die absolute Höhe des verfügbaren Einkommens in eine Begrenzung der Kinderwünsche niederschlägt. Während Kinder früher in vielen Fällen als unabdingbare Voraussetzung zur Sicherung der materiellen Existenz einer Familie begriffen werden konnten, erscheinen sie inzwischen eher als Belastung des elterlichen Lebensstandards.

(6) In zahlreichen Veröffentlichungen der letzten Jahre ist auf Verbindungen zwischen Wohnverhältnissen und Wohnumwelt einerseits sowie auf Bestrebungen zur Begrenzung der Kinderzahl andererseits hingewiesen worden. Viele „Produkte" des Wohnungsbaus der Nachkriegszeit, die der ersten Nachkriegsgeneration nach dem Motto „besser überhaupt eine Wohnung als keine" noch akzeptabel erschienen, wurden von der nachrückenden Generation in Verbindung mit der allgemeinen Steigerung der Lebensansprüche als unzureichend für das Aufwachsen von Kindern und das Zusammenleben mit ihnen empfunden. Mangelnde Lärmisolierung vieler Wohnungen, fehlende Möglichkeiten für die Freizeitgestaltung von und mit Kindern u.a.m. begünstigten − vor allem in städtischen Wohngebieten − als („Selbstschutz"-) Reaktion darauf die Entwicklung einer kinderfeindlichen Haltung zahlreicher Menschen, die Kinder in ihrer Umgebung zu „erdulden" hatten.[51]

50 Schubnell (154), S. 36.
51 Rückert (141), S. 17; Jürgens/Pohl (82), S. 72; Planck (130), S. 389 ff.; Kappe u.a. (83), S. 23.

(7) Seit der Mitte der 70er Jahre steht die These vom „Babyschock" im Raum. In empirischen Studien fand man, daß Ehepaare, die sich zunächst mehrere Kinder gewünscht hatten, diese Wünsche nach der Geburt des ersten Kindes revidierten und sich nicht selten mit dem einen Kind begnügten.[52] Bestimmend dafür waren eine Reihe von Erfahrungen, die es problematisch erscheinen ließen, sich weitere Kinder zu wünschen. Dabei handelt es sich z.T. um Erfahrungen, die sich auf die oben bereits erwähnten finanziellen Belastungen, auf die Wohnsituation, auf zeitliche Belastungen u.a.m. beziehen. Die These vom „Babyschock" verweist aber nicht auf diese Erfahrungen als solche, sondern vielmehr darauf, daß sie die Eltern weitgehend unvorbereitet treffen und daher wie ein Schock wirken.[53] Der grundlegende Faktor ist also eine offenbar ungenügende Kenntnis über die mit Kindern verbundenen Probleme. Da solche Erfahrungen vor allem von denen nicht durch direktes Erleben gewonnen werden können, die als Einzelkinder aufwachsen, erhält der in zahleichen Untersuchungen nachgewiesene Zusammenhang Bedeutung, daß Menschen, die aus Mehr-Kind-Familien stammen, selbst wieder eher bereit sind, mehrere Kinder zu haben als Einzelkinder[54]. Im Hinblick auf die „Entdeckung" des Babyschocks ist jedoch zu bedenken, daß eine bessere Vorbereitung der Ehepaare auf Kinder keinesfalls zu jener Kinderzahl führen würde, die in den erwähnten Studien als ursprünglich gewünschte festgestellt wurde. Eine bessere Information über die durch Kinder zu erwartenden Umstellungen des bisherigen Lebens würde nämlich vermutlich teilweise auch zu einer Verringerung der Zahl der gewünschten Kinder führen.

(8) Zahlreiche Forscher haben sich bemüht, Zusammenhänge zwischen der Zukunftsbeurteilung und der Bereitschaft zu Kindern aufzuzeigen.[55] Diese bereits in Verbindung mit der Weltwirtschaftskrise in den 30er Jahren diskutierte Problematik bekam für die Vorgänge der vergangenen Jahrzehnte dadurch besondere Bedeutung, daß seit der Mitte der 60er Jahre die Probleme der Umweltverschmutzung, der Energieversorgung und Rohstoffknappheit, der Weltbevölkerungsvermehrung sowie Bedrohungen verschiedenster Art (z.B. der Terrorismus) stark ins öffentliche Bewußtsein gebracht wurden. Manchen erschien es unverantwortbar, in eine derart ungewisse Zukunft hinein Kinder zu zeugen und zu gebären.

Damit kamen „Krisenerlebnisse" ganz anderer Art zur Wirkung als jene, die weiter vorn für die Arbeiterschaft in Verbindung mit dem

---

52 Jürgens/Pohl (82).
53 Siehe auch Pross (134), S. 71 ff., die in diesem Zusammenhang auf Mängel in unserem Bildungssystem verweist.
54 vgl. Jürgens/Pohl (82).
55 z.B. Toman (172).

„ersten" Geburtenrückgang zu Beginn dieses Jahrhunderts erwähnt wurden.

(9) In Verbindung mit den bis 1974 wachsenden Bevölkerungszahlen, mit der spezifischen Entwicklung der Lebensgewohnheiten und insbesondere mit dem „Wandern" der starken Geburtsjahrgänge von 1955 - 1967 durch den Altersaufbau entstanden charakteristische Diskrepanzen zwischen erwünschten und vorhandenen Möglichkeiten (d.h. Engpässe) verschiedener Art, die sich als „Überlastungserlebnisse" niederschlugen. Fehlende Kindergartenplätze, sehr große Schülerzahlen je Klasse — wobei die daraus resultierenden Probleme z.T. an die Eltern weitergegeben wurden —, überlastete Straßen, Überfüllung von Verkehrsmitteln, Schwimmbädern, Skipisten, Universitäten u.a.m. können als Beispiele genannt werden. Der Anreiz, in eine offenbar bereits überfüllte Welt weitere Kinder zu bringen, erscheint gering.

„Überlastungserlebnisse" wirken nun aber offenbar nicht auf alle Menschen gleichartig. Im Hinblick darauf erhält eine These Bedeutung, nach der es Beziehungen zwischen der Belastungsempfindlichkeit eines Menschen und seinen Einstellungen zu Kindern gibt.[56]

So hat man versucht deutlich zu machen, daß — aufgrund eines spezifischen Generationenschicksals — die Belastungsempfindlichkeit der „Nachkriegsgeneration" besonders hoch liegt. Die vorwiegend in der Zeit des „Wirtschaftswunders" aufgewachsenen Jahrgänge waren wenig darauf vorbereitet, krisenhafte Erscheinungen zu ertragen; sie waren vorwiegend an Sicherheit und Wohlstand gewöhnt.[57]

(10) In Verbindung mit generationsspezifischen Erlebnissen wurde auch auf Verbindungen zwischen Verhaltenssicherheit auf der einen sowie dem generativen Verhalten auf der anderen Seite hingewiesen. Für die in den 50er und 60er Jahren im Jugendalter stehenden Jahrgänge erscheint charakteristisch, daß andere als materielle Ziele in der Zeit ihres Aufwachsens kaum gesetzt, und ihr Verlangen nach Sinngebung und Orientierungshilfen vielfältig enttäuscht wurde. Statt eindeutiger Leitbilder bot man ihnen den Hinweis auf die pluralistische Gesellschaft mit ihrer (begrenzten) Werte- und Verhaltensvielfalt. Diese pluralistische Struktur, die älteren und bereits auf bestimmte Lebensziele verpflichteten Menschen eine gute Möglichkeit zu bieten schien, mit anders Denkenden zusammenzuleben und sinnvoll zu kooperieren, wurde von den Heranwachsenden der genannten Jahrgänge offenbar weitgehend als Unklarheit und Unsicherheit erlebt. Der Wert- und Verhaltenspluralismus traf sie dann nochmals, als ihnen später

---

56 Auf Zusammenhänge dieser Art wird u.a. bei Mackensen (107) und Feichtinger (54), aber auch schon im Ersten Familienbericht der Bundesregierung von 1968, hingewiesen (Wingen) (188), Kap. 2.3.2.
57 Mackensen (107), S. 95 ff.

auch als Eltern die unterschiedlichsten und z.T. höchst widersprüchlichen Praktiken zur Erziehung der eigenen Kinder vorgeführt wurden. Dadurch entstanden erneut Unsicherheiten, insbesondere in jenen (oberen) Schichten, die sich bewußt mit Erziehungsfragen beschäftigten.[58]

(11) Je mehr Frauen in das Erwerbsleben eintraten, um so mehr begegneten diesen dort andere Frauen, die nach Verwitwung, Scheidung oder unehelicher Mutterschaft nicht in erster Linie tätig waren, um evtl. Emanzipationswünsche zu befriedigen, sondern aus reiner Notwendigkeit der Existenzsicherung. Dabei wurde ihnen meist eindringlich klar, daß sich die Situation einer alleinstehenden Frau mit Kind und insbesondere mit mehreren Kindern höchst problematisch darstellt im Vergleich zur kinderlosen. Auch diese Erfahrungen, hinter denen bestimmte Gegebenheiten der Ehe-, der Ehescheidungs- und der Sozialgesetzgebung stehen, schlagen sich in den Wünschen für oder gegen Kinder nieder.[59] Dabei gilt es zu beachten, daß diese Problematik prinzipiell auch für alleinstehende Männer mit Kindern gilt, ja diese vielleicht sogar noch stärker trifft. Die Auflösung der Großfamilie, das Fehlen naher Verwandter in der unmittelbaren Umgebung u.a.m. schaffen Situationen, in denen sich berufliche und elterliche Verpflichtungen schwer miteinander vereinbaren lassen.

(12) In Verbindung mit den Bestimmungsfaktoren des „ersten" Geburtenrückgangs war oben auf den Säkularisierungsprozeß, d.h. den abnehmenden Einfluß der kirchlichen Lehren auf die Gestaltung des Alltagslebens, hingewiesen worden. Nun ist dieser Einfluß aber ja keineswegs völlig verschwunden, und außerdem wirken sich kirchliche Stellungnahmen auf die Gesetzgebung und dabei mehr oder weniger stark u.U. indirekt auf das generative Verhalten aus (z.B. über die Abtreibungsgesetzgebung). Im Hinblick darauf ist von erheblicher Bedeutung, daß sich die Haltung der Kirchen zum Fortpflanzungsverhalten selbst deutlich geändert hat. Aufbauend auf Diskussionen, die schon in den 30er Jahren begannen, hat sich sowohl im evangelischen als auch im katholischen Bereich eine Betonung des Gedankens der „verantwortlichen Elternschaft" durchgesetzt, d.h. jenes Fortpflanzungsverhalten gilt als gemäß, bei dem im Hinblick auf die Kinderzahl die Entwicklungsmöglichkeiten der Kinder mitbedacht werden. (Siehe dazu Kap. 8.3)

(13) Generatives Verhalten ist zur Gegenwart zunehmend aus übergreifenden Sinnbezügen herausgerückt. In der Vergangenheit lassen sich Rückbindungen des individuellen Verhaltens an religiöse, nationale oder an die Erhaltung des Familienverbandes ansetzende Verpflich-

58 Jürgens/Pohl (82), S. 54.
59 Wingen (188), Kap. 2.3.2.

tungen erkennen, die (zumindest für jene, die zur Ehe kamen) eine nachwuchsbejahende Auswirkung hatten.[60] Diese Rückbindungen lösten sich nicht nur zunehmend auf (z.B. im religiösen Bereich im Verlauf des Säkularisierungsprozesses), sondern wurden auch als Vorgänge in Richtung wachsender Selbstbestimmung und Freiheit begriffen und gefordert. Die Entscheidung für oder gegen Kinder wurde zunehmend in die Verantwortung des einzelnen gelegt.[61] Da es im Hinblick auf die politische Vergangenheit Deutschlands (Zeit des Nationalsozialismus) sowie im Hinblick auf die kollektive Verpflichtung des einzelnen in den osteuropäischen Ländern in der Bundesrepublik nicht opportun erschien, den Staatsbürger – außer im wirtschaftlichen (Steuern) und später im militärischen Bereich (Wehrpflicht) – an kollektive Verpflichtungen zu binden – und schon gar nicht im Bereich der Fortpflanzung („Der Staat hat nichts im Schlafzimmer zu suchen"), kamen bei der Entscheidung für oder gegen Kinder immer mehr rein individuell orientierte Motive zum Tragen. Als Motive dieser Art wurden in empirischen Untersuchungen u.a. der Wunsch Elternschaft zu erleben, einen Menschen zu prägen und die persönliche Eigenart zu überliefern, die eigene Familie zu erhalten, die Bindung zwischen den Ehepartner zu festigen, im Alter nicht allein zu sein u.ä. gefunden.[62] Ziele, die hinter solchen Motiven stehen, sind aber durchaus schon mit ein oder zwei Kindern zu befriedigen, also mit Kinderzahlen, die Fruchtbarkeitswerte unter dem Reproduktionsniveau bedeuten.

Durch diese Entwicklungen wurde der Entscheidungsbereich des generativen Verhaltens aber offenbar gleichzeitig zum „Puffer", um sich aus gesellschaftlichen Spannungsfeldern zu lösen.[63] Auf „Zumutungen" verschiedener Gesellschaftsbereiche (Wohnungspolitik, Entwicklungen im Bildungswesen, Anforderungen in der Berufswelt usw.) reagieren etliche Menschen nicht dadurch, daß sie Änderungen in diesen – politisch für sie z.T. kaum oder schwer beeinflußbaren – Bereichen erstreben, sondern daß sie in jenem Sektor ihr Verhalten ändern, der ihrer unmittelbaren Entscheidung verfügbar ist, nämlich in dem des generativen Verhaltens.[64]

Es spricht manches dafür, daß auch die in den letzten Jahren deutlich gesunkenen Verheiratungsquoten in der Weise gedeutet werden können, daß es sich hier um ein Ausweichen vor Problemen handelt, die mit Eheschließung in unserer Gesellschaft verbunden sind (u.a. mit

---

60 Wingen (138), Kap. 2.3.2.
61 Jürgens (79), S. 6.
62 Jürgens (79).
63 Böckle (11), S. 192.
64 Siehe dazu auch die gesellschaftskritischen Interpretationen dieser Reaktionen bei Ayck/Stolten (4), S. 197.

denen einer evtl. Ehescheidung). Wenn man sich klar macht, daß diese Verhaltensweisen wiederum nur möglich sind, weil Sexualität und Zusammenleben Unverheirateter heute in erheblichem Ausmaß toleriert werden, wird deutlich, daß viele der hier aufgewiesenen Faktoren eingebunden sind in eine grundsätzliche Veränderung unserer Moral- und Wertvorstellungen.

Die oben genannten Faktoren dürfen keinesfalls als eine vollständige Auflistung jener Einflußfaktoren interpretiert werden, die den „zweiten" Geburtenrückgang bewirkt haben. Diese in verschiedenen Untersuchungen immer wieder herausgearbeiteten Faktoren[64a] unterstreichen aber die eingangs formulierten Thesen, daß es im Hinblick auf den „zweiten" Geburtenrückgang nicht einen, sondern zahlreiche Bestimmungsgründe gibt, und daß es bei der gegenseitigen Verflochtenheit dieser Faktoren kaum möglich ist, die jeweilige Bedeutung jedes einzelnen Faktors zu gewichten. Hinter der Geburtenentwicklung seit Mitte der 60er Jahre steht ein ganzer Komplex von Vorgängen: veränderte Leitbilder, gewandelte Lebensverhältnisse, bestimmte generationsspezifische Erfahrungen, das Verfügbarwerden neuer Praktiken der Geburtenkontrolle u.a.m.[65]

Die hier als Einfluß- oder Bestimmungsfaktoren des Geburtenrückgangs bezeichneten Bedingungen kommen außerdem z.T. über komplizierte Faktorenketten und in vielfältiger Weise „gebrochen" zur Wirkung. Aus einer Untersuchung, die im Rahmen des Instituts für Soziologie der Universität München (Arbeitsbereich Prof. Bolte) durchgeführt wurde,[66] geht hervor, daß sich bei Frauen (nur auf diese bezieht sich die Studie) aus Kindheitserfahrungen, Erlebnissen in Ausbildung und Arbeitswelt u.a.m. bestimmte „Einstellungen" aufbauen, die man als „Lebensleitvorstellungen" bezeichnen kann. So gibt es Frauen, die primär berufsorientiert erscheinen; ihr Selbstverständnis, ihre Lebensinteressen, sind sehr stark am Beruf und an der Teilnahme an der außerfamiliären Arbeitswelt orientiert. Andere begreifen die Tätigkeit einer Hausfrau und Mutter als sinnvolle und eigentlich für Frauen erstrebenswerte Aufgabe. Wieder andere sehen gerade in einer Kombination beider Orientierungen das Ideal für „die moderne Frau". Bei noch anderen hat sich als Lebensleitvorstellung eine Art „Genußorientierung" (möglichst große Teilhabe an den Genüssen dieser Welt, angefangen

---

64a Siehe dazu u.a. auch die Darstellungen im Dritten Familienbericht (Zusammenfassender Bericht), S. 43 f. und bei Mackensen (108).

65 Siehe dazu u.a. bei Jürgens (79), S. 5 ff.; Schubnell (154), S. 48; Sachverständigenkommission für den Dritten Familienbericht. (146).

66 Urdze/Rerrich (182). Im Rahmen dieser Untersuchung wurde versucht die in der Berufs- und Familienforschung inzwischen bewährte „biographische Methode" für die Bevölkerungsforschung nutzbar zu machen. Siehe dazu auch Bolte (17a).

von materiellen Dingen über Reisen, kulturelle Genüsse bis zum Sexualgenuß) aufgebaut; sowohl die Verpflichtungen einer Mutter als auch jene einer Berufstätigen stehen dazu in Konkurrenz. Je nach der Art der Lebensleitvorstellung (es wurden mehr als die hier genannten gefunden), bedeuten bestimmte Gegebenheiten oder politische Maßnahmen (Erwerbstätigkeit, Kindergeld u.a.m.) für diese Frauen Verschiedenes – auch im Hinblick auf die Ausprägung und Verwirklichung von Kinderwünschen – und lassen sie unterschiedlich reagieren. Die Zusammenhänge werden dadurch weiter kompliziert, daß die Reaktionen auch noch von der Einstellung der (männlichen) Ehepartner zu Kindern, deren Einkommensniveau u.a.m. beeinflußt werden. So empfindet z.B. eine primär „mutterorientierte" Frau, die aus materiellen Gründen außerhaus arbeiten muß, Erwerbstätigkeit als notwendiges Übel. Jede Möglichkeit diese aufzugeben oder sie in erträglicher Weise mit der Mutterrolle zu verbinden (Erziehungsgeld, Teilzeitarbeit u.a.m.), wird bei ihr – entsprechende Einstellungen des Mannes vorausgesetzt – die Verwirklichung vorhandener Kinderwünsche begünstigen. Bei der „genuß"- und bei der „berufsorientierten" Frau würden gleiche Möglichkeiten und Maßnahmen kaum ein Verhalten auslösen, das sich in der Zahl der gewünschten oder verwirklichten Kinder niederschlägt. Für politische Maßnahmen, die sich auf das generative Verhalten beziehen (siehe Kap. 8) wäre es sehr wichtig zu wissen, welche Lebensleitvorstellungen dieser Art es überhaupt gibt, wie konstant sie sind, wie sie sich in einer Bevölkerung verteilen und welche generativen Reaktionen auf bestimmte Gegebenheiten und Maßnahmen sie bewirken.[67]

Prinzipielle Einsichten

Blickt man auf die für den „ersten" und „zweiten" Geburtenrückgang genannten Bestimmungsfaktoren zurück, so erscheint es berechtigt, folgende zusammenfassende Feststellung zu treffen:
Die Geburtenrückgangsprozesse stellen sich zunächst als Folge eines Zusammentreffens von drei Faktorengruppen dar:
– der Auflösung von Lebensbedingungen, unter denen verheiratete Menschen eher mehr als weniger Kinder bekamen (Kinder als

[67] Was hier als Lebensleitvorstellung bezeichnet wird, ist nicht identisch mit dem, was Mackenroth und andere „Lebensplan" nannten. Hinter dem Begriff Lebensplan steht die Annahme, daß es relativ konstante und ausgeformte Vorstellungen davon gibt, wie das eigene Leben aussehen soll, wieviele Kinder man haben will usw. Der Begriff „Lebensleitvorstellung" spricht dagegen bestimmte Grundeinstellungen an, die u.a. zwar auch die Kinderwünsche und deren Verwirklichung beeinflussen, aber je nach konkreter Situation doch eine gewisse Modifikation dieser Komponenten zulassen oder sogar bewirken.

Alterssicherung und Arbeitskräfte, hohe Säuglingssterblichkeit, Fruchtbarkeitsgebot der Kirche),
— der Entstehung von Lebensbedingungen, die es Menschen wünschenswert erscheinen lassen, keine oder wenige Kinder zu bekommen und
— der Entwicklung von Möglichkeiten (moralischen, institutionellen, rechtlichen und technischen) solche Wünsche zu verwirklichen.

Alle drei Faktorengruppen sind — im Vergleich zu den bereits in der ersten Hälfte des Jahrhunderts wirkenden Faktoren — nach dem Zweiten Weltkrieg durch das Hinzukommen neuer Faktoren verstärkt worden (was nicht nur für die Bundesrepublik, sondern auch für andere Industrieländer gilt.)

Die obengenannten Faktorengruppen erscheinen ihrerseits eingebettet in drei grundsätzliche Entwicklungstrends, die sich in Verbindung mit der Umstellung der Lebensverhältnisse von vorindustriellen zu industriellen Bedingungen unter den spezifischen politischen und kulturellen Prägungen Westeuropas ausbreiteten:
— der Rationalisierung des Lebens, d.h. einer zunehmenden planmäßigen Gestaltung vieler Lebensbereiche,
— der Individualisierung des Lebens, d.h. einer primären Orientierung der Lebensgestaltung an den Bedürfnissen des Individuums und
— der Ökonomisierung des Lebens, d.h. der Tendenz zu ,,Kosten" und ,,Nutzen" abwägenden Verhaltensweisen.

Dabei dürfen die niedrigen Fruchtbarkeitswerte der Mitte der 70er Jahre u.E. jedoch keinesfalls einfach als eine Folge der industriellen Lebensweisen oder des (auf Freiheit, Individualität, Selbstbestimmung, Mündigkeit usw. zielenden) Menschenbildes interpretiert werden, das heute in westlichen Industriegesellschaften vorherrscht. Es läßt sich zwar zeigen, daß bestimmte Lebensbedingungen, die für Industriegesellschaften typisch sind (geringere Sterblichkeit, außerhäusliche Erwerbstätigkeit, Auflösung der Großfamilie, erhöhte Mobilitätsanforderungen usw.) auf ein deutlich geringeres Fruchtbarkeitsniveau als unter vorindustriellen Verhältnissen hinwirken. Es läßt sich aber nicht beweisen, daß die Lebensbedingungen einer entwickelten Industriegesellschaft oder die bei uns herrschenden Menschen- und Gesellschaftsbilder so niedrige Fruchtbarkeitswerte zur Folge haben müssen wie die der späten 70er Jahre.

Ob die Fruchtbarkeitswerte über, bei oder unter dem Reproduktionsniveau liegen, dürfte einerseits nicht unwesentlich durch gesetzliche und andere (z.B. betriebliche) Regelungen beeinflußt werden, die die grundsätzlichen industriellen Lebensbedingungen in spezifischer Weise überformen. Die Tatsache, daß und in welchem Ausmaß sich Eltern durch Kinder z.B. finanziell schlechter gestellt empfinden als Kinderlose, hängt weitgehend von den Einkommens-, Steuer- und anderen Regelungen ab. Die Tatsache, daß kinderfeindliche Wohnverhältnisse entstanden sind, ist nicht unwesentlich davon abhängig, daß Wohnungs-, Stadt- und Verkehrsplaner diese Problematik zunächst offenbar wenig beachtet haben. Andererseits dürfte es von erheblicher Bedeutung sein, wie die grundlegenden Leitbilder, die in Richtung von Selbstverwirklichung, Verhaltensfreiheit usw. zielen, unter dem Einfluß aktueller Anlässe (politischer Diskussionen, Informationstrends der Massenmedien u.a.m.) jeweils interpretiert werden, d.h. was als Emanzipation, Selbstverwirklichung usw. dargestellt wird.[68]

68 Bolte (17).

5. Wanderungen vom Beginn des 18. Jahrhunderts bis zur Gegenwart

Die zahlenmäßige Entwicklung einer Bevölkerung ist nicht nur abhängig vom Zusammenwirken des Geburten- und Sterbevorgangs, sondern als wesentlicher Bestimmungsfaktor kommt der Saldo der Außen- oder internationalen Wanderungen hinzu. „Bei internationalen Wanderungen wird die Grenze eines souveränen Staates überschritten, wobei der Wanderer vom Standpunkt seines Ursprungslandes als Emigrant (Auswanderer) bezeichnet wird, während er vom Standpunkt des Aufnahmelandes als Immigrant (Einwanderer) gerechnet wird."[1] Davon zu unterscheiden sind die Binnenwanderungen, räumliche Bewegungen, die durch „. . . das Verlegen des ständigen Wohnsitzes von einer politischen Gemeinde in eine andere innerhalb der nationalen Grenzen"[2] stattfinden. In den beiden folgenden Abschnitten soll versucht werden, einen Überblick über das Wanderungsgeschehen seit der Wende vom 17. zum 18. Jahrhundert zu geben, seit jener Zeit also, in der sich erste Umbrüche im Bereich der biosozialen Bevölkerungsbewegung als Vorläufer der späteren industriellen Bevölkerungsweise andeuteten (vg. Kap. 4.3).

5.1 Außen- und Binnenwanderungen von der Zeit des Absolutismus bis zum Zweiten Weltkrieg

In den wirtschaftspolitischen Vorstellungen und Maßnahmen der absolutistischen Fürsten und ihrer Ratgeber nahm die „Peuplierungspolitik" (Volkreichmachung) einen hohen Rang ein. Da die einschneidenden Menschenverluste des Dreißigjährigen Krieges durch die bewußte Förderung von Heiraten nur langsam ausgeglichen werden konnten, weil die hohe Sterblichkeit den Erfolg des Strebens nach einem möglichst raschen Bevölkerungswachstum drosselte, wurden, wie vorn schon erwähnt, — namentlich von den Hohenzollern — Einwanderungen begünstigt. Als Mittel wurden u.a. steuerliche Entlastungen, Befreiungen vom Zunftzwang und Privilegierung bei der Vergabe öffentlicher Ämter eingesetzt. Außerdem zog die weltanschauliche Tole-

---

1 Mayer (113), S. 102.
2 Neundörfer (123), S. 497.

ranz der preußischen Könige einen Großteil der aus Salzburg (10.000 – 15.000) und Frankreich (200.000) ausgewiesenen Protestanten und der aus Süddeutschland und der Schweiz ausgebürgerten Mennoniten ins Land, die zur gewerblichen Kunstfertigkeit und Produktivität nachhaltig beitrugen.[3]

Der Förderung von Einwanderung standen Behinderungen von Auswanderung gegenüber. So wurden im 18. Jahrhundert entsprechende Verbote in Preußen, Mecklenburg, Sachsen, Hessen, Bayern und Baden erlassen, die in der zweiten Jahrhunderthälfte vor allem gegen die Werber der russischen Zarin Katharina II. gerichtet waren.

„War die Grundlage dieser Bestimmungen einerseits die wirtschaftstheoretische Konzeption der Merkantilisten und Physiokraten, daß mit dem Weggang von Teilen der Bevölkerung das Gemeinwohl verringert würde, mit der Auswanderung von Bauern die landwirtschaftliche Produktion geschädigt und mit dem Verlust von kunstfertigen Handwerkern und „Ingenieuren" neue und schädliche Konkurrenz im Ausland geschaffen würde, unterstützt durch die Warnungen der Kirche, das von Gott bestimmte Schicksal nicht in die eigenen Hände zu nehmen . . ., so waren andererseits aber auch militärpolitische Gesichtspunkte für die Versuche der Verhinderung oder wenigstens der Beschränkung der Abwanderung, an der in großem Ausmaß die jüngeren Jahrgänge beteiligt waren, ausschlaggebend". [4]

Die absolutistische Bevölkerungspolitik hat dennoch nicht verhindern können, daß es im 18. Jahrhundert aus dem südwestdeutschen Raum, besonders Württemberg, zu Massenauswanderungen nach Nordamerika kam. 1750 wurde die Zahl der deutschen Siedler in den dreizehn neuenglischen Kolonien bereits auf 100.000 geschätzt. Auch in der zweiten Jahrhunderthälfte blieb die Auswanderung nach dort verhältnismäßig hoch.[5] Der entscheidende Grund für diese ersten großen überseeischen Auswanderungswellen lag im Realteilungserbrecht der südwestdeutschen Landwirtschaft. Es sicherte in der Generationenfolge jedem Kind den gleichen Anteil am elterlichen Hof. Bei unverändertem generativen Verhalten (hohe eheliche Fruchtbarkeit) und sinkender Sterblichkeit war eine allmähliche Parzellierung der agrarischen Nutzflächen die unvermeidbare Folge, die den Familien nicht mehr das notwendige Nahrungsmittel-Minimum garantieren konnte. Um einem Absinken in die unterbäuerliche Schicht der „Zwergwirtschaften" (F. List) oder gar völliger Verelendung zu entgehen, zogen viele Familien Auswanderung und Landnahme in der USA vor. Für den Übervölkerungsdruck wurde so ein Ventil geschaffen.

3 Genaue Angaben bei Lütge (101), S. 244 ff.
4 Marschalck (111), S. 33.
5 Kirsten, Buchholz, Köllmann (87), S. 70 ff.

Im 18. Jahrhundert hat sich auch die deutsche Ostkolonisation noch einmal belebt, aber nicht annähernd in der Größenordnung des 12. – 14. Jahrhunderts. Es entstanden keine geschlossenen Kolonisationsräume, sondern lediglich Streusiedlungen in den osteuropäischen Gebieten.[6]

Binnenwanderungen (legt man als Maßstab das spätere Reichsgebiet zugrunde) wurden vor allem durch den preußischen Landesausbau ausgelöst. Friedrich der Große schuf während seiner Regierungszeit fast 300.000 neue Siedlerstellen.[7] Die preußische Bauernbefreiung zu Beginn des 19. Jahrhunderts setzte diese Entwicklung über ein halbes Jahrhundert hinweg fort und absorbierte durch die Landumverteilungen in den ostelbischen Provinzen einen beträchtlichen Bevölkerungszuwachs (vgl. Kap. 4.3).[8]

Die Entwicklung in den ostelbischen Provinzen Preußens während der ersten Hälfte des 19. Jahrhunderts darf allerdings nicht als repräsentativ für die übrigen deutschen Regionen angesehen werden. Generell standen in Deutschland in dieser Zeit – im Gegensatz etwa zu England – einer infolge sinkender Sterblichkeit rasch wachsenden Bevölkerung noch keine gewerblichen Arbeitsplätze in nennenswertem Umfang zur Verfügung." Auf diese Weise geriet Deutschland bis zu der nach der Jahrhundertmitte einsetzenden Periode seines eigenen industriellen Ausbaus in die krisenhafte Übergangssituation eines wachsenden „Pauperismus",[9] der Verelendung einer sich rasch verbreiternden Unterschicht landlos und zunftlos gewordener Menschen.

Der durch die Napoleonischen Kriege unterbrochene Auswanderungsstrom begann daher wieder zu fließen und unter dem Diktat verschärfter Notlagen (Höhepunkt die Kartoffelmißernten 1846/47) von Jahrzehnt zu Jahrzehnt anzuschwellen (vgl. Tab. 16). Die gescheiterte Revolution 1848/49 und die folgenden Jahre der Restauration fügten den wirtschaftlichen Gründen politische Wanderungsmotive hinzu. 1854 erreichte die deutsche Auswanderung einen vorläufigen Kulminationspunkt mit 230.000 Emigranten.

Eine Bündelung günstiger „Startbedingungen" (u.a. die Konsolidierung des deutschen Zollvereins, die „Umleitung" der Energien des politisch gescheiterten Bürgertums auf die wirtschaftliche Sphäre, der Ausbau des Eisenbahnnetzes, die Einengung der englischen und französischen Konkurrenz während des Krimkrieges, der Edelmetallzufluß von den Goldfeldern Kaliforniens und Australiens) leitete dann in den 50er Jahren in Deutschland die Periode der Industrialisierung ein und trug durch viele neu entstehende Erwerbsmöglichkeiten dazu

6 Lütge (101), S. 158, 245 ff.
7 Kirsten, Buchholz, Köllmann (87), S. 157.
8 Jantke (78), S. 145.
9 Jantke (78), S. 41.

bei, eine Bevölkerungskatastrophe zu verhindern, wie sie z.B. Irland in jener Zeit erlitten hatte. Die relative Entspannung vom ökonomischen Druck schlug sich in den (vorübergehend) rückläufigen Auswanderungszahlen der beiden folgenden Jahrzehnte nieder. Zugleich setzte die Binnenwanderung vom (umliegenden) Lande in die sich industrialisierenden Städte ein.[10]

Der Konkurrenzdruck billigerer Agrarerzeugnisse aus überseeischen Gebieten, die zunehmende Verschuldung der Bauern, der Ersatz fester Arbeitskräfte in der Landwirtschaft durch polnische Saisonarbeiter, die Übersetzung im Handwerk und Heimgewerbe und andere Faktoren führten in den 60er Jahren zu krisenhaften Erscheinungen in den ostelbischen Gebieten. Die Folge waren starke Abwanderungen ins Ausland und in die deutschen Industriezentren.

Dabei kam zunächst — wie Tab. 16 für die 80er Jahre deutlich belegt — der Auswanderung in die USA das entscheidende Gewicht zu.

Daß die Vereinigten Staaten von Nordamerika bei den Auswanderern eine so deutliche Präferenz besaßen — in dem Jahrhundert bis zum Ersten Weltkrieg entschieden sich durchweg 80 bis über 90 v.H. für die USA — war auf mancherlei Ursachen zurückzuführen: „Bald wurde es auch in Deutschland bekannt, daß man in Amerika für ein geringes Entgelt Siedlungsland erwerben konnte, das einen Farmer und seine Familie wohl zu ernähren vermochte. Reedereien und Werbeagenturen, Schriften über die Lebens- und Fortkommensmöglichkeiten . . . sowie Auswandererzeitungen befleißigten sich einer überaus starken Propaganda für die nordamerikanischen Freistaaten. . .

Früher Ausgewanderte schickten Geld für die Passagen der Verwandten und Freunde, . . . manchmal wird auch der Aufschwung der amerikanischen Wirtschaft der Anlaß zur Auswanderung gewesen sein. Die kalifornischen Goldfunde Ende der 40er Jahre waren von einigem Einfluß und schließlich, vor allem nach 1848, ein politisches Moment, nämlich sich dem Land des Liberalismus und der Demokratie zuzuwenden".[11]

Man schätzt, daß die Auswanderung aus Deutschland von 1860 — 1914 rd. 3,5 Millionen Menschen umfaßte. Sie war Teil eines europäischen „Massenaufbruchs" nach Amerika. „Ungefähr 45 Millionen Europäer wanderten von Anfang des 17. Jahrhunderts bis zur Mitte des 20. Jahrhunderts nach Nordamerika aus, weitere 20 Millionen wanderten zur selben Zeit nach Südamerika."[12]

Die 90er Jahre markieren dann einen Wendepunkt: „1890 wird in den USA die freie Siedlung auf Regierungsland für beendet erklärt . . . Die Auswanderung ist nun nicht mehr Landnahme, sondern Arbeitnahme; sie geht langsam zurück und versiegt mit Kriegsbeginn 1914 fast vollständig."[13]

10 Köllmann (89), S. 109.
11 Marschalck (111), S. 51 u. 54.
12 Mayer (113), S. 105.
13 Marschalck (111), S. 44.

In den 70er Jahren des vorigen Jahrhunderts verstärkte sich in Deutschland der Industrialisierungsprozeß und löste neue Binnenwanderungen aus. Zunächst waren dies sogenannte Nahwanderungen. Viele Industriestädte rekrutierten „ihre" Arbeiter und Angestellten, aber auch selbständige Gewerbetreibende und andere qualifizierte Berufe, aus dem Bevölkerungsreservoir des Umlandes und schöpften im weiteren Verlauf der Industrialisierung dann die dörflichen und kleinstädtischen Bevölkerungsreserven der eigenen Provinz ab. Das traf vornehmlich auf Großstädte im Zentrum ländlich-demographischer Überschußgebiete zu. Ballungsgebiete wie der Rhein-Main-Distrikt, Mitteldeutschland und Schlesien waren also in Bezug auf die Besetzung der neu entstandenen Arbeitsplätze weitgehend „Selbstversorger".

Zu diesen Nahwanderungen traten dann die Fernwanderungen hinzu, insbesondere „die Ost-West-Fernwanderung, die vor allem den Arbeitskräftebedarf des rapide sich vergrößernden Ruhrgebiets aus den bäuerlichen und Gutsbezirken Ostdeutschlands deckte".[14]

Über die mit der Zunahme von nicht-landwirtschaftlichen Arbeitsplätzen steigende Bedeutung der Zuwanderung aus ostelbischen Gebieten informiert Tab. 17.

Die fünf Ruhrgebiets-Großstädte Duisburg, Essen, Bochum, Dortmund und Gelsenkirchen wiesen zu Beginn dieses Jahrhunderts durchweg mehr Zuwanderer als „Alteingesessene" auf (nach dem Geburtsort differenziert). Für die Zugewanderten ergaben sich auf Grund ihrer niedrig bewerteten Tätigkeit im „Pütt", ihrer „anderen Sprache", eines häufig anderen Glaubensbekenntnisses und fremdartig anmutender Sitten und Gebräuche erhebliche Assimilationsprobleme. Die gesellschaftliche und kulturelle Isolierung konnte oft erst in der Generationenfolge überwunden werden.[15]

Genaue statistische Daten über das Ausmaß der damaligen Massenwanderungen innerhalb Deutschlands sind nicht verfügbar. Die heutige Wanderungsstatistik beruht auf dem polizeilichen Meldewesen, das eine Registrierung und Fortschreibung der Wanderungsfälle ermöglicht (Einführung erst allmählich nach 1945). Früher bestand nur die Möglichkeit, bei den Volkszählungen nach dem Geburtsort zu fragen. Wie aus der Volkszählung von 1905 hervorgeht, waren von den rd. 60,4 Millionen Einwohnern des Deutschen Reiches 48 v.H. nicht in ihrem Wohnort geboren worden.

Aufgrund der Angaben über Fernwanderungen (nicht in der Aufenthaltsprovinz geboren) kann man annehmen, daß von 1860 – 1914 etwas mehr als 20 Millionen Menschen ihre Heimat verlassen haben.

Unter dem Gesichtspunkt der Verteilung der Bevölkerung auf Gemeindegrößenklassen läßt sich die Binnenwanderung dieser Periode als Land-Großstadt-Wanderung charakterisieren.

14 Ritter/Kocka (136), S. 36. Siehe dazu auch Köllmann (88), S. 253.
15 Eine eindrucksvolle Schilderung und Analyse dieser Probleme vermitteln Croon/Utermann (35).

In die Wanderungsbewegung von Ost nach West wurden osteuropäische Bevölkerungsgruppen hineingezogen, die zunächst als „Wanderarbeiter" (Saisonarbeiter) in der ostdeutschen Landwirtschaft tätig waren. Die Arbeit in der Landwirtschaft der ostelbischen Gebiete ist für sie nicht selten lediglich eine Etappe auf dem Weg in die industriellen Reviere gewesen. „Polen und Masuren stellten innerhalb dieser Binnenwanderung (in das Ruhrgebiet, die Verf.) ganz beträchtliche Minderheiten von 600.000 bis 800.000 Personen zwischen 1910 und 1914". [16]

In der Weimarer Republik nahm die Auswanderung noch einmal ein beträchtliches Ausmaß an, vor allem zwischen 1920 – 1929. Im Inflationsjahr 1923 verließen über 115.000 Personen Deutschland. Die restriktiver gewordenen Einwanderungsbestimmungen der USA (Festsetzung jährlicher Höchstquoten) bewirkten eine stärkere Hinwendung zu lateinamerikanischen Ländern. In den Jahren der Weltwirtschaftskrise ab 1930 betrugen die Auswanderungen dann nur noch Bruchteile der bisherigen Werte (jährlich kaum mehr als 10.000), während der Strom der Rückwanderer aus Übersee anschwoll und bis 1933 zu einem Einwanderungsüberschuß von fast 200.000 Menschen nachhaltig beitrug. [17]

Im Bereich der Binnenwanderungen kam es zwischen den beiden Weltkriegen zu einer kurzfristigen Anknüpfung an die Vorkriegstradition der von Osten nach Westen verlaufenden Mobilität. Im übrigen stand das Wanderungsgeschehen „im Zeichen der Umsiedlungen, Vertreibungen und Flucht . . . Die erste Phase umfaßt die Folgen des Ersten Weltkrieges, Rückwanderungen, Vertreibungen und Ausweisungen aus den damals vom Deutschen Reich abgetretenen Gebieten sowie von „Auslandsdeutschen".

. . . Die zweite Phase umfaßt die Einsiedlung deutscher Volksgruppen in das Gebiet des Reiches 1939 – 1944 und die propagierte Ostsiedlungsbewegung innerhalb des Reiches. Hauptsiedlungsgebiete wurden die neuen „Reichsgaue" Danzig-Westpreußen und Wartegau. Insgesamt wurden in den genannten Jahren rund 950.000 Volksdeutsche neu angesetzt; weitere 500.000 Deutsche aus dem Reichsgebiet von 1937, darunter allerdings auch Evakuierte und landverschickte Kinder, lebten 1944 in den genannten polnischen Gebieten." [18]

16 Ritter/Kocka (136), S. 36.
17 Nach Köllmann (88), S. 102 ff.
18 Köllmann (88), S. 45.

5.2 Wanderungen seit dem Zweiten Weltkrieg

In der Bundesrepublik haben Wanderungen von Anfang an bis in die Gegenwart erhebliche Bedeutung gehabt. Abgesehen von den Problemen des seit der Mitte der 60er Jahre einsetzenden Geburtenrückgangs waren es hinsichtlich des Bevölkerungsgeschehens vor allem verschiedene Formen von Wanderungen, die den Staat vor immer neue Aufgaben stellten.

Das Wanderungsgeschehen seit dem Zweiten Weltkrieg wurde zunächst von dem großen Zustrom von Menschen aus den deutschen Ostgebieten und den angrenzenden Staaten Ost- und Südeuropas beherrscht (Vertriebene). Auch die Zuwanderung aus Mitteldeutschland und Ostberlin ist beträchtlich gewesen. Insgesamt dürften bis 1960 ca. 12 Mill. Heimatvertriebene und Flüchtlinge in die Bundesrepublik geströmt sein (Siehe Tab. 18).[19] Rund ein Viertel der Bevölkerung der Bundesrepublik im Jahre 1960 wohnte zu Beginn des Zweiten Weltkriegs in Mitteldeutschland, den deutschen Ostgebieten oder im Ausland, bzw. stammte als nach 1939 geborene Kinder von früher dort wohnenden Menschen ab.

Weit über die Hälfte der aus dem Osten in die Bundesrepublik geströmten Bevölkerung fand in den ersten Nachkriegsjahren zunächst eine provisorische Unterkunft in Schleswig-Holstein, Niedersachsen und Bayern, also in den östlichen Grenzländern der Bundesrepublik. Da die hier verfügbaren Arbeitsplätze nicht entfernt ausreichten, um alle arbeitswilligen Menschen in Lohn und Brot zu setzen, wurde von staatlicher Seite eine „Sekundärwanderung" eingeleitet: die Umsiedlung in Aufnahmeländer, deren industriell-gewerbliche Kapazitäten nicht voll ausgenutzt waren. Im wesentlichen war es wieder eine Ost-West-Wanderung, denn das Land Nordrhein-Westfalen nahm etwa die Hälfte jener auf, die eine neue Existenz gründen wollten. Insgesamt sind in den Jahren 1949 bis 1962 mehr als eine Million Menschen umgesiedelt worden.[20]

Mit dem Bau der „Berliner Mauer" im Jahre 1961 kam die Zuwanderung aus der DDR weitgehend zum Stillstand.

19 Das Ausmaß der Zwangsausweisungen und Flüchtlingsströme wird mit den Angaben der Tab. 18 keineswegs voll erfaßt. Nach den Ergebnissen der Volkszählung in der DDR vom 31.8.1950 lebten dort seinerzeit etwa 3,9 Mill. Vertriebene aus den deutschen Ostgebieten und dem angrenzenden Ausland. Auch nach Österreich ergoß sich ein Nebenstrom von heimatlos gewordenen Menschen, vor allem aus der Tschechoslowakai und den Balkanländern. Schließlich muß in diesem Zusammenhang noch eine Zahl genannt werden, die in der Bevölkerungsbilanz der Vertriebenengebiete unter dem Stichwort „ungeklärte Fälle" (Nachkriegsverluste) erscheint: Über 2,1 Mill. menschlicher Schicksale sind hier in der nüchternen Sprache der Statistik registriert. S. dazu Nellner (121), Bd. 1, S. 122.
20 Statistisches Jahrbuch für die Bundesrepublik Deutschland (162), 1963, S. 68.

Wanderungen, die aus Maßnahmen der Familienzusammenführung und zur Übersiedlung von Volksgruppendeutschen aus osteuropäischen Ländern, vor allem aus Polen und Rumänien, hervorgingen, fielen gegenüber dem übrigen Wanderungsgeschehen nicht sonderlich ins Gewicht.

Seit 1958 setzte eine Zuwanderung von „Gastarbeitern" ein und stieg nach 1961 sprunghaft an. 1965 lebten in der Bundesrepublik bereits ca. 1 Million Gastarbeiter, eine Zahl, die während der wirtschaftlichen Rezession der Jahre 1966/67 geringfügig zurückging.

Die rasche wirtschaftliche Erholung nach der Rezession von 1967 hat dann einen starken Anstieg der Arbeitsimmigration gebracht. 1973 wurden ca. 2 1/2 Millionen ausländische Arbeitskräfte in der Bundesrepublik gezählt. Die „Ausländerquote", d.i. der Anteil der ausländischen Arbeitnehmer an der Gesamtbeschäftigtenzahl, erreichte damals 11,6 (vgl. 1961: 2,5, 1965: 5,7 und 1970: 9,0). Die seit 1973 einsetzenden Wirtschaftsprobleme und der „Anwerbestop" für ausländische Arbeitskräfte vom 23.11.1973 ließen dann den Grad der Ausländerbeschäftigung allmählich zurückgehen.

Die Zusammensetzung der ausländischen Arbeiter nach Herkunftsländern hat sich im Laufe der Zeit verändert. Das Hauptkontingent der ersten Zuwanderung stellten die Italiener. Die Errichtung von Anwerbebüros in Jugoslawien, Griechenland und Spanien ließ dann auch die Zahl der von dort kommenden Arbeitskräfte ansteigen, besonders die der Jugoslawen, die die Italiener als stärkste Gruppe bald abgelöst hatten.

Gegen Ende der 70er Jahre stellten Türken und Jugoslawen über 50 v.H. der Gastarbeiter (siehe Tab. 19).

Seit einiger Zeit sieht sich die Bundesrepublik auch mit einer gewissen asiatischen Einwanderung konfrontiert. Vor allem Berlin bietet mit seinen bürokratischen Besonderheiten einen schwer kontrollierbaren Einlaß für Pakistaner, Afghanen und Inder, die im Schutze des liberalen deutschen Asylrechts Aufenthaltserlaubnis erhalten. Eine Änderung bzw. verschärfte Handhabung der rechtlichen Bestimmungen stand 1979 unmittelbar bevor.

Ursprünglich war geplant, ausländische Arbeiter nur jeweils für wenige Jahre im Lande zu behalten, sie dann in ihre Heimatländer zurückkehren, neue Zuwanderer an ihre Stelle treten zu lassen usw. (Rotationsprinzip). Tatsächlich zeigte sich dann jedoch bei einem nicht unerheblichen Teil der ausländischen Arbeitskräfte die Tendenz, in der Bundesrepublik zu bleiben, ihre Familien nachzuholen oder hier durch Heirat mit einem deutschen Partner solche zu begründen. Bei Ausländern, die aus sprachlich und „kulturell ferneren" Ländern kamen, ergaben sich z.T. erhebliche Probleme bei der Integration von Frauen und Kindern. Während sich die Ausländerbevölkerung in der Bundesrepublik zwischen 1965 und 1977 etwa verdoppelt hat, verzehnfachte sich in dieser Zeit die Zahl von Ausländerkindern an deutschen Schulen. Ende der 70er Jahre wurden im Zusammenwirken von Bund, Ländern und Bundesanstalt für Arbeit Maßnahmen ergriffen, um Berufsausbildungsmöglichkeiten für Ausländerkinder sicherzustellen und sie nicht zu einer sozial deklassierten Unterschicht werden zu lassen.[21]

Das die Bundesrepublik berührende Wanderungsgeschehen vollzieht sich weitgehend „im Licht der Statistik".

Die amtliche Statistik erstellt jährlich eine Wanderungsbilanz (siehe Tab. 20), in der nach Außen- und Binnenwanderung getrennt wird. (Zur Richtung der Binnenwanderung siehe Kap. 6.2). Zur besseren Bewältigung aller mit Aus- und Einwanderung verbundenen Probleme haben sich in den westeuropäischen Ländern Bestrebungen zur internationalen Kooperation entwickelt. Der Europarat in Straßburg, die Europäische Gemeinschaft und die Internationale Arbeitsorganisation (ILO) in Genf beobachten die Wanderungsbewegungen der Gegenwart und versuchen die soziale und arbeitsrechtliche Stellung der Arbeitsemigranten zu bessern.

---

21 Zur Ausländerbeschäftigung siehe ausführlich bei Brück/Salzmann (18a).

6. Folgen der Bevölkerungsentwicklung

Die in den Kapiteln 4 und 5 dargestellten Entwicklungen der Geburten-, der Sterbe- und der Wanderungsvorgänge haben eine Fülle von Auswirkungen gehabt. Auf einige wichtige soll nachstehend hingewiesen werden.

6.1 Veränderungen der Bevölkerungszahl

Seit dem Beginn des vorigen Jahrhunderts hat es in Deutschland — außer in den Kriegszeiten — bis zum Ende der 60er Jahre dieses Jahrhunderts immer Geburtenüberschüsse gegeben. Trotz der starken Auswanderung in der zweiten Hälfte des 19. Jahrhunderts kam es dadurch zunächst zu einer ständigen Bevölkerungsvermehrung. Von 1816 bis 1939 hat sich die Zahl der Menschen im Gebiet des Deutschen Reiches etwa verdreifacht (siehe Tab. 21). Die Zahl der tatsächlichen Nachkommen jener 24,8 Mill. Menschen von 1816 liegt bei Berücksichtigung der Auswanderer und der Kriegsverluste viel höher.

Im Hinblick auf die Bevölkerungsvermehrung lassen sich zwischen 1816 und 1939 drei Perioden unterscheiden. Erstens eine Periode, die bis in die Mitte des 19. Jahrhunderts reicht. Die Vermehrung wurde in dieser Zeitspanne vor allem durch die Zunahme der Eheschließungen infolge der Aufhebung der gesetzlichen Ehehindernisse im Verlauf der liberalen Reformen im Zusammenwirken mit der sinkenden Sterblichkeit verursacht. Die jährliche Zuwachsrate belief sich auf etwa 1 %, wobei es aber zwischen den verschiedenen Regionen größere Unterschiede im Wachstum gab.[1]

Der Gipfel der ersten Welle scheint in den 30er Jahren gelegen zu haben. Dann schwächte sie sich ... allmählich ab."[2]

Die zweite Periode, die der Hochindustrialisierung, reicht von der Mitte des 19. Jahrhunderts bis zum Ersten Weltkrieg und brachte eine durchschnittliche Zuwachsrate von ca. 1,2%. Sie begann mit einer Zunahme der Vermehrung in den 60er Jahren durch einen Anstieg der Geborenenziffer, die um die Mitte der 70er Jahre mit über 40 v.H. ihre

---

1 Siehe dazu Ipsen (76), S. 34 ff.
2 Köllmann (88), S. 383 ff.

Gipfelhöhe erreichte, und brachte in den Jahren 1895 – 1900 ein Maximum der Geburtenüberschußziffer mit 14,0 v.H. Als dann nach der Jahrhundertwende die Geborenenziffer wesentlich schneller zurückging als die Sterbeziffer, sanken die Überschüsse wieder.

Die dritte Periode, die zwischen den Weltkriegen anzusetzen ist, enthielt wechselnde Tendenzen. Bis in die 30er Jahre sank zunächst die jährliche Vermehrungsrate, und 1931/33 wurde mit einem Durchschnitt der Geburtenüberschußziffer von nur 4,2 v.H. der Tiefpunkt erreicht (siehe auch Tab. 1). Dann begann wieder eine Zunahme bis zum Beginn des Zweiten Weltkrieges.

Nach dem Zweiten Weltkrieg mit seinen hohen Menschenverlusten (die Gesamtzahl der Toten im Zweiten Weltkrieg, einschließlich der Zivilpersonen, wird für die Bevölkerung des Deutschen Reiches nach dem Gebietsstand am 31.12.1937 mit rd. 4,2 Mill. angegeben),[3] begann im Gebiet der Bundesrepublik ein neuer Zuwachs, der zunächst vor allem durch den im vorigen Kapitel schon behandelten Einstrom von Menschen aus dem Osten und seit Mitte der 60er Jahre durch die Zuzüge ausländischer Arbeitnehmer gespeist wurde.

In Verbindung mit dem deutlichen Geburtenrückgang seit Mitte der 60er Jahre und der Abnahme der Zahl der ausländischen Arbeitskräfte seit 1973 (siehe dazu Kap. 4 und 5) begann 1974 ein Rückgang der Bevölkerungszahl, worauf am Schluß dieses Kapitels nochmals zurückzukommen sein wird.

6.2 Zunehmende Bevölkerungsdichte und Verstädterung

Im Verlauf der oben geschilderten Entwicklung der Zahl der Bevölkerung nahm während der letzten 150 Jahre auch die Bevölkerungsdichte zu (siehe Tab. 21).

Dadurch, daß sich während dieser Zeit charakteristische Industrieballungen bildeten, in die die Menschen im Zuge der Binnenwanderung hineinströmten, verteilt sich die Bevölkerung heute sehr unterschiedlich über das Gebiet der Bundesrepublik (siehe Fig. 4).

Anfang der 70er Jahre waren 24 und davon 10 besonders bedeutende industrielle „Verdichtungsräume" zu erkennen: Rhein-Ruhr, Rhein-Main, Hamburg, Stuttgart, München, Rhein-Neckar, Nürnberg, Hannover, Bremen und Saarland. Im Jahre 1970 lebten in diesen Verdichtungsräumen, die 7,3 v.H. der Fläche der Bundesrepublik ausmachten, rund 45 v.H. der Bevölkerung und 55 v.H. der Beschäftigten. In Verbindung mit einer zunehmenden Industrialisierung Süd- und Südwestdeutschlands, ging die früher charakteristische Ost-West-Richtung der Binnenwanderung in eine Nord-Süd-Tendenz über.[4]

3 Statistisches Jahrbuch 1960 für die Bundesrepublik (162), S. 78.
4 Schäfers (146), S. 231 ff.

Ebenfalls vor allem durch die Binnenwanderung verursacht, hat sich im Laufe der Zeit – wie schon im Kapitel 5 erwähnt – auch die Verteilung der Bevölkerung auf die verschiedenen Gemeindegrößenklassen verändert, und zwar zunächst deutlich in Richtung einer zunehmenden Verstädterung (siehe Tab. 22).

„Die Hauptphase der Verstädterung Deutschlands dauerte, wenn man die notwendigen Flurbereinigungen durch die Eingemeindungen der 20er Jahre mitrechnet, bis 1930. Begründet in der Massenarbeitslosigkeit im Gefolge der Weltwirtschaftskrise setzte dann eine Abwanderung gerade aus den Großstädten ein, die auch nach Überwindung der Krise andauerte. Zwar ging nur ein Teil der Fortziehenden auf das Land zurück, bevorzugte Wanderungsziele für viele wurden die mittleren und kleinen Städte . . . Der Bombenkrieg trieb die Entstädterung weiter voran. Die Menschen flohen aus den Zielgebieten oder wurden evakuiert. So kam es, daß noch 1950 die 50 größten Städte Westdeutschlands fast eine halbe Million Einwohner weniger zählten als 1939. Durch die Vertreibungs- und Fluchtbewegungen der Nachkriegszeit begann eine neue Periode der Verstädterung in der Bundesrepublik Deutschland. Nachdem die Vertriebenen zunächst dort eingewiesen waren, wo notdürftiger Wohnraum bereitgestellt werden konnte, d.h. in die durch den Krieg weniger betroffenen agrarischen Gebiete, begann mit der Stabilisierung der inneren Verhältnisse eine Umgliederungsbewegung größten Ausmaßes. Ziel dieser Bewegung war die Entlastung des Landes, sodaß man sie erneut in die Städte leitete, wo es die größeren Chancen für eine wirtschaftliche Eingliederung gab. Dabei blieb diese Bewegung nicht auf die Vertriebenen und Flüchtlinge beschränkt, sondern griff auf die Einheimischen über." „So kam es erneut zum Zug in die industriellen Standorte. Die Entwicklung des 19. Jahrhunderts wiederholte sich, wenn auch unter anderen Voraussetzungen und anderen Verhältnissen."[5]

1975 gab es in der Bundesrepublik 13 Städte mit mehr als 500.000 sowie 20 Städte zwischen 200.000 und 500.000 Einwohnern. Nur etwa ein Zehntel der Bevölkerung lebte 1975 in Gemeinden mit weniger als 2.000 Einwohnern.

Seit den 60er Jahren zeigten sich hinsichtlich der Verteilung auf größere und kleinere Gemeinden deutlich neue Tendenzen. Der Zug in die größeren Städte hörte auf, und die Kerne etlicher Großstädte entleerten sich als Wohngebiete. Demgegenüber nahm die Besiedlung von Gemeinden im Einzugsbereich der Großstädte und der industriellen Ballungsräume zu, die sogenannten Trabantenstädte entstanden an einigen Stellen (z.B. im Raum Hamburg, Frankfurt und München), und das „Pendeln" zwischen Wohn- und Arbeitsort nahm erheblich zu (1974 waren 36,3 v.H. aller Erwerbstätigen Pendler).

5 Köllmann (90), S. 37 ff.

6.3 Steigende durchschnittliche Lebenserwartung

Neben den Vermehrungs-, Verdichtungs- und Verstädterungstendenzen muß als eine wesentliche Folge der im Kapitel 4 dargestellten Entwicklungen die durch die Verbesserung der Sterbeverhältnisse hervorgerufene Zunahme der durchschnittlichen Lebenserwartung genannt werden.

Die Lebenserwartung eines Neugeborenen lag im deutschen Gebiet um 1840 etwa bei 32 und um 1700 anscheinend sogar nur bei etwa 26 – 28 Jahren. In den letzten hundert Jahren hat sie sich etwa verdoppelt (siehe Tab. 5). Die zu beobachtende geschlechtsspezifische Differenzierung der Werte zugunsten der Frauen zeigt sich in fast allen zivilisierten Ländern. Sie ist eine Folge der geringeren altersspezifischen Sterblichkeit der Frauen (s. Fig. 5).

Die starke Zunahme der durchschnittlichen Lebenserwartung kommt vor allem dadurch zustande, daß die Säuglingssterblichkeit gegenüber früher erheblich gesunken ist. Während damals ein großer Teil der Geborenen bereits in den ersten Lebensmonaten oder Lebensjahren wieder starb, erreichte dann im Laufe der Zeit ein immer größerer Teil der Geborenen höhere Altersjahre. Wenn man sich darüber hinaus vergegenwärtigt, daß die Spanne von Jahren, über die sich das Leben der Menschen erstreckt, heute genau wie früher nicht mehr als 100 Jahre beträgt, so wird deutlich, daß man eigentlich nicht sagen sollte: „Die Menschen werden heute älter als früher", sondern richtiger: Heute werden mehr Menschen alt als früher."

Das „Alter" – wir wollen hier einmal die Zeit nach dem 65. Lebensjahr so nennen – wurde damit zu einer Daseinsphase, in die immer mehr Menschen hineinwachsen, und die „Alten" stellen heute neben Kindern und Personen im erwerbsfähigen Alter (15 bis 65 Jahre) eine dritte große Bevölkerungsgruppe dar. Mit dieser Wandlung sind gewisse Probleme verbunden, die hier nur angedeutet werden können. So entwickeln sich z.B. in jeder menschlichen Gesellschaft im Laufe der Zeit Vorstellungen darüber, was man in den verschiedenen Lebensaltern als „normales" Gesellschaftsmitglied zu tun und zu lassen hat. So reihen wir an das Spielalter der Kinder die Schulzeit, die Zeit der Berufsausbildung, die Phase der Partnerwahl und Familiengründung usw., und jeder weiß, was in diesen Phasen „normales" und „abweichendes" Verhalten ist. Bisher haben sich derartige Vorstellungen hinsichtlich des Verhaltens der aus dem Berufsleben ausgeschiedenen Personen nur unvollkommen entwickelt. Wie die Erfahrung lehrt, kommt ein erstaunlich großer Teil vor allem der älteren Männer mit der Gestaltung des Lebensabends nicht allein zurecht, wobei es interessante berufsspezifische Differenzierungen gibt. Der Verlust der Berufsposition und der für viele ungewohnte lange Aufenthalt im Hause lassen das Gefühl aufkommen überflüssig und unausgefüllt zu sein, und in solcher Unzufriedenheit scheint der Keim zu mancher Krankheit zu liegen. Aber nicht nur das Problem der Beschäftigung im Alter, sondern auch das des „Gefährtenkreises" und des Wohnens der „Alten" sind bisher nur unvollkommen bewältigt. Bieten Altersheime eine befriedigende Daseinsform? Sollte man anstreben, daß alte Menschen in der Nähe ihrer Kinder Kleinwohnungen finden können usw? All das sind bisher nicht wirklich gelöste Probleme und es sieht z.Zt. so aus, als ob wir die dritte Lebensperiode, die uns durch die Entwicklung der Sterblichkeit verfügbar wurde, das Alter, erst dann wirklich für uns gewonnen haben werden, wenn es gelungen sein wird befriedigende Daseinsformen für „Alte" zu entwickeln.[6]

Die sinkende Sterblichkeit hat schließlich zur Folge gehabt, daß — unter normalen Verhältnissen — ein immer größerer Teil derjenigen, die in das Erwerbsalter (15 bis 65 Jahre) eintreten, die Chance hat, auch das Ende dieser Phase zu erreichen. Während es bei den Sterbeverhältnissen von 1875 rd. 40 waren, waren es 1976 schon fast 85. Das bedeutet, daß die Berufsausbildung eines Menschen infolge der Entwicklung der Sterblichkeit tendenziell für die Gesellschaft immer rentabler geworden ist.

6.4 Veränderungen des Altersaufbaus, der Sexualproportion und der Gliederung nach dem Familienstand

Zu den eben erwähnten Wirkungen der sinkenden Sterblichkeit kommen die Auswirkungen der Geburtenbewegung hinzu. Während des 19. Jahrhunderts und bis zum Ende der ersten zehn Jahre dieses Jahrhunderts sind in Deutschland die absoluten Zahlen der Geborenen fast ständig gestiegen. Der Einfluß der seit 1875 bereits sinkenden Geburtenziffer wurde durch den der Zunahme der Bevölkerung zunächst mehr als ausgeglichen, und erst nach 1910 begannen bei stärker sinkender Geborenenziffer dann auch die absoluten Zahlen der Geborenen zu fallen. Durch diese Entwicklungen kamen charakteristische Veränderungen des Altersaufbaus, der Gliederung der Bevölkerung nach dem Alter, zustande.

Infolge der zunächst ständig zunehmenden Geburtenzahlen hatte der Altersaufbau um 1910 die Form einer Pyramide. Bis 1933 hatte er sich durch die Zusammenwirkung des Heranwachsens der starken Jahrgänge der Zeit um 1910, der absinkenden Geburtenzahlen und der sinkenden Sterblichkeit einer sog. Zwiebelform genähert (s. Fig. 6). Inzwischen sind die starken Jahrgänge von 1910 von Jahrzehnt zu Jahrzehnt weiter nach oben gerückt und verstärkten je nachdem, wo sie sich gerade befanden, den Anteil der entsprechenden Altersgruppen.

6 S. dazu Tews (168) und Rosenmayr (138).

Die Geburtenwelle der Zeit um 1910, die sich im Altersaufbau nach oben schiebt, ist nun aber nicht die einzige Welle überhaupt geblieben. Das Geburtenhoch zwischen 1934 und 1939, das z.T. dadurch entstand, daß die starken Jahrgänge der großen Welle in dieser Zeit gerade ins gebär- und zeugungsfähige Alter eintraten, verursachte eine neue Welle. Diese Wellen des Geburtenvorgangs überlagerten die von der Sterblichkeitsentwicklung ausgehenden Tendenzen zur Verschiebung des Anteils der Altersgruppen. Die Welle von 1910 verstärkte zunächst die Altersgruppen der unter 15 Jahre alten Personen und zwischen 1925 und 1939 dann die unteren und mittleren Gruppen der Bevölkerung im erwerbsfähigen Alter. Zur Zeit wachsen die dieser Welle Zugehörigen mehr und mehr aus den Altersschichten im Erwerbsleben heraus und verstärken damit den Anteil der Gruppe der über 65jährigen Personen (s. Tab. 23). Die Jahrgänge der zweiten Welle (von 1933 – 1939) sind um 1950 in das Erwerbsalter eingetreten und beeinflußten mit ihrem Eintritt in das gebär- und zeugungsfähige Alter die Geburtenzahlen der 50er und 60er Jahre.

Die damals geborenen Kinder erschienen Mitte der 70er Jahre auf dem Arbeitsmarkt und bewirkten mit, daß es – bei einer außerdem besonders angespannten Wirtschaftslage – zu charakteristischen Formen von Jugendarbeitslosigkeit kam.

Eine neue Welle im Altersaufbau wurde durch den Geburtenrückgang seit der Mitte der sechziger Jahre in Bewegung gesetzt und wird sich in Zukunft auswirken (s. Fig. 3).

Neben den geschilderten Wirkungen, die von der langfristigen Entwicklung der Sterbe- und Geburtenwerte ausgingen, haben auf den Altersaufbau unserer Bevölkerung weitere Faktoren eingewirkt. Das gilt u.a. für die Geburtenausfälle und die Vermehrung der Sterbefälle während des ersten und zweiten Weltkrieges, die den Altersaufbau – insbesondere auf der Männerseite – in einigen Altersgruppen geradezu ausgekerbt haben sowie außerdem für den starken Menschenzustrom von ca. 12 Mill. Heimatvertriebenen und Flüchtlingen.

Außer den bereits erwähnten Folgen für den Arbeitsmarkt haben diese Wellen des Geburtenvorgangs u.a. Schulen und Hochschulen berührt, zu charakteristischen Schwankungen der Schülerzahlen geführt und wechselnde Maßnahmen der Bildungspolitik veranlaßt (Ausbau der Hochschulen, numerus clausus, Abbau der Bildungsinvestitionen im Hinblick auf das derzeitige Geburtentief u.a.m.).

Dadurch, daß jede Altersschicht spezifische Konsumbedürfnisse hat, beeinflussen die Wellen im Altersaufbau ständig auch die verschiedensten Bereiche des Wirtschaftslebens.[7]

7 Da es für die Wirtschaft wichtig ist, die Entwicklung der Zahl der Personen zu kennen, die für die Teilnahme am Erwerbsleben zur Verfügung stehen, für die Schulen und Universitäten, wie sich die voraussichtliche Belegung infolge der Bevölkerungsbewegung verändert usw., bemühen sich die statistischen Ämter

Seit im Jahre 1957 die staatliche Alterssicherung in der Bundesrepublik nach dem „Umlageverfahren" organisiert wurde, wonach die jeweils Erwerbstätigen mit ihren Versicherungsbeiträgen (und Steuerzahlungen) die gerade zu Versorgenden zu „tragen" haben (Generationenvertrag), kommt den Schwankungen im Altersaufbau und deren rechtzeitiger Beachtung eine entscheidende Bedeutung im Rahmen der sozialen Sicherung zu.

Schließlich sei daran erinnert, daß die Verbreitung politischer Einstellungen in einer Bevölkerung nicht unabhängig von der Stärke der verschiedenen Altersgruppen und deren politischen Erlebnissen und Erfahrungen ist. Auch das politische Geschehen bleibt daher von Schwankungen im Altersaufbau nicht unberührt.

Die Darstellung des Altersaufbaus in Fig. 3 macht deutlich, daß durch die Veränderung der Geburtenzahlen, der Sterbefälle und der Wanderungen auch die Zusammensetzung der Bevölkerung nach dem Geschlecht beeinflußt wird. Seitdem die Sexualproportion statistisch erfaßt wird, zeigt sich, daß die Sexualproportion der Geborenen in Deutschland im Schnitt 100 Mädchen zu 106 Knaben beträgt. Nach Kriegen lassen sich dabei meist gewisse Veränderungen erkennen.

Auf Grund der geschlechtsspezifischen Absterbeordnungen wäre zu erwarten, daß ein Ausgleich der Sexualproportionen erst zwischen dem 45. und 50. Lebensjahr erfolgt. Da Wanderungen und Kriegseinwirkungen die männliche Bevölkerung stärker betroffen haben, fand beim Altersaufbau von 1933 im Deutschen Reich und von 1950 in der Bundesrepublik ein Ausgleich aber bereits zwischen dem 24. und 25. Jahr statt. Nach dem Altersaufbau von 1977 lag er zwischen dem 49. und 50. Jahr. (Siehe Tab. 24).

Die Sexualproportion in den Altersgruppen der erwachsenen Bevölkerung ist für die Ehe- und damit auch für die Geburtenhäufigkeit bedeutsam. Hieraus wird erkennbar, daß die Veränderung des Altersaufbaus bzw. die dahinter stehende Bewegung von Geburten, Sterbefällen und Außenwanderungen auch die Gliederung der Bevölkerung nach dem Familienstand beeinflußt, auf die darüber hinaus viele andere Faktoren (gesetzliche Bestimmungen über das Heiratsalter usw.) einwirken. Tab. 25 gibt die Gliederung der Bevölkerung nach dem Familienstand für verschiedene Jahre wieder.[8]

heute um möglichst fundierte Vorausberechnungen unter verschiedenen Annahmen, die ständig korrigiert werden.

8 Neben den oben erwähnten Gliederungen werden heute in der Bundesrepublik von der Bevölkerungsstatistik viele weitere erfaßt; so z.B. die Gliederung nach Haushalten, nach der Konfession, nach der Staatsangehörigkeit, nach der Muttersprache, nach dem Bildungsgrad und außer weiteren vor allem die Gliederungen, die sich aus der Beziehung der Menschen zum Wirtschaftsleben ergeben. Da diese Gliederungen meist mehr durch andere Faktoren als durch den uns hier primär interessierenden Bevölkerungsprozeß beeinflußt werden, sei auf ihre Behandlung an dieser Stelle verzichtet.

6.5 Konsequenzen eines evtl. Bevölkerungsrückgangs

Wie die Darstellungen der vorstehenden Abschnitte erkennen lassen, wirkt die Bevölkerungsbewegung in viele Lebensbereiche hinein. Von daher ist verständlich, daß der in der Bundesrepublik Mitte der 70er Jahre einsetzende Rückgang der Bevölkerungszahl erhebliche Diskussionen ausgelöst hat. Im Zentrum der Auseinandersetzungen stand die Frage, ob sich in unserem Land, das praktisch mehr als zweihundert Jahre mit einer Bevölkerungsvermehrung und deren Problemen konfrontiert war, nun ein neuer Trend, nämlich eine langfristige Bevölkerungsabnahme, einstellen würde, und was das bedeuten könnte.

Im Zusammenhang mit der Vorbereitung einer Diskussion dieser Fragen im Bundestag wurden auf Veranlassung der Bundesregierung 1977 vom Statistischen Bundesamt „Modellrechnungen" darüber durchgeführt, wie sich die Zahl und die Zusammensetzung der Bevölkerung unter verschiedenen Annahmen über die zukünftige Entwicklung der Geburten- und Sterbefälle ohne Berücksichtigung evtl. Ein- oder Auswanderungen verändern könnte. Diese Berechnungen ergaben, daß bei Geburtenwerten, die jenen Mitte der 70er Jahre entsprechen, eine Abnahme der deutschen Bevölkerung von ca. 58 Mill. im Jahre 1975, über 52 Mill. im Jahre 2000 und 39 Mill. im Jahre 2030, auf 22 Mill. im Jahre 2070 zu erwarten wäre.[9]

Aufbauend auf diesen Ergebnissen und denen der anderen Varianten der Modellrechnungen kam es zu vielfältigen Untersuchungen über die evtl. Konsequenzen einer solchen Entwicklung für verschiedene Lebensbereiche (Arbeitspotential, Wirtschaftswachstum, Nachfragestruktur, Alterssicherung, Siedlungsstruktur, Gesundheitswesen, Bildungswesen, Familienstruktur, Militärwesen usw.)[10] Aus den Fig. 3 und 7 ist zu ersehen, wie die Schwankungen des Altersaufbaus im Laufe der Zeit charakteristische „Belastungen" für bestimmte Bereiche schaffen. Die gewonnenen Erkenntnisse lösten in der Bundesrepublik erhebliche wissenschaftliche und politische Kontroversen über die Frage aus, wie im Hinblick auf die Bevölkerungssituation am Ende der 70er Jahre zu reagieren sei. Es wird im übernächsten Kapitel darauf zurückzukommen sein.

---

9 Antwort der Bundesregierung auf die Erste Kleine Anfrage der CDU/CSU (3).
10 Für eine ausführliche Darstellung der Probleme siehe u.a. Wingen (186, 187, 188); BJFG: Konsequenzen des Geburtenrückgangs (21) und Wander (184).

7. Tendenzen der Bevölkerungsentwicklung im internationalen Raum

Die in Kap. 4 für Deutschland aufgezeigten langfristigen Entwicklungstendenzen des Geburten- und des Sterbevorgangs (siehe Fig. 1) sind in ähnlicher Form in fast allen europäischen Staaten nachzuweisen.[1] Diese gleichartige Entwicklung − wenn auch mit gewissen zeitlichen Verschiebungen − war eng mit jenen Vorgängen verknüpft, die allgemein mit „Industrialisierung" und „Modernisierung" bezeichnet werden.

7.1 Entwicklungstendenzen in Europa

Die für Deutschland geschilderten Vorgänge im Bereich des Geburten- und Sterbeprozesses hatten in Europa am frühesten in jenem Land begonnen, in dem auch der Industrialisierungsprozeß am ehesten und deutlichsten einsetzte, in England. Von dort griffen die Entwicklungen mit der Ausbreitung der Industrialisierung auf die west- und mitteleuropäischen Länder und dabei u.a. auf Deutschland über.

Als die Industrialisierung über ihre ersten Ballungszentren in Nordwest- und Mitteleuropa hinauswuchs, bildete sich dann auch in den davon betroffenen übrigen Ländern Europas allmählich in immer breiteren Schichten die im Kap. 4 beschriebene neue Bevölkerungsweise heraus. Das besagt freilich nicht, daß das Niveau und die Phasen der Entwicklung von Geburten- und Sterbewerten einfach eine Nachvollziehung der nordwesteuropäischen „Vorbilder" gewesen wären. Unterschiedliche Ausgangslagen dieser Werte sowie eine zeitliche Verkürzung oder Ausdehnung der einzelnen Phasen des Umbruchs wiesen nachdrücklich auf uneinheitliche mittelbare Bestimmungsfaktoren des Bevölkerungsgeschehens hin, die durch den Industrialisierungseffekt nicht einfach verwischt wurden (Gliederung der Bevölkerung nach Konfessionen, Aufteilung der Wohnbevölkerung auf Stadt und Land usw.). Beträchtliche − heute zu erkennende − regionale Differenzie-

---

1 Gewisse Ausnahmen stellen die Entwicklungen in Frankreich und Irland dar. In Frankreich sanken die Geburtenwerte schon früh, in Irland behielten sie bis in die Gegenwart einen relativ hohen Stand bei. (Siehe dazu u.a. bei Mackenroth (103). S. 122 ff.

rungen des Bevölkerungsvorganges in einem Land sind oft Ausdruck für graduelle Unterschiede der Auswirkungen der Industrialisierung; so ist z.B. Norditalien bei der Senkung der Geburten- und Sterbeziffern dem ausgesprochen agrarischen Süden des Landes zeitlich vorangegangen.

Obwohl die Industrieländer *Westeuropas* heute noch durchaus unterschiedlich hohe Geburten- und Sterbewerte haben (siehe Tab. 26), zeigt sich, daß immer mehr Länder in den Trend zu ganz geringem Bevölkerungswachstum bzw. zur Stagnation oder sogar zur Abnahme der Bevölkerungszahlen einschwenken. Von den EG-Ländern wiesen 1977 nur Italien und Irland noch Nettoreproduktionsziffern über 1,0, d.h. solche oberhalb des Reproduktionsniveaus, auf (siehe auch Tab. 27).

Die Bevölkerungsentwicklung in *Osteuropa* zeigt ein uneinheitliches Bild, da es sich dort weitgehend um „Vielvölkerstaaten" handelt, in denen unterschiedliche Stufen der Industrialisierung und Modernisierung nebeneinander zu finden sind. Besonders ausgeprägt gilt dies für die UdSSR, die Bevölkerungen mit den unterschiedlichsten generativen Strukturen aufweist. Zwischen dem europäischen Bevölkerungsteil und den Völkern ihrer asiatischen Teilrepubliken, mit vergleichsweise starkem Bevölkerungswachstum, bestehen erhebliche Differenzierungen.[2] (Bei einem Bevölkerungsstand von 261 Millionen Menschen im Jahre 1978 und einem jährlichen Zuwachs von 0,9 v.H. würde die Bevölkerung der UdSSR bis zum Jahre 2000 ungefähr auf 313 Millionen anwachsen.)

Die *DDR* zeigte zunächst die gleichen Trends der biosozialen Bevölkerungsbewegung wie die Bundesrepublik Deutschland, nämlich stark sinkende Geburtenwerte seit der Mitte der 60er Jahre und Bevölkerungsschwund. Seit 1975 stiegen dort die Geborenenzahlen aber wieder an. Es ist z.Zt. noch zu früh, um abschließend beurteilen zu können, inwieweit dies Auswirkungen der Altersgliederung, veränderter Terminierung der Geburten in der Ehe usw. oder steigender Fruchtbarkeitswerte in Reaktion auf bestimmte politische und sozialpolitische Maßnahmen sind (siehe dazu Kap. 8.5).

Die in immer mehr westeuropäischen Ländern erkennbaren Trends zu Geburtenwerten unter dem Reproduktionsniveau haben in letzter Zeit die internationalen westeuropäischen Gremien veranlaßt, den Geburten- und Bevölkerungsrückgang zum Gegenstand von Konferenzen zu machen. Diese Gremien, von denen vor allem der Europarat in Straßburg, die EG in Brüssel und die OECD in Paris zu nennen sind, befassen sich schon seit langem mit den Problemen der Gastarbeiterwanderung (Arbeitsmigration). Nun rückte u.a. die durch den Geburtenrückgang verursachte Änderung der Altersstruktur in den betreffenden Ländern und deren Konsequenzen in das Zentrum ihrer Diskussio-

2 Akademie der Wissenschaften der UdSSR (2).

nen,. insbesondere die Auswirkungen auf das Erziehungs- und Bildungswesen, auf die Wirtschafts- und Beschäftigungslage und auf die Systeme sozialer Sicherung.[3]

7.2 Ausbreitung der „neuen" Bevölkerungsweise außerhalb Europas und die Bevölkerungssituation der Entwicklungsländer

Die Ausbreitung der in Europa entstandenen neuen Bevölkerungsweise griff sehr bald auch auf die überwiegend von Weißen besiedelten überseeischen Räume über (auch hier mit Ausnahmen: z.B. die Franko-Kanadier in und um Quebec). Sie erfaßte hier nicht nur die weiße Bevölkerung selbst, sondern auch das generative Verhalten jener ethnischen Gruppen, die mit den Weißen zusammenlebten; so etwa das der in den USA lebenden Neger.[4] (Siehe Fig. 8)

Die Beobachtung dieser Vorgänge und vor allem die Tatsache, daß sich auch in Japan − in einem Land mit anderer religiöser und kultureller Tradition als jener der weißen Bevölkerungen − mit der Industrialisierung die neue Bevölkerungsweise ausgebildet hatte, führte in weiten Kreisen der Bevölkerungswissenschaft zunächst zu der Annahme, daß die Einleitung der Industrialisierung in allen Ländern zu denselben demographischen Konsequenzen wie in Europa und zum „demographischen Übergang" (s. Fig. 2) führen würde.

Die Vorgänge in der Dritten Welt und ihre zunehmende wissenschaftliche Durchdringung fordern inzwischen jedoch Zurückhaltung bei solchen Vermutungen. Der Industrialisierungsprozeß und die damit verbundenen Vorgänge, wie u.a. die Entwicklung des Bildungswesens, die Formung eines neuen Arbeitsstils, die Rationalisierung der Lebensweisen u.a.m. führen in den Entwicklungsländern z.T. zu Problemen und Reaktionen, die bisher noch keineswegs sicher erkennen lassen, ob schließlich alle Entwicklungsländer die „klassischen" europäischen Bevölkerungsphasen durchlaufen, oder ob sich in ihren Bevölkerungen ganz andere Abläufe und Bevölkerungsweisen herausbilden werden.

Gesichert erscheint bis jetzt folgendes: Die direkteste Beeinflussung der biosozialen Bevölkerungsbewegung ist in den Entwicklungsländern von den neuzeitlichen medizinischen und hygienischen Kenntnissen ausgegangen, die von den Europäern und Nordamerikanern vor allem bei der Seuchenbekämpfung erfolgreich angewendet wurden. Ein „Paradebeispiel" hierfür ist die Ausmerzung der Malariaepidemien auf Ceylon. Innerhalb von 7 Jahren (1945 − 1952) fiel dort die Sterbeziffer von 22 auf 12 v.T.

3 Europarat (51).
4 Mackenroth (103), S. 218 ff.; Hauser (61), S. 847 ff.; Coale/Rives Jr. (29), S. 3 ff.

Es kann keinem Zweifel unterliegen, daß der induzierte Fall der Sterbeziffer (namentlich die Senkung der oft erschreckend hohen Säuglingssterblichkeit) zu den bedeutendsten humanitären Leistungen zu zählen ist. Dennoch hat diese Senkung der Sterblichkeit gewichtige Probleme aufgeworfen, die in dramatisierter Zuspitzung als „Bevölkerungsexplosion" oder „Bevölkerungsbombe" diskutiert werden. Die Kernproblematik besteht darin, daß ein Merkmal der nordwesteuropäischen Bevölkerungsbewegung – nämlich die Senkung der Sterblichkeit – isoliert und schnell auf jene Gesellschaften übertragen worden ist, ohne daß zugleich auch eine darauf abgestimmte Wandlung der sonstigen gesellschaftlichen Verhältnisse eingeleitet werden konnte.

„Die Senkung der Sterblichkeit ist dort nicht etwa wie in Europa die Folge des über ein Jahrhundert sich hinziehenden Wechselspiels zwischen technischer Entwicklung, Hebung des Lebensniveaus, Vermehrung der zur Verfügung stehenden Unterhaltsmittel, sondern die Folge einseitiger Übernahme medizinisch-hygienischer Errungenschaften. Ein großer Teil der Maßnahmen auf diesem Gebiet wird unabhängig von der Beteiligung der einzelnen Menschen durchgeführt – Verbesserung der Wasserverhältnisse, Bekämpfung der Moskitos. Damit sinkt die Sterblichkeit auch bei Bevölkerungen, die noch ihren traditionellen unwissenschaftlichen Heilverfahren anhängen; sie sinkt rapide bei denen, die zur Impfung, Anwendung von Antibiotica usw. veranlaßt werden können. Dieser einseitige „Import" der Sterblichkeitsbekämpfung bewirkt deshalb ein so explosives Bevölkerungswachstum, weil die Veränderung der Sterblichkeitskomponente nicht wie im Europa des 19. Jahrhunderts in die langfristige Strukturveränderung des gesamten Lebens- und Sozialprozesses gewissermaßen eingepaßt ist, sondern als fremdes Strukturelement auf den alten Sozialkörper aufgepfropft wurde".[5]

Die jährlichen Zuwachsraten der Bevölkerungen vieler Entwicklungsländer liegen heute deutlich höher als die der europäischen Bevölkerungen zur Zeit ihres „demographischen Übergangs". Außerdem basieren die jährlichen Wachstumsraten der Dritten Welt z.T. auf viel höheren Ausgangsbevölkerungen als in Europa zur Zeit seiner Industrialisierung.

Die Wirtschaftskraft der Entwicklungsländer reicht nun einfach nicht aus, um Probleme dieser Größenordnung zu meistern. Sie sehen sich im allgemeinen vor zwei Hauptschwierigkeiten gestellt: Erstens droht ein Zustand der „Urarmut" als „Hochspannung gegen den Nahrungsmittelspielraum".[6] So ist es z.B. Indien noch nicht gelungen, die Zuwachsrate der gesamten Getreideproduktion über einen längeren Zeitraum hinweg rascher ansteigen zu lassen als die der Bevölkerungszahl.

5 Schubnell (153), S. 64.
6 Wollny (189), S. 167 ff.

Zweitens muß nicht nur für eine ausreichende Ernährung, sondern auch für eine sinnvolle Beschäftigung der wachsenden Menschenzahlen gesorgt werden. Da in fast allen Entwicklungsländern 50 bis 80 v.H. der erwerbstätigen Bevölkerung in der Landwirtschaft zu finden, die bearbeiteten Flächen aber zumeist sehr klein sind und weiteres Land oft wegen der Erosionsgefahren nicht ohne weiteres urbar gemacht werden kann, tritt hier gehäuft das Problem der „verschleierten" Arbeitslosigkeit auf, d.h. zusätzliche Arbeitskräfte erhöhen den Ertrag des Bodens nicht oder nur unwesentlich und sind dennoch im Familien- oder Dorfverband mit tätig. Diese Problematik kann nur durch Überführung der „überflüssigen" Personen in gewerblich-industrielle, zum kleineren Teil in kaufmännisch-administrative Berufe behoben werden. Die Vorbedingungen für eine solche Umsetzung wären jedoch Verkehrserschließung, Energie- und Wohnungsversorgung, Entwicklung sozialer Dienste, Ausbildungssysteme usw.

Die Regierungen der betroffenen Entwicklungsländer sind sich der auf sie zukommenden Problematik sehr unterschiedlich bewußt. Während einige bisher kaum etwas tun, um damit fertig zu werden, bemühen sich andere intensiv und stehen z.T. auf dem Standpunkt, daß die verhängnisvollen Zirkel der Armut und der fehlenden menschenwürdigen Beschäftigungsmöglichkeiten letztlich nur von der Bevölkerungsseite, und zwar von einer Begrenzung der Geburtenhäufigkeit her, gesprengt werden können. Es wird später darauf zurückzukommen sein.

Differenzierungen nach Erdregionen

Die historischen und kulturellen Besonderheiten der Länder bewirken in den einzelnen Regionen der Erde unterschiedliche Bevölkerungssituationen und -bewegungen. Sie lassen sich wie folgt skizzieren (siehe auch Tab. 28):

Asien

Asien (ohne die asiatischen Teile der UdSSR) ist ein Bevölkerungsgigant. 1978 lebten dort ungefähr 2,4 Milliarden Menschen. Das sind mehr als die Hälfte der gegenwärtigen Weltbevölkerung.

Über Jahrhunderte hindurch war die asiatische Bevölkerung nicht besser und schlechter versorgt und ernährt als die der übrigen Erdteile. Hungersnöte, Trockenheit, Flutkatastrophen und Kriege waren den asiatischen Völkern – ähnlich wie anderen vorindustriellen Bevölkerungen – bekannte Vorkommnisse. Im 20. Jahrhundert setzte nun ein starkes Bevölkerungswachstum ein, welches das traditionelle Verhältnis von Bevölkerung und Ressourcen sprengte.

Folgt man der Gliederungspraxis internationaler Organisationen, so stellt sich die Situation etwa so dar:

Vorderasien

Vorderasien (allgemein als „Naher Osten", genauer als „Südwestasien" bezeichnet) umfaßt Kleinasien mit der Türkei, Zypern, Israel und alle arabischen Staaten Asiens. Vorderasien war 1978 mit 92 Millionen Menschen im Vergleich zu anderen asiatischen Gebieten gering bevölkert. Lediglich die Türkei ragte mit einer Bevölkerung von mehr als 40 Millionen besonders hervor. Mit einem kleinen Landesteil zählt sie formell zu Europa und ist demographisch und sozial noch Entwicklungsland. Die restlichen 50 Millionen Menschen Vorderasiens verteilen sich auf 15 verschiedene Staaten. Die derzeitige Wachstumsrate beträgt 2,7 v.H., was eine Verdoppelung der Bevölkerung in 27 Jahren bedeutet.

Südasien

Südasien gliedert sich in die beiden Subkontinente Vorder- und Hinterindien. Der geographischen Gliederung entspricht eine ethnische: Vorderindien, in der internationalen Forschung „Zentral-Südasien" genannt, ist vor allem von indogermanischen Bevölkerungen bewohnt. Hinterindien oder „Südostasien" ist – wie das restliche „Ostasien" – Siedlungsgebiet der gelben Rasse. Zentral-Südasien (mit den größeren Staaten Afghanistan, Bangladesch, Indien, Persien, Pakistan, Sri Lanka (Ceylon) und den kleineren Staaten Butan, Nepal) hatte mit 880 Millionen Menschen 1978 einen Anteil von 36 v.H. an der asiatischen Bevölkerung und von 20 v.H. an der Weltbevölkerung. Die jährliche Wachstumsrate betrug durchschnittlich 2,2 v.H., und das bedeutet – das gegenwärtige Wachstum weiterhin vorausgesetzt – eine Verdoppelung in 32 Jahren. Schon bis zum Jahre 2000 würde dort eine Menschenzahl von 1,5 Milliarden erreicht sein.

Die volksreichsten Staaten sind Indien (635 Millionen 1978), Bangladesch (85 Millionen 1978) und Pakistan (77 Millionen 1978). Die Geborenenziffern bewegen sich zwischen 30 und 50 v.T. (1978: Indien 34 v.T., Pakistan 44 v.T., Bangladesch 47 v.T.) Die höchste Sterblichkeit – übrigens in ganz Asien – herrscht in Bangladesch (1975: 28 v.T.) und verhindert (dort) noch ein rasches Anwachsen der Bevölkerung. Sri Lanka (Ceylon) hat eine vergleichsweise niedrige Geborenenziffer (1978 26 v.T.), die aber in Verbindung mit extrem niedrigen Sterbewerten (7 v.T.) einen fast ebenso starken Bevölkerungszuwachs wie Indien hervorbringt. Die drastische Sterblichkeitssenkung in diesem Land infolge der chemischen Bekämpfung der Malaria wurde bereits erwähnt.

Südostasien

Südostasien (mit den Staaten Burma, Thailand, Singapur, Kambodscha, Laos und Vietnam sowie den Inselstaaten Indonesien, Malaysia und den Philippinen) umfaßte 1978 insgesamt 341 Millionen Menschen. Der durchschnittliche jährliche Zuwachs betrug 2,4, was einer

Verdoppelung der Bevölkerung in 29 Jahren entspricht. Die größte Bevölkerung hat Indonesien (1978: 140 Millionen). Eine Besonderheit stellt der zum Großteil von Chinesen bewohnte Stadtstaat Singapur dar. Infolge eines drastischen Geburtenbeschränkungsprogramms, das u.a. die stufenweise Streichung sozialer Vergünstigungen ab dem 3. Kind vorsieht, fällt Singapur aus dem Rahmen der üblichen demographischen Verhältnisse Südostasiens heraus. Seit 1973 änderte sich der Bevölkerungsbestand von 2,3 Millionen Menschen hier kaum mehr.

Ostasien

Ostasien (oder „Ferner Osten") mit der Volksrepublik China, Taiwan (Formosa), Hongkong, Nord- und Südkorea, der Mongolei und Japan hat eine Bevölkerung von ungefähr 1 Milliarde, das ist etwas weniger als ein Viertel der derzeitigen Weltbevölkerung. Die größte Bevölkerungszahl weist die Volksrepublik China mit einer für 1978 geschätzten Bevölkerung von 930 Millionen Menschen auf. Wachsen, Stagnieren oder Schrumpfen der Weltbevölkerung hängen heute in nicht unbedeutendem Maße von der demographischen Entwicklung Chinas ab.

Die zweitgrößte Bevölkerung in diesem Raum hat Japan mit 114 Millionen Menschen. Japan ist bisher die einzige voll industrialisierte Nation in diesem Raum und hat den „demographischen Übergang" vollzogen (siehe Fig. 2).

Afrika

Der afrikanische Kontinent, der 1978 436 Millionen Menschen zählte, gliedert sich in drei kulturell unterschiedliche Bereiche: in den arabischen Norden, in Schwarzafrika südlich der Sahara und in die weißen Bevölkerungen Rhodesiens und Südafrikas, die allerdings nicht zu den Entwicklungsgesellschaften zu rechnen sind.

Die arabischen Staaten Nordafrikas

Die arabischen Staaten Nordafrikas (mit Marokko, Algerien, Tunesien, Lybien, Ägypten und dem Sudan) bilden mit den übrigen arabischen Staaten Vorderasiens die „Arabische Welt".[7] Trotz verschiedener politischer Verfassungen der Länder und christlicher Bevölkerungsgruppen erfährt diese ihre demographische Prägung durch den Islam und dessen Vorschriften für Familiengründung und generatives Verhalten.

Der arabische Norden Afrikas hat eine hohe Fruchtbarkeit. Die durchschnittliche Geborenenziffer betrug 1978 43 v.T.. Da die Sterblichkeit im Vergleich mit dem übrigen Afrika gering ist (14 v.T.), er-

---

7 Dieser Raum wird häufig wie in der französischen Sprache „Maghreb" genannt; vgl. hierzu die Spezialnummer von „Population" (Hg. INED) (73).

geben sich z.Zt. jährliche Zuwächse von 2,9%, was eine Verdoppelung der Bevölkerung in 24 Jahren bedeutet. Den stärksten Bevölkerungszuwachs verzeichnet Algerien, das nach einem harten und erfolgreichen Unabhängigkeitskrieg mit Stolz auf seine rasche Bevölkerungszunahme verweist. Die sozialen Probleme in dieser Region sind erheblich, der Anteil der unter 15-jährigen an der Bevölkerung liegt seit Jahren um 44 v.H.

Schwarzafrika

Schwarzafrika („südlich der Sahara") wird hinsichtlich seiner Bevölkerungsstruktur durch unterschiedliche Familienformen und Stammesverfassungen geprägt.[8] Primitive dörfliche Subsistenzwirtschaft liefert die Bevölkerungen klimatischen Wechselfällen und Hungerperioden mit Epidemien aus, denen sich die schwach entwickelten sozialen Einrichtungen bisher nicht gewachsen gezeigt haben. Das Bevölkerungswachstum wird in diesen Regionen heute trotz hoher Geborenenziffern (um 46 v.T.) durch hohe Sterblichkeit (um 21 v.T.) in Grenzen gehalten.

In der geographischen Übergangszone zwischen Sahara und dem tropischen Afrika, der sogenannten „Sahel-Zone", liegen die ärmsten Staaten der Welt (Mali, Niger, Tschad, Sudan).[9] Hier finden sich die höchsten Geborenenziffern (um 50 v.T.), aber die Masse der Neugeborenen wird durch eine sehr hohe Kindersterblichkeit dezimiert. Die allgemeine Sterblichkeit ist charakterisiert durch Infektionskrankheiten, Seuchen und Mangelerscheinungen infolge von Hunger und Unterernährung.

Lateinamerika

Der lateinamerikanische Subkontinent zählte 1978 344 Millionen Menschen und hat derzeit eine jährliche Zuwachsrate von 2,7. Das ist die höchste in den Entwicklungsregionen der Erde. Die Geburtenziffer betrug 1978 36 v.T. und lag damit niedriger als die Afrikas und Südasiens. Die Sterbeziffer hatte jedoch schon in den 60er Jahren das Niveau jener der Industrienationen erreicht (10 v.T. zwischen 1965 – 70).[10]

Lateinamerika gliedert sich in vier geographisch-klimatische Zonen, die im großen und ganzen auch vier soziale Entwicklungsstufen mit demographischen Besonderheiten erkennen lassen:

8 Nukunya (127) in: United Nations (178).
9 Die internationale Politik spricht von „least developed countries" und „most seriously affected countries", d.h. von den am wenigsten entwickelten und am stärksten von Armut betroffenen Ländern, vgl. die Lage von Niger (1978): Geborenenziffer 52 v.T., Sterbeziffer 24 v.T. (Kindersterblichkeit 200 v.T.; vgl. Schweden mit 9 v.T.).
10 Stycos (165); ders. (166); El-Badry (47), S. 183-192; Cutright/Johnson (36), S. 511-527.

Das hohe Bevölkerungswachstum *Mittelamerikas* wird vor allem durch die Verhältnisse in Mexiko geprägt, das mit 67 Millionen Einwohnern 1978 75 v.H. der mittelamerikanischen Bevölkerung ausmachte. Mexiko gehört z.Zt. zu den am schnellsten wachsenden Staaten der Welt. Seine Bevölkerung würde sich bei anhaltendem Trend in 20 Jahren verdoppeln.

Die generative Struktur Mexikos ist auch für die Bevölkerungen des tropischen Südamerika (Bolivien, Brasilien, Kolumbien, Ekuador, Guyana, Paraguay, Peru, Surinam, Venezuela) typisch. Das volkreichste Land der Tropenzone ist Brasilien mit 115 Millionen Einwohnern im Jahre 1978. Bei einer jährlichen Zuwachsrate von 2,8 v.H. dürfte seine Bevölkerungszahl im Jahre 2000 etwa 205 Millionen betragen.

Die *Staaten der gemäßigten Zone* (Argentinien, Chile und Uruguay) sind auf dem Wege zur modernen Bevölkerungsweise. Mit Geburtenziffern von ca. 23 v.T. und Sterbeziffern von etwa 10 v.T. liegt dort das Bevölkerungswachstum deutlich unter dem Weltdurchschnitt. Streng genommen zählen diese Staaten – Japan vergleichbar – nicht mehr zur Gruppe der Entwicklungsländer.

Inselwelt der Karibik

Die Inselwelt der Karibik, die politisch ein vielfältiges Bild bietet, hatte 1975 27 Millionen Einwohner. Hier herrscht die typische Diskrepanz zwischen Geburten- und Sterbewerten wie in Mittelamerika und im tropischen Südamerika. Besondere Entwicklungen weisen z.T. die im Besitz westlicher Industriestaaten befindlichen Gebiete auf, in denen seit langem Familienplanungsprogramme laufen, so z.B. auf den niederländischen Antillen und in Puerto Rico (USA).

7.3 Entwicklung der Erdbevölkerung

Die Erdbevölkerung zählte im Jahre 1978 4,2 Milliarden Menschen. Die Diskrepanz zwischen einer durchschnittlichen Geborenenziffer von 28 v.T. und einer durchschnittlichen Sterbeziffer von 12 v.T. enthält die Tendenz zu einem raschen Bevölkerungswachstum. Da sich der Großteil des gegenwärtigen und künftigen Bevölkerungswachstums in den Entwicklungsländern ereignet (Fig. 9, Tab. 28), ist die Dritte Welt zum Angelpunkt der Weltbevölkerungsentwicklung geworden. Die Frage lautet, ob und wann hier ein Ende des Wachstums abzusehen ist. Vorsichtige Prognosen rechnen mit einem Ende der derzeitigen Wachstumswelle der Erdbevölkerung (also vor allem der Bevölkerung der Dritten Welt) um das Jahr 2050, wobei die Erdbevölkerung bis dahin (von heute 4,2) auf ca. 13 Milliarden Menschen angewachsen sein könnte.

Anlaß zu der Annahme, daß die Bevölkerungen der Dritten Welt bis dahin den demographischen Übergang vollzogen haben werden, geben die neuesten Berechnungen der jährlichen Zuwachsraten. Nachdem sie in den vergangenen 15 Jahren bei 2 v.H. lagen, sind sie im Jahre 1978 erstmals auf 1,7 v.H., dem einstigen Stand von 1950, abgesunken (siehe Fig. 10). Ob dieser „Silberstreif" am demographischen Horizont, den Experten zurecht auf die Ausbreitung der Familienplanung[11] seit der Weltbevölkerungskonferenz von 1974 zurückführen, zugleich zu Hoffnungen auf eine sich ankündigende Bewältigung der zahlreichen sozialen Probleme der Dritten Welt berechtigt, kann heute noch kaum beurteilt werden.

Einigermaßen gesicherte Aussagen über die Situation der Erdbevölkerung können für das Jahr 2000 gewagt werden:

– Es werden dann ungefähr 6 Milliarden Menschen auf der Erde leben.

– Zwei Länder (China und Indien) werden dann jeweils Bevölkerungen von 1 Milliarde Menschen haben.

– Die Fruchtbarkeit und die Sterblichkeit werden weltweit, besonders in den Entwicklungsländern, bis dahin weiter sinken.

– Besondere Probleme werden aus der „ungeplanten" Zusammenballung der Menschen in bestimmten Räumen entstehen. Im Jahre 2000 werden z.B. Tokio-Yokohama eine Agglomeration von 26 Millionen Menschen bilden (1970 noch 15 Millionen). Groß-Kairo wird von 5,6 Millionen im Jahre 1970 auf ca. 16 Millionen angewachsen sein, und in Mexico-City – mit 8,5 Millionen 1970 – werden sich über 31 Millionen Menschen zusammenballen.

– Die Erdbevölkerung wird sich um 2000 wie in Tab. 29 dargestellt verteilen.

11 Siehe Kap. 8.

8. Politische Beeinflussung des Bevölkerungsprozesses

Solange Menschen über das Bevölkerungsgeschehen und seine Folgen nachgedacht haben, solange gibt es wohl auch schon bestimmte Beurteilungen und Wertungen hinsichtlich dieses Geschehens und einzelne seiner Teilaspekte. Gelegentlich kam es auf dem Hintergrund solcher Wertungen dann zum Versuch, den Bevölkerungsprozeß in bestimmter Richtung zu beeinflussen, zu Bevölkerungspolitik.

Als Bevölkerungspolitik sollen im folgenden alle Maßnahmen verstanden werden, deren erklärtes und primäres Ziel ist, den Bevölkerungsvorgang (biosoziale Bevölkerungsbewegung und/oder Wanderungen) zu beeinflussen, um auf die Zahl der Bevölkerung eines Gebietes (quantitative Bevölkerungspolitik) oder deren Zusammensetzung (qualitative Bevölkerungspolitik) einzuwirken.

Wenn ein Entwicklungsprogramm das Bildungsniveau bestimmter Bevölkerungsgruppen verändert und damit die Zusammensetzung der Bevölkerung nach Bildungsgraden ändert, so ist das keine Bevölkerungspolitik. Wenn jedoch die Einwanderung von Qualifizierten gefördert wird, um die Zusammensetzung der Bevölkerung nach Ausbildungsgraden zu beeinflussen, dann bedient man sich bevölkerungspolitischer Mittel (weil die Veränderung der Zusammensetzung der Bevölkerung nach Bildungsgraden über eine Beeinflussung des Bevölkerungsvorgangs erreicht wird).

Von bevölkerungspolitischen Maßnahmen sind bevölkerungsrelevante politische Maßnahmen zu unterscheiden, d.h. solche, die erklärtermaßen anderen Zielen als denen einer Beeinflussung der Bevölkerungszahl oder -zusammensetzung dienen, aber durchaus das Bevölkerungsgeschehen beeinflussen (z.B. Wohnungsbaupolitik). In manchen Fällen ist es zweckmäßig, in Absetzung von (direkter) ,,Bevölkerungspolitik`` und ,,bevölkerungsrelevanten politischen Maßnahmen`` von ,,bevölkerungsbewußter Gesellschaftspolitik`` (gelegentlich auch als indirekte Bevölkerungspolitik bezeichnet) zu sprechen.

Hierbei handelt es sich um Maßnahmen, die primär anderen als bevölkerungspolitischen Zielsetzungen dienen, deren bevölkerungsrelevante Wirkungen aber mitgesehen und mitbedacht werden.

,,Jede Bevölkerungspolitik beruht mehr oder weniger, bewußt oder unbewußt, ausformuliert oder nicht, auf zwei Grundlagen: (1) auf einer Vorstellung von der jeweiligen Bevölkerungssituation und ihren

Entwicklungstrends sowie . . . (2) auf einer Vorstellung von der Möglichkeit der Beeinflussung sowie der Modulierbarkeit und Plastizität des Sozialgefüges. Die Ansichten des Bevölkerungspolitikers über die Modulierbarkeit des ganzen Sozialsystems einschließlich aller in ihm enthaltenen Wertvorstellungen bestimmen die Wahl der „Mittel". Das Wissen, inwieweit etwa die Familienverfassung als fest zu betrachten ist, ob und welche religiösen Strukturen und Tabus wandelbar sind, ist Voraussetzung einer erfolgreichen Bevölkerungspolitik. Weniger noch als auf irgendeinem anderen Gebiete der Wirtschafts- und Sozialpolitik ist in der Bevölkerungspolitik ein einfaches Zweck-Mittel-Schema anwendbar, weil es keine Mittel gibt, die in einer wertfreien Sphäre gehalten werden könnten . . .

Um bevölkerungspolitische Maßnahmen voll wirksam werden zu lassen, müssen sie mit den aus anderen Erwägungen getroffenen steuer- und sozialpolitischen Maßnahmen – die unter Umständen bevölkerungsrelevante Auswirkungen zur Folge haben – abgestimmt . . . werden."[1]

Bevölkerungspolitische Bestrebungen lassen sich bis ins Altertum zurückverfolgen. Oben wurden bereits derartige Maßnahmen aus dem 18. Jahrhundert (Vermehrung der Bevölkerung durch Einwanderungen in Preußen) und der Ruf nach Maßnahmen zum Bremsen der starken Bevölkerungsvermehrung (Wiedereinführung der Heiratsbeschränkungen) am Beginn des 19. Jahrhunderts erwähnt. Im 20. Jahrhundert begann in Europa eine ausgeprägte quantitative Bevölkerungspolitik in Verbindung mit dem „ersten" deutlichen Geburtenrückgang zuerst in Frankreich, nämlich unmittelbar nach dem Ersten Weltkrieg. Frankreich hatte – abweichend von der oben für Deutschland geschilderten Entwicklung – bereits seit 1820 sinkende Geborenenziffern, und man war damals stark daran interessiert, ein weiteres Absinken der Geburten zu verhindern. Bis in die dreißiger Jahre hinein folgten dann immer mehr nordwest- und mitteleuropäische Länder mit derartigen Maßnahmen. Die Mittel dieser Politik reichten von finanziellen Beihilfen und Prämien über entsprechende Propaganda bis zu Ehrungen und Auszeichnungen kinderreicher Mütter.

Obwohl in ihrem Ziel übereinstimmend, unterschied sich die Bevölkerungspolitik der europäischen Länder zwischen den beiden Weltkriegen in vielfacher Hinsicht. So wurde z.B. in Frankreich die Auffassung vertreten, daß man, um ein weiteres Absinken der Geburten zu verhindern, u.a. die Information über Empfängnisverhütung und den Vertrieb dazu geeigneter Mittel behindern sollte. Ganz im Gegensatz dazu stand die schwedische Auffassung, nach welcher kein Kind aus Unwissenheit der Eltern, sondern jedes auf Grund eines bewußten Bekennt-

---

1 Bolte (12), S. 159. S. dort auch ausführliche Literaturangaben zur Bevölkerungspolitik.

nisses zur Elternschaft (Prinzip der freiwilligen und bewußten Elternschaft) geboren werden sollte. Hier war die prinzipiell auch an einer Stabilisierung der Geburtenwerte interessierte Politik daher von einer planmäßigen, bereits in den Schulen einsetzenden Information über Empfängnisverhütungsmöglichkeiten begleitet.

Qualitative Bevölkerungspolitik stellten und stellen in Europa u.a. die in vielen Ländern vorhandenen Maßnahmen zur Verhinderung der Vermehrung von Erbkrankheiten dar. Ausgeprägte qualitativ-bevölkerungspolitische Bestrebungen finden sich heute vor allem in jenen Ländern, die im Rahmen ihrer Einwanderungsgesetzgebung die Zusammensetzung der Bevölkerung zu steuern suchen.

8.1 Bevölkerungspolitik in Deutschland in der ersten Hälfte dieses Jahrhunderts

Fragt man nach bevölkerungspolitischen Bestrebungen im 20. Jahrhundert in Deutschland, so ist insbesondere folgendes hervorzuheben:

Das beginnende Absinken der Geburtenwerte kurz vor der Jahrhundertwende führte im Kaiserreich zu keinen bevölkerungspolitischen Maßnahmen. Erst als sich der sog. revisionistische Flügel der Arbeiterbewegung für die Anwendung von Empfängnisverhütung (den sog. Neomalthusianismus) einsetzte und sexuelle Aufklärung, Freigabe des Verkaufs empfängnisverhütender Mittel und Abschaffung des § 218 des Strafgesetzbuches (Verbot der Abtreibung) zu politischen Zielen erhob, kam eine − eher zögernde als entschiedene − Reaktion der Regierung zustande. So wurde 1914 − z.T. auf der Basis militärischer Überlegungen (Zahl der verfügbaren Rekruten) − ein Gesetz entworfen, das die Anpreisung und den Vertrieb von Präventivmitteln verbot, aber es wurde dann nicht verabschiedet. „Die Rechtssprechung des Reichsgerichtes sah im öffentlichen Vertrieb eine Gefährdung der Sittlichkeit, und doch wurde er stillschweigend geduldet."[2]

In der liberalen Atmosphäre der Weimarer Republik kamen dann die bisher offiziell weitgehend „tabuierten" Probleme zur offenen Dikussion. Eine klare bevölkerungspolitische Konzeption setzte sich aber auch jetzt nicht durch, und vorhandene bevölkerungspolitische Programme − von denen insbesondere ein Entwurf des Berliner Arztes und sozialdemokratischen Reichstagsabgeordneten A. Grotjahn, eines wichtigen Mitbegründers der Sozialhygiene in Deutschland, zu nennen ist −,[3] blieben unverwirklicht. An Einzelmaßnahmen wäre zunächst zu erwähnen, daß empfängnisverhütende Mittel bekanntgemacht und ihre Verbreitung gefördert wurden. Der Streit um die Neufassung des

2 Mackenroth (103), S. 355.
3 Näheres s. bei Jahn (77), S. 75 ff.

Abtreibungsparagraphen endete mit einem Kompromiß. Eine Legalisierung der Abtreibung aus anderen als medizinischen Indikationen[4] unterblieb, aber in einem Gesetz vom Mai 1926 wurde Zuchthausstrafe nur noch bei gewerbsmäßiger Abtreibung und Eingriffen ohne Einwilligung der Schwangeren angedroht; im übrigen hatten die Beteiligten beim Vorliegen mildernder Umstände lediglich mit einer Geldstrafe zu rechnen.

Die Auslegung wurde im allgemeinen nachsichtig gehandhabt, und die Zahl der Abtreibungen war beachtlich hoch.

Zu einer prägnanten, sowohl quantitativen als auch qualitativen Bevölkerungspolitik kam es, als die Nationalsozialisten 1933 die Regierung übernahmen. Schon im Mai 1933 wurde die Abtreibung unter erheblich schärfere Strafen gestellt, und ab 1943 hatten die damaligen Machthaber sogar die Todesstrafe als angemessen für einen Täter erachtet, der „die Lebenskraft des deutschen Volkes fortgesetzt beeinträchtigt". „Das Ergebnis war . . . zunächst ein sprunghafter Anstieg der Geburten, und zwar nicht etwa durch eine Vermehrung der Zahl der Empfängnisse, sondern durch das Am-Leben-Bleiben der bis dahin abgetriebenen Früchte." (Während 1932 auf 10.000 Einwohner 5,28 genehmigte Schwangerschaftsunterbrechungen entfielen, waren es 1939 nur noch 0,23.)[5]

Als bevölkerungspolitische Maßnahme des Nationalsozialismus ist außerdem auch die Polizeiverordnung vom 21.1.1941 zu zählen, die die Produktion und Anwendung empfängnisverhütender Mittel weitgehend untersagte. Eine weitere, diese Bestimmung ergänzende Polizeiverordnung über die Werbung auf dem Gebiet des Heilwesens aus dem gleichen Jahr verbot prinzipiell die Reklame für empfängnisverhütende und schwangerschaftsbeseitigende Mittel und übertrug dem Werberat der deutschen Wirtschaft die Entscheidungsbefugnis über Ausnahmegenehmigungen.[6]

Den Verboten von Abtreibung und von Information und Ermöglichung von Empfängnisverhütung standen vermehrungsstimulierende Mittel zur Seite. Insbesondere sind zu nennen Ehestandsdarlehen, die sukzessiv vom ersten bis zum vierten Kind in eine staatliche Schenkung umgewandelt wurden, Steuerreformen zugunsten Kinderreicher, Kinderbeihilfen für einkommensschwache Gruppen und schließlich die öffentliche Belobigung kinderreicher Mütter durch Ehrenkreuze, Urkunden usw.

Die qualitative Bevölkerungspolitik des Nationalsozialismus begann als eugenische Gesetzgebung 1933 mit dem „Gesetz zur Verhütung erbkranken Nachwuchses", das die Sterilisierung Erbkranker und erb-

---

4 Als medizinische Indikation bezeichnet man den notwendigen Eingriff, um eine ernste Gefahr für das Leben oder die Gesundheit der Mutter abzuwenden.
5 Harmsen (59), S. 42.
6 Zur damaligen Rechtslage s. Strohm (164), S. 3 ff.

lich Belasteter (z.B. Triebverbrecher) vorsah. Derartige Maßnahmen gab es damals auch in anderen Ländern. Spezifische Maßnahmen qualitativer Bevölkerungspolitik des NS-Staates stellte dann die Rassenpolitik mit den berüchtigten Nürnberger Gesetzen von 1935 dar (vor allem das „Blutschutzgesetz" mit den angedrohten Strafverfolgungen bei „Rassenverrat" und „Rassenschande") sowie die Organisation „Lebensborn". Letztere wurde 1935 (vom Reichsführer SS Heinrich Himmler) mit der satzungsgemäßen Aufgabe gegründet, „den Kinderreichtum in der SS zu unterstützen, jede Mutter guten Blutes zu schützen und zu betreuen und für hilfsbedürftige Mütter und Kinder guten Blutes zu sorgen". Dieses Programm hatte zwar kaum quantitative Auswirkungen, beleuchtet aber die Richtung der damaligen qualitativen Bevölkerungspolitik. Die von der rechtlichen Diskriminierung bis zur physischen Massenvernichtung führende Rassenpolitik des Dritten Reiches hat in Deutschland seitdem Begriff und Maßnahmen der Bevölkerungspolitik in ein Zwielicht getaucht und eine unvoreingenommene Diskussion dieser Fragen bis zur Gegenwart nachhaltig erschwert.

8.2 Bevölkerungsbezogene Diskussionen in der Bundesrepublik Deutschland

In Abkehr vom Nationalsozialimsus wurde eine Diskussion bevölkerungspolitischer Fragen, die das eigene Land betrafen, in der Bundesrepublik bis zum Beginn der 70er Jahre auf der politischen Ebene praktisch nicht geführt. Die biosoziale Bevölkerungsbewegung, die im Schnitt eine gewisse Wachstumstendenz zeigte, bot auch zunächst kaum Anlaß zu „Steuerungsgedanken", und die Einwanderungsschübe aus dem „Osten" waren bei allen Problemen, die sie im einzelnen mit sich brachten, letztlich dem Wiederaufbau der Wirtschaft sehr förderlich (siehe dazu Kap. 5). Die Zuwanderung ausländischer Arbeitskräfte wurde zunächst nur arbeitsmarktpolitisch gesehen.

In Verbindung mit dem starken Geburtenrückgang seit der Mitte der 60er Jahre, vor allem mit dem Beginn einer Abnahme der Bevölkerungszahl seit der Mitte der 70er Jahre, und im Zusammenhang mit den ins Bewußtsein tretenden Konsequenzen dieser Entwicklung für verschiedene Gesellschaftsbereiche (siehe Kap. 6), änderte sich die Situation dann aber völlig. Es begann nun auf wissenschaftlicher und politischer Ebene eine erhebliche und z.T. sehr kontrovers geführte Diskussion um das Für und Wider dieser oder jener Entwicklungsrichtung der Bevölkerung, um das Für und Wider von steuernden Eingriffen sowie um das Für und Wider verschiedener, die Bevölkerungsentwicklung beeinflussender Maßnahmen. Da die Diskussionen noch laufen, ist eine abschließende Beurteilung z.Zt. nicht möglich; es lassen sich lediglich einige erkennbare Akzente und Kontroversen darstellen: [7]

Kontroversen um die wünschenswerte Richtung der Bevölkerungsentwicklung

Im Hinblick auf die Diskussion über die Vor- und Nachteile einer bestimmten Richtung der Bevölkerungsentwicklung ist folgendes erkennbar:

Von wenigen kaum ernstzunehmenden Stimmen abgesehen spricht sich niemand wirklich für eine deutliche Zunahme der Bevölkerung im Gebiet der Bundesrepublik aus. Zwar werden solche Meinungen gelegentlich in Diskussionen mit der Begründung vorgebracht, daß man dem starken Wachstum in anderen Gebieten der Erde mit eigenem Wachstum begegnen müsse. Die Verfechter solcher Auffassungen sind aber meist schnell davon zu überzeugen, daß selbst extremes Bevölkerungswachstum bei uns einerseits die erdweiten Wachstumsrelationen wegen der viel größeren Ausgangszahlen anderer Gebiete kaum verändern, aber andererseits vielfältige und gravierende Probleme im eigenen Land schaffen würde.

Einige plädieren für eine Abnahme der Bevölkerung und begründen dies im allgemeinen mit Umweltargumenten. Sie erhoffen eine Verminderung der Umweltverschmutzung und ein Hinausschieben der Erschöpfung bestimmter Rohstoffe. Meist wird von den Verfechtern einer Bevölkerungsabnahme offen gelassen, wieweit diese gehen kann oder soll und ob es „Punkte" gibt von denen an evtl. negative Begleiterscheinungen einer Abnahme evtl. positive überwiegen.

Etliche sprechen sich gegen eine starke und schnelle Bevölkerungsabnahme aus und halten im Grunde eine Bestandserhaltung für wünschenswert, evtl. auf einem etwas niedrigeren Niveau als die derzeitige Bevölkerungszahl. Sie fürchten, daß mit einem Rückgang der Bevölkerungszahl erhebliche wirtschaftliche Probleme (Veränderungen der Nachfrage und des Arbeitskräftepotentials), Schwierigkeiten im Bereich der Raumordnung (Entleerung ländlicher Gebiete) und vor allem Gefährdungen der sozialen Sicherheit (des genannten „Generationenvertrages" im Sektor Altersrenten) verbunden sein könnten.

Manche halten vor allem eine gravierende Abnahme der deutschen (und der westeuropäischen) Bevölkerung für unerwünscht, weil die Erhaltung einer Bevölkerung, eines Volkes, ein geschichtlich, ethnisch und sozialkulturell begründetes Ziel ist, das auf tief verwurzelte Wertvorstellungen zurückgeht.[7a] Nur so sehen sie als gesichert an, daß die in diesem Raum entwickelten kulturellen Eigenarten und Errungenschaften bewahrt und weiter entfaltet werden können.

---

7 Zu dieser Diskussion siehe insbesondere Wingen (186, 187, 188); Dettling (42), Franke und Jürgens (55).
7a So u.a. Schubnell (155), S. 16 ff.

Erhebliche Bedeutung hat die Forderung nach einem sogenannten „Null-Wachstum" erlangt. Die Befürworter betonen dabei zunächst meist, daß die Bevölkerungsentwicklung der Bundesrepublik nicht isoliert gesehen werden darf, sondern nur im Zusammenhang mit der ihrer westeuropäischen Nachbarländer, und daß ein Null-Wachstum nicht mit einer Bestandserhaltung der Bevölkerung verwechselt werden darf.

Da ein Null-Wachstum nicht kurzfristig erreicht werden kann, zielt eine darauf gerichtete Forderung also auf eine niedrigere Bevölkerungszahl als die heutige.

Null-Wachstum würde bedeuten, daß sich die Geburtenwerte langfristig in der Nähe des Reproduktionsniveaus stabilisieren. Eine Bevölkerungsentwicklung, die einem stabilen Null-Wachstum der biosozialen Bevölkerungsbewegung entspricht, wird als besonders geeignet erachtet, um unsere grundsätzlichen Lebensziele (Freiheit, Wohlstand, soziale Sicherheit u.a.m.) langfristig zu sichern, von den nachwachsenden Generationen aus der Bevölkerungsentwicklung evtl. hervorgehende Probleme fernzuhalten und die Politik vor ständigen und gravierenden Anpassungsproblemen (z.B. infolge starker Schwankungen im Altersaufbau der Bevölkerung) zu bewahren. Dazu auch das folgende Zitat:

„Für die westeuropäischen Industriegesellschaften erscheint weder ein unbegrenztes Wachstum noch ein radikaler Schrumpfungsprozeß vertretbar. Durch Ausschluß dieser Negativziele und unter Berücksichtigung der durchweg negativen Folgen starker und abrupter Schwankungen in der Bevölkerungsentwicklung ergibt sich umgekehrt als zu favorisierendes Ziel für die absehbare Zukunft die größtmögliche Annäherung an ein stabiles (Quasi-) Null-Wachstum. Stetigkeit der Entwicklung muß dabei als ein wichtiges Prinzip gelten".[8]

Einzelne halten schließlich eine Diskussion über die Frage, welche Richtung der Bevölkerungsentwicklung erstrebenswert sei, für grundsätzlich verfehlt. Nach ihrer Auffassung darf die zahlenmäßige Entwicklung einer Bevölkerung nicht zum politischen Ziel werden, weil nur so sicherzustellen ist, daß eine freie generative Entscheidung des einzelnen erhalten bleibt und generatives Verhalten nicht zum Gegenstand staatlicher Steuerung wird.

Viele, die sich an der Diskussion über die Probleme der Bevölkerungsentwicklung beteiligen, sind der Meinung, daß es im Falle sinkender oder weiter unter dem Reproduktionsniveau liegender Geburtenwerte der westeuropäischen Länder nicht sinnvoll sei, das Geburtendefizit durch eine permanente stärkere Zuwanderung aus anderen Gebieten der Erde auszugleichen.

8 Wingen (185), S. 6 ff. Siehe dort auch im einzelnen die Begründung dafür, daß Null-Wachstum nicht das Gleiche wie Bestandserhaltung ist.
Ein Null-Wachstum wird auch von den Verfassern des Dritten Familienberichts favorisiert. Siehe dazu (146), S. 60.

Während eine gewisse Zuwanderung dieser Art, verbunden mit dem Bemühen einer möglichst vollen Integration der Zuwandernden, problemlos erscheint, werden bei einer starken Zuwanderung die bekannten und gravierenden Probleme eines Einwanderungslandes mit ethnischer und religiöser Mischbevölkerung befürchtet.

Kontroversen um die Legitimität und Notwendigkeit von Bevölkerungspolitik

Im Hinblick auf die Frage, ob und unter welchen Voraussetzungen eine „Steuerung" der Bevölkerungsentwicklung zu rechtfertigen sei oder nicht, stehen sich vor allem drei Auffassungen gegenüber.

Nach einer ersten — soeben erwähnten — Auffassung erscheint jeder Versuch, die Bevölkerungszahl oder -entwicklung zu beeinflussen, letztlich als Eingriff in individuelle Freiheitsräume und ist grundsätzlich abzulehnen[9]. Unklar bleibt bei dieser Haltung häufig, ob sie sich nur auf das generative Verhalten oder auch auf das Ein- und Auswanderungsgeschehen bezieht. Wird die gesamte Bevölkerungsentwicklung angesprochen, dann bedeutet dies im Grunde, daß man jede Art von Bevölkerungsentwicklung hinnehmen und mit Hilfe politischer (aber nicht bevölkerungspolitischer) Maßnahmen zu versuchen hätte die daraus entstehenden Probleme zu bewältigen, damit infolge der Bevölkerungsvorgänge nicht letztlich gerade jene Lebensziele und „Freiheiten" gefährdet werden, zu deren Schutz man Bevölkerungspolitik glaubt ablehnen zu müssen.

Nach einer zweiten Auffassung erscheint die Sorge für die Bevölkerungsentwicklung als selbstverständliche Verpflichtung eines Staates, wenn erkennbar wird, daß sich Entwicklungstendenzen zeigen, die prinzipielle Lebensziele und zentrale politische Leitvorstellungen gefährden, oder wenn die Summe der Lebenspläne der vorhandenen Erwachsenengeneration zu Konsequenzen führt, die das Leben der nachwachsenden Generationen mit erheblichen Problemen belasten.[10]

Nach einer dritten Auffassung erscheint zunächst auch die Beobachtung der Bevölkerungsentwicklung und ihrer Konsequenzen sowie die Beobachtung der bevölkerungsrelevanten Auswirkungen gesellschaftspolitischer Maßnahmen (Arbeitsmarktpolitik, Wohnungsbaupolitik

---

9 So u.a. Heinrichs (62), S. 83-90.
10 Diese Situation hielten Vertreter dieser Auffassung in der Bundesrepublik bereits Ende 1978 für gegeben und forderten Maßnahmen zu ihrer Veränderung. So hieß es in einer Entschließung des Bundesausschusses der CDU vom 11. Dezember 1978 zum „Internationalen Jahr des Kindes" u.a.: „In einem Volk, in dem immer weniger Ehen geschlossen und in dem immer weniger Kinder geboren werden, schwindet die tägliche Erfahrung von Gemeinschaft und Solidarität. Eine solche Gesellschaft verliert an Zusammenhalt, an Wärme und Hoffnung auf eine menschenwürdige Zukunft.

usw.) als eine Verpflichtung staatlicher Institutionen (Bejahung bevölkerungsbewußter Politik). Aktionen, die direkt auf eine Beeinflussung der Bevölkerungsentwicklung zielen, werden jedoch erst dann und nur dann als gerechtfertigt angesehen, wenn Maßnahmen, die primär der Verwirklichung anderer gesellschaftspolitischer Ziele dienen (Verbesserung der Situation der Frau in Beruf und Familie, Verbesserung der Wohn- und Freizeitverhältnisse u.a.m.) eine Bevölkerungsentwicklung nicht verhindern, die diese anderen Ziele letztlich gefährdet. Der Vorbehalt gegenüber Bevölkerungspolitik – die allenfalls als letzte Notbremse der Gesellschaftspolitik akzeptiert wird – ist hier stark ausgeprägt. Politische Maßnahmen, die geeignet sind, aus der Bevölkerungsentwicklung hervorgehende Probleme abzufangen (also z.B. Maßnahmen zur Produktivitätssteigerung, um die aus einem steigenden Verhältnis „Alte" zu „Erwerbstätigen" evtl. hervorgehenden Probleme abzufangen), werden grundsätzlich solchen vorgezogen, die direkt auf eine Vermeidung der Probleme über eine Beeinflussung des Bevölkerungsprozesses zielen[11].

Die unterschiedlichen Auffassungen über die Legitimität und Notwendigkeit von Bevölkerungspolitik und über den Zeitpunkt des Einsatzes bevölkerungsbewußter gesellschaftspolitischer Maßnahmen dürfen nicht darüber hinwegtäuschen, daß es in der Bundesrepublik eine Fülle politischer Maßnahmen gibt, die bevölkerungsrelevante Auswirkungen haben. Das gilt nicht nur im Hinblick auf die wechselnde Politik bezüglich der Förderung und der Behinderung von Zuwanderung

---

Die langfristige Gefährdung des Generationenvertrages und menschliche Verarmung bedrohen die Bevölkerung der Bundesrepublik insgesamt
– in der sich in den letzten 10 Jahren die Eheschließungen halbiert und die Ehescheidungen verdoppelt haben,
– in der nur die Hälfte der zur Bevölkerungserhaltung notwendigen Kinder geboren wird,
– in der Kinderreichtum zu sozialem Abstieg führt.
Gegensteuerung tut not und es gilt, eine positive Entwicklung einzuleiten. Deshalb sind Staat und Gesellschaft verpflichtet, durch Förderung einer kinderfreundlichen Einstellung, durch finanzielle Hilfen für Familien·mit Kindern und durch eine kindgerechte Umwelt dazu beizutragen, daß Eltern ihren Wunsch nach mehr Kindern wieder verwirklichen können."

11 Diese Position, die in der Literatur u.a. von Leenen (93) vertreten wird, entspricht weitgehend der Haltung, die die von der sozial-liberalen Koalition gestellte Regierung der Bundesrepublik in mehreren Verlautbarungen zwischen 1975 und 1978 erkennen ließ: „Die Bundesregierung ist nicht der Auffassung, daß bereits jetzt der Zeitpunkt zum Einsatz direkter bevölkerungspolitischer Maßnahmen gekommen wäre." „Dem Verfassungsauftrag entsprechend, allen Bürgern das Recht auf ein Leben unter menschenwürdigen Bedingungen zu garantieren, sieht es die Bundesregierung als ihre Aufgabe an, die bevölkerungsrelevanten Auswirkungen von Maßnahmen in den verschiedenen Politikbereichen künftig verstärkt zu beachten." Antwort der Bundesregierung (3), S. 13.

(siehe Kap. 5), sondern auch für viele Maßnahmen, die sich auf die biosoziale Bevölkerungsbewegung auswirken. Neben solchen, die in Richtung einer Verminderung der Geburtenzahlen tendieren, so z.b. bestimmte Maßnahmen der Wohnungsbaupolitik, gibt es andere, die eher deren Erhöhung fördern. Dies gilt z.b. für das Kindergeld, für Ausbildungsbeihilfen, für die Schaffung von Kindergärten, für Maßnahmen, die der zeitweiligen Freistellung berufstätiger Mütter von ihren Arbeitsverpflichtungen dienen, für Maßnahmen der Müttererholung u.a.m. Hinter diesen Maßnahmen stand nicht selten die Initiative des Bundesministeriums für Jugend, Familie und Gesundheit. Es ist aber mehrfach von daher ausdrücklich erklärt worden, daß sie nicht als bevölkerungspolitische, sondern als familienpolitische Maßnahmen gedacht sind. So soll die Familie in der modernen Gesellschaft funktionsfähig erhalten werden, indem man ihr z.b. einen Teil der Kosten abnimmt, die bei einer angemessenen Erziehung und Ausbildung der Kinder entstehen, und indem man entstandene Notstände beseitigt. Es geht dem Ministerium also um den Schutz und nicht um die Vergrößerung der Familie. Auch die Kindergelder sind keine bevölkerungspolitische, sondern eine sozialpolitische Maßnahme. Sie beruhen auf dem Gedanken, daß Erwerbstätige da sein müssen, wenn die Versorgung der „Alten" gesichert sein soll. Wer heute Kinder aufzieht, leistet damit einen Beitrag zur Alterssicherung der folgenden Jahrzehnte, auch zur Sicherung jener, die keine Kinder haben. Auf der Basis dieser Überlegung erscheint es sinnvoll, einen „Familienlastenausgleich" (Belastung Kinderarmer und Entlastung Kinderreicher) zu fordern, und die Kindergelder sind eine Maßnahme im Rahmen dieser Bestrebung (die allerdings in ihrer derzeitigen Höhe (1979) nicht annähernd zu einem wirklichen Ausgleich der Lasten führen).

Kontroversen um Maßnahmen

Neben den Kontroversen um die wünschenswerte Richtung der Bevölkerungsentwicklung und jenen um die Legitimität und Notwendigkeit von Bevölkerungspolitik gibt es schließlich Kontroversen um die Frage, welche gesellschaftspolitischen Maßnahmen (bzw. in welchem Ausmaß) im Hinblick auf die derzeitige Bevölkerungsentwicklung zweckmäßig erscheinen.

Unbestritten ist dabei weitgehend ein ganzes Bündel von Maßnahmen, die sich auf die Verbesserung der Situation der Familie, auf die Schaffung einer kinderfreundlichen Umwelt, auf eine Verbesserung der Vereinbarkeit der Berufs- und der Mutterrolle bei Frauen, auf Verbesserung der Ehe- und Erziehungsberatung u.a.m. beziehen. Es handelt sich um Maßnahmen, die von den verschiedenen politischen Gruppen als gesellschaftspolitisch wichtig und eher geburtenfördernd als verhindernd angesehen werden. Alle können sie bejahen, weil sie sich sowohl mit einer ausdrücklichen Bejahung von Bevölkerungspolitik als auch mit einer großen Zurückhaltung dieser gegenüber vereinbaren lassen.

Sehr unterschiedliche Annahmen zeigen sich allerdings hinsichtlich der tatsächlichen Auswirkung solcher Maßnahmen auf die Geburtenwerte. Einige halten durch den Abbau wichtiger „Hemmnisse gegen Kinder" (kinderfeindliche Umwelt, finanzielle Belastungen, zeitliche Belastung u.a.m.) eine Hebung der Geburtenwerte für wahrscheinlich. Andere wenden ein, daß bei den derzeitigen Motivationen für Kinder (s. S. 72) selbst im günstigsten Fall auch dann nur Werte zu erreichen sind, die noch immer unter dem Reproduktionsniveau liegen, weil die in jenen Motiven zum Ausdruck kommenden Ziele bereits mit einem Kind oder mit zwei Kindern erreicht werden, was aber eben nicht für die Reproduktion genügt.

Umstritten sind finanzielle Maßnahmen, die − wie bestimmte Formen von Ehestandsdarlehen, drastische Erhöhungen der Kindergelder usw. − erhebliche finanzielle Belastungen bedeuten würden, ohne daß sicher erscheint, ob sie die von einigen erwarteten bevölkerungsrelevanten Auswirkungen haben werden sowie solche Maßnahmen, die als „Bezahlung" für „Kinderkriegen" gedeutet werden könnten.

Noch mehr umstritten sind Überlegungen, die in Richtung von Maßnahmen zur Veränderung der Leitbilder bezüglich der Rolle der Frau oder der staatsbürgerlichen Pflichten in unserer Gesellschaft zielen. Während einige Hoffnungen auf eine echte Mischung von Berufs- und Haushaltsfunktionen bei Frau *und* Mann setzen, sehen andere Chancen in einer Erleichterung der Kombination von Berufs-, Hausfrauen- und Mutterrolle für die Frau (durch Ganztagsschulen, verbesserte Betreuung von Kindern berufstätiger Frauen usw.), und wieder andere halten eine Korrektur jener Vorstellungen für erforderlich, die eine Emanzipation der Frau nur über eine Berufstätigkeit als möglich ansehen. Die Hausfrauen- und Mutterrolle muß danach zu einer voll gleichberechtigten gegenüber den „Rollen" des Mannes ausgebaut werden und ohne jede Diskriminierung gegenüber anderen Rollen (z.B. Berufskarriere) oder Rollenkombinationen für die Frau wählbar sein[12].

Im Hinblick auf die staatsbürgerlichen Verpflichtungen ist gelegentlich darauf hingewiesen worden, daß für den Erhalt eines Staates nicht nur Wehr- oder Zivildienst, Steuerzahlen u.a.m. erforderlich sei, sondern auch „Nachwuchs" insbesondere wegen der Versorgung der älte-

---

12 Erler (50). Siehe dazu auch die folgende Formulierung der Kammer der EKD für soziale Ordnung in ihrem Kommentar „Bevölkerungspolitik und Rentenlast" (vom März 1978). „Auch berufliche Entfaltung darf nicht als der einzige Weg gesehen werden, der zu menschlicher Selbstverwirklichung führt. Andere Wege der Selbstverwirklichung müssen gesellschaftlich ebenso anerkannt werden: Soziales Engagement für menschliche Gemeinschaft und voller Einsatz für Familie und Kinder."

ren Generation durch die jüngere[12a] . Inwieweit sich das Bewußtwerden oder Bewußtmachen dieser Zusammenhänge wirklich in eine Steigerung der Geburtenwerte umsetzen würde, ist bisher offen.

Während Ende der 70er Jahre in der Bundesrepublik auf der Ebene des Bundes intensiv über das Für und Wider von Bevölkerungspolitik diskutiert wurde, hatten.mehrere Bundesländer bereits für ihren Bereich mit derartigen Maßnahmen begonnen. Neben den schon seit längerem bestehenden Förderungsmaßnahmen zur Familiengründung in (West-)Berlin kam es seit der Mitte der 70er Jahre dort sowie in etlichen Bundesländern (sehr ausgeprägt u.a. in Bayern, Baden-Württemberg und Rheinland-Pfalz) zu verschiedenen Maßnahmen, die vor allem auf die ,,Schaffung einer ausgewogenen Altersstruktur'' und die ,,Verbesserung der Lebenssituation der Familien mit mehreren Kindern'' abzielen. Sie reichen von Ehestandsdarlehen über Familiengründungsdarlehen, bei denen sich mit steigender Kinderzahl die Tilgungsbeiträge vermindern, über Schwangeren-, Ehe- und Familienberatung, bis zu Wohnungsförderungsmaßnahmen für Kinderreiche sowie Mütter- und Familienerholungsmaßnahmen.[13]

Als wichtige Ergebnisse der Diskussion in der zweiten Hälfte der 70er Jahre sind vor allem zwei zu vermerken:

Erstens hat sich in der Bundesrepublik sehr deutlich eine Tendenz zu bevölkerungsbewußtem politischen Denken und teilweise bereits zu bevölkerungsbewußter Politik durchgesetzt. Auf der Ebene einiger Länder wurden sogar eindeutig bevölkerungspolitische Maßnahmen ,,gestartet''.

Zweitens hat sich mehr und mehr folgende Einsicht verbreitet:

Wenn mit politischen Maßnahmen das generative Verhalten der Bevölkerung wirklich effektiv in Richtung steigender Kinderzahlen beeinflußt werden soll, dann gibt es dafür offenbar nicht irgendein Patentrezept; nur ein Bündel aufeinander abgestimmter gesellschaftspolitischer Maßnahmen verschiedener Art dürfte Erfolg versprechen.[13a] Einerseits geht es dabei um Maßnahmen, die Hemmnisse beseitigen, welche heute der Verwirklichung vorhandener Kinderwünsche entgegenstehen. Sie beziehen sich auf Einkommens-, Familien-, Berufs-, Stadtplanungspolitik u.a.m.. Andererseits geht es um die Förderung von Leitbildern, die ,,Kinderhaben'' und Selbstverwirklichung nicht als sich etwas gegenseitig Ausschließendes erscheinen lassen. Schließlich geht es um ordnungspolitische Maßnahmen im Bereich von So-

---

12a Zum Für und Wider der Forderung, die Erziehungsleistung der Eltern bei der Rentenberechnung zu berücksichtigen, siehe u.a. Schmidt-Kaler (151), Rürup (144) und Zeppernick (190).

13 Für Bayern siehe dazu z.B. Hirschauer (66).

13a Siehe dazu z.B. das Maßnahmenbündel, das die für eine bevölkerungswirksame Familienpolitik plädierenden Verfasser des Dritten Familienberichts empfehlen.

zialer Sicherung, Familienrecht u.a.m., die sicherstellen, daß Kinder-
und/oder Ehelosigkeit nicht faktisch dadurch belohnt werden, daß
Kinderlose und Unverheiratete im Hinblick auf Lebensstandard u.a.m.
deutlich besser gestellt erscheinen als Menschen mit Kindern.[14]

8.3 Die Reform des § 218 StGB

An verschiedenen Stellen des vorstehenden Textes ist darauf verwiesen worden, daß auch die Einstellungen und gesetzlichen Regelungen,
die sich auf die Problematik des Schwangerschaftsabbruchs (Abtreibung) beziehen, nicht bedeutungslos für das Bevölkerungsgeschehen
sind. Die in der Bundesrepublik in Kraft getrenen Reformen des § 218
und die im Zusammenhang damit ausgelösten Diskussionen können
weder im Sinne der auf S. 104 gegebenen Begriffsbestimmung noch
nach der Auffassung der Mehrzahl der Beteiligten als bevölkerungspolitische Maßnahmen bzw. Äußerungen verstanden werden. Zweifellos
läßt sich aber unter dem Gesichtspunkt der (umstrittenen) Bestrebungen zur Erweiterung des individuellen Freiheitsspielraums, besonders
desjenigen der Frau, von einer politischen Einflußnahme sprechen, die
auch den Bevölkerungsprozeß berührt, so daß es zweckmäßig erscheint
sie hier anzusprechen.

Der vielzitierte § 218 („Abtreibungsparagraph") des deutschen Strafgesetzbuches hatte seit 1871 bis zu einer Neufassung im Jahre 1974
folgenden Wortlaut:

1. Eine Frau, die ihre Leibesfrucht abtötet oder die Abtötung durch einen anderen zuläßt, wird mit Gefängnis, in besonders schweren Fällen mit Zuchthaus bestraft.
2. Der Versuch ist strafbar.
3. Wer sonst die Leibesfrucht einer Schwangeren abtötet, wird mit Zuchthaus, in minder schweren Fällen mit Gefängnis bestraft.
4. Wer einer Schwangeren ein Mittel oder einen Gegenstand zur Abtötung
   der Leibesfrucht verschafft, wird mit Gefängnis, in besonders schweren
   Fällen mit Zuchthaus bestraft.

Verschiedene Bemühungen zu seiner Änderung (vgl. Abschnitt 8.1)
waren letztlich ergebnislos geblieben. Während der Weimarer Republik
erfolgte jedoch eine bedeutsame Umorientierung der Rechtspraxis
durch die höchstrichterliche Duldung der Straffreiheit eines Eingriffs
beim Vorliegen einer sog. medizinischen Indikation (ernsthafte Gefahr
für Leib und Leben der Mutter).

14 Die in diesem Abschnitt angesprochenen Aspekte sind u.a. im einzelnen in
   den Beiträgen folgender Veröffentlichungen behandelt: Dettling (42),
   Franke/Jürgens (55). Eine zusammenfassende Darstellung findet sich bei
   Wingen (188), Kap. 4.3.

Die entscheidenden Impulse zu einer grundlegenden Umgestaltung des umstrittenen Paragraphen im Frühjahr 1974 durch die sozial-liberale Koalition des Deutschen Bundestages gingen von der erheblichen Diskrepanz zwischen gesetzlicher Strafandrohung und faktischem Handeln aus. Die politische Diskussion und die öffentliche Meinung, soweit sie für eine Reform eintraten, stützten sich dabei im wesentlichen auf die folgenden Argumente.[15]

Die jährliche Anzahl der illegalen Aborte stand in krassem Gegensatz zu den polizeilich ermittelten. Man schätzte für die 70er Jahre die im Inland jährlich vorgenommenen Eingriffe auf 200.000 – 300.000, die im Ausland erfolgten Schwangerschaftsabbrüche auf weitere 20.000.[16] Für die 60er Jahre (die „Pille" als zuverlässige Methode der Empfängnisverhütung hatte damals noch keinen hohen Verbreitungsgrad) wurden von Ärzten Zahlen genannt, die sich auf das Zwei- bis Dreifache beliefen. Die Zahl der polizeilich ermittelten Abtreibungsfälle betrug 1961 4.000, 1969 nurmehr 1.000). Die Dunkelziffer lag also sehr hoch.

So war ein „Zufallsstrafrecht" (Ehmke) entstanden, und die Angeklagten kamen häufig durch Dénunziation nach privaten Auseinandersetzungen usw. vor Gericht. Als Folgekriminalität wurde u.a. Erpressung registriert (die Kenntnis illegaler Abtreibungen nahm hier den dritten Rang ein).

Die verhängten Strafen entsprachen durchweg dem Charakter von Klein- und Bagatelldelikten (Geldbußen; geringfügige, zur Bewährung ausgesetzte Freiheitsstrafen), so daß der intendierte Schutz des werdenden menschlichen Lebens auf diese Weise zur Farce wurde.

Dies trug zum Abbau der „Gesetzesloyalität der Bürger" (Ehmke) bei, so daß die gehäuften öffentlichen Selbstbezichtigungen Anfang der 70er Jahre („Ich habe abgetrieben") mit einem nur geringen Risiko behaftet waren und die Entwertung des formell geltenden Rechts nachdrücklich demonstrierten.

Die fortbestehende gesetzliche Illegalität der Abtreibung führte aber dazu, daß sich die betroffenen Frauen und Mädchen weiterhin Kurpfuschern, „Engelmacherinnen" usw. anvertrauen mußten und nicht selten gesundheitliche Schäden erlitten. Der sog. „Abtreibungstourismus" in das Ausland (u.a. Niederlande und Großbritannien) warf Probleme der sozialen Ungerechtigkeit auf, weil die unteren gesellschaftlichen Schichten von diesen Möglichkeiten aus finanziellen Gründen weithin ausgeschlossen waren.

1974 wurde von Seiten der Bundesregierung für die gesetzliche Neuregelung die sog. Fristenregelung (prinzipielle Straffreiheit eines Ein-

---

15 Vgl. z.B. Ehmke (45) (Wiedergabe des Schriftsatzes, den Ehmke als Prozeßvertreter des Deutschen Bundestages dem Bundesverfassungsgericht vorlegte).
16 Jürgens/Pieper (81), S. 62.

griffs innerhalb der ersten drei Schwangerschaftsmonate nach vorangegangener obligatorischer Beratung) eingebracht. Das von der Bundesregierung zunächst favorisierte Indikationenmodell war im Zuge der Beratungen verdrängt worden. Einerseits fürchtete man, daß sich dadurch (u.a. konfessionell bedingte) regionale Unterschiede bei der Indikationenfeststellung herausbilden und den Gleichheitsgrundsatz verletzen könnten. Andererseits vermutete man, daß dadurch begünstigt würde, Abtreibungen weiterhin bevorzugt in der Illegalität vornehmen zu lassen, weil Frauen die Umständlichkeit des Verfahrens und die Gefahr des Abgewiesenwerdens scheuen könnten.

1975 sprach sich dann das Bundesverfassungsgericht mehrheitlich gegen die Verfassungskonformität der Fristenlösung aus und erklärte: „Der Lebensschutz der Leibesfrucht genießt grundsätzlich für die gesamte Dauer der Schwangerschaft Vorrang vor dem Selbstbestimmungsrecht der Schwangeren und darf nicht für eine bestimmte Frist in Frage gestellt werden".[17] Mit dem Hinweis, daß bei einem Schwangerschaftsabbruch Gründe vorliegen müßten, die „vor der Wertordnung des Grundgesetzes Bestand haben", wurde der Reformweg einer Indikationenregelung vorgezeichnet. Das Bundesverfassungsgericht stellte dem Gesetzgeber anheim, außer der medizinischen Indikation „andere außergewöhnliche Belastungen für die Schwangere, die ähnlich schwer wiegen, als unzumutbar zu werten und in diesen Fällen den Schwangerschaftsabbruch straffrei zu lassen."[18]

Im Jahre 1976 beschloß die Bundestagsmehrheit die folgende Neufassung des § 218:

(1) Wer eine Schwangerschaft abbricht, wird mit Freiheitsstrafe bis zu drei Jahren oder mit Geldstrafe bestraft.

(2) In besonders schweren Fällen ist die Strafe Freiheitsstrafe von sechs Monaten bis zu fünf Jahren. Ein besonders schwerer Fall liegt in der Regel vor, wenn der Täter
1. gegen den Willen der Schwangeren handelt oder
2. leichtfertig die Gefahr des Todes oder einer schweren Gesundheitsschädigung der Schwangeren verursacht (. . .)

(3) Begeht die Schwangere die Tat, so ist die Strafe Freiheitsstrafe bis zu einem Jahr oder Geldstrafe. Die Schwangere ist nicht nach Satz 1 strafbar, wenn der Schwangerschaftsabbruch nach Beratung (§ 218 b, Abs. 1, Nr. 1,2) von einem Arzt vorgenommen worden ist und seit der Empfängnis nicht mehr als zweiundzwanzig Wochen verstrichen sind. Das Gericht kann von der Bestrafung der Schwangeren absehen, wenn sie sich zur Zeit des Eingriffs in besonderer Bedrängnis befunden hat.

(4) Der Versuch ist strafbar. Die Frau wird nicht wegen Versuches bestraft.

---

17 Urteilsbegründung und abweichendes Minderheitenvotum in: Neue Juristische Wochenschrift (122), S. 573 ff.
18 Ebenda, S. 573.

§ 218 a Indikation zum Schwangerschaftsabbruch:

(1) Der Abbruch der Schwangerschaft durch einen Arzt ist nicht mehr nach §
   218 strafbar, wenn
   1. die Schwangere einwilligt und
   2. der Abbruch der Schwangerschaft unter Berücksichtigung der gegenwärti-
      gen und zukünftigen Lebensverhältnisse der Schwangeren nach ärztlicher
      Erkenntnis angezeigt ist, um eine Gefahr für das Leben oder die Gefahr
      einer schwerwiegenden Beeinträchtigung des körperlichen und seelischen
      Gesundheitszustandes der Schwangeren abzuwenden, und die Gefahr
      nicht auf eine andere für sie zumutbare Weise abgewendet werden kann.
(2) Die Voraussetzungen des Abs. 1 Nr. 2 gelten auch als erfüllt, wenn nach ärzt-
   licher Erkenntnis
   1. dringende Gründe für die Annahme sprechen, daß das Kind infolge einer
      Erbanlage oder schädlicher Einflüsse vor der Geburt an einer nicht beheb-
      baren Schädigung seines Gesundheitszustandes leiden würde, die so
      schwer wiegt, daß von der Schwangeren die Fortsetzung der Schwanger-
      schaft nicht verlangt werden kann.
   2. an der Schwangeren eine rechtswidrige Tat nach den §§ 176 und 179 be-
      gangen worden ist (Vergewaltigung, die Verf.) und dringende Gründe für
      die Annahme sprechen, daß die Schwangerschaft auf der Tat beruht, oder
   3. der Abbruch der Schwangerschaft sonst angezeigt ist, um von der
      Schwangeren eine Notlage abzuwenden, die
      a) so schwer wiegt, daß von der Schwangeren die Fortsetzung der Schwan-
         schaft nicht verlangt werden kann, und
      b) nicht auf eine andere für die Schwangere zumutbare Weise abgewendet
         werden kann.
(3) In den Fällen des Abs. 2 Nr. 1 dürfen seit der Empfängnis nicht mehr als
   zweiundzwanzig Wochen, in den Fällen des Abs. 2 Nr. 2 und 3 nicht mehr als
   zwölf Wochen verstrichen sein.

In der Neufassung des § 218 StGB ist somit als Kern eine übergrei-
fende medizinisch-soziale Indikation enthalten. Dieser werden die Fälle gleichgestellt, in denen a) ein schwer gesundheitsgeschädigtes Kind
erwartet werden muß (eugenische Indikation), b) die Schwangerschaft
durch eine Straftat verursacht wurde (ethische oder kriminologische
Indikation), oder c) eine schwerwiegende Notlage der Schwangeren
nicht anders zu beheben ist (soziale Indikation). Als weitere Voraussetzung der Straflosigkeit eines Schwangerschaftsabbruchs fordert das
Gesetz,

— „daß die Schwangere mindestens drei Tage vor dem Eingriff von einer anerkannten Beratungsstelle oder einem sachkundigen Arzt
   über die zur Verfügung stehenden Hilfen beraten worden ist (§ 218 b),
— daß die Schwangere von einem Arzt über die ärztlich bedeutsamen
   Gesichtspunkte beraten worden ist (§ 218 b), und
— daß dem Arzt, der den Schwangerschaftsabbruch vornimmt, zuvor
   die (ihn nicht bindende) schriftliche Feststellung eines am Eingriff

unbeteiligten Arztes darüber vorgelegen hat, ob die Voraussetzungen einer Indikation gegeben ... sind (§ 219)."[19]

Wesentlich erscheint auch die Bestimmung des § 219 d, die eine Abgrenzung des zentralen Begriffs Schwangerschaftsabbruch vornimmt: „Handlungen, deren Wirkung vor Abschluß der Einnistung des befruchteten Eies in die Gebärmutter eintritt, gelten nicht als Schwangerschaftsabbruch im Sinne dieses Gesetzes."

Neben der Berechtigung einer weitgefaßten sozialen Indikation (zur Kritik vgl. die Stellungnahme der katholischen Kirche weiter unten) war im Ausschuß für die Strafrechtsreform und im Bundestagsplenum am heftigsten jene Bestimmung umstritten, die die „strafrechtlichen Folgen eines Abbruchs ohne Vorliegen einer medizinischen Indikation regelt, wonach die Schwangere straffrei bleibt, wenn der Eingriff innerhalb der ersten 22 Wochen erfolgte und sie sich einer Beratung unterzogen hatte. Die Vertreter der CDU/CSU-Opposition argumentierten: „Das Bundesverfassungsgericht habe klar zum Ausdruck gebracht, daß der Staat das ungeborene Leben auch gegenüber der Mutter schützen und hierfür u.U. auch das Strafrecht einsetzen müsse. Diesem Gedanken werde eine Vorschrift nicht gerecht, die selbst die Frau von Strafe freistelle, die keinen anerkennenswerten Grund habe, die Schwangerschaft abzubrechen, sondern ihre Konfliktlage allein aus der Tatsache der Schwangerschaft ableite."[20] Auch der Deutsche Richterbund machte verfassungsrechtliche Bedenken geltend („verkappte Fristenregelung"). Die Vertreter der Regierungskoalition widersprachen u.a. mit der Begründung, die Straffreiheitszusicherung an die Schwangere sei geboten, um die Bereitschaft zu fördern, die Beratung anzunehmen: „Für das ungeborene Leben sei die Beratung der beste Schutz". Eine Strafandrohung werde viele Frauen von den Beratungsstellen fernhalten und sie weiterhin in die Illegalität treiben.

Die Auseinandersetzungen um die Reform des § 218 StGB haben sich nicht auf die im Bundestag vertretenen Parteien beschränkt, sondern sind auch in der breiten Öffentlichkeit ausgetragen worden und laufen hier weiter. Sehr stark waren daran zunächst einmal. Frauen (innerhalb und außerhalb von Organisationen: Parteien, Gewerkschaften usw.) beteiligt. Auf ihr Engagement ist es vor allem zurückzuführen, daß die Diskussionen einen sehr hohen Grad öffentlicher Aufmerksamkeit fanden.

Entschiedenen Widerstand gegen jegliche Aufhebung oder auch nur Milderung von strafrechtlichen Sanktionen gegen Schwangerschaftsabbrüche leistete die katholische Kirche. In einer Verlautbarung der Deutschen Bischofskonferenz aus dem Jahre 1972 wurde als grund-

19 Deutscher Bundestag (43).
20 Ebenda, S. 6.

sätzliches Postulat verkündet: „Die Mutter hat kein Verfügungsrecht über das ungeborene Leben, denn das Kind im Mutterleib . . . ist eigenes und selbständiges Leben. Der Staat darf dieses Leben nicht der freien Verfügung überlassen; er ist vielmehr verpflichtet, das ungeborene Leben durch sein Strafrecht vor der Vernichtung zu schützen und durch soziale Maßnahmen zu fördern."[21]

In einem „Pastoralen Wort der deutschen Bischöfe" nach der Verabschiedung der Indikationenregelung durch den Deutschen Bundestag heißt es u.a.: „Der Staat hält sich nicht mehr verpflichtet, Leben und Würde des Menschen im notwendigen Umfang auch strafrechtlich zu schützen. Diese Regelung erschüttert das Fundament unseres Rechtsstaates, sie zerstört das sittliche Bewußtsein der Bürger und macht die Gesellschaft nicht menschlicher, sondern unmenschlicher.[21a]

Lediglich bei einer außergewöhnlichen Konfliktsituation wird ein Verzicht auf staatliche Strafverfolgung als zulässig erachtet: Im Falle einer ernsthaften Bedrohung von Leib und Leben der Mutter erscheint nach sorgfältiger Gewissenserforschung ein Schwangerschaftsabbruch tolerabel (enggefaßte medizinische Indikation).

In den Stellungnahmen des Rates und seines Vorsitzenden (Landesbischof Claß) sowie der Synode der Evangelischen Kirche in Deutschland zur Gesetzesänderung wird das Bemühen um eine abwägende Beurteilung der Indikationenregelung deutlich. Bedauert wird, daß es „nicht gelungen (ist), dem Erfordernis einer Prüfung der Tatbestände sowie der Hilfeleistung zur Erhaltung des ungeborenen Lebens im Einzelfall ausreichend Rechnung zu tragen".[22] Bedenken werden gegen die mögliche mißbräuchliche Handhabung jener Bestimmung vorgebracht, nach der medizinische und soziale Beratung sowie die Feststellung einer Indikation durch nur einen Arzt oder innerhalb einer integrierten Beratungseinrichtung vorgenommen werden können.

Die Straffreiheit im „neuen" § 218 wird nicht abgelehnt, da sich staatliche Strafandrohungen weithin als unwirksam erwiesen hätten und die persönliche Entscheidung und Verantwortung vor Gott werdendes Leben besser zu schützen vermöchten. Ausschlaggebend sei daher die Würdigung der konkreten Situation: „In ihr kann auch die Verweigerung eines Schwangerschaftsabbruchs schuldig machen"[23]. Im Sinne dieser Auffassungen wird eine weitgehende Zusammenarbeit von Ärzten, Krankenhausträgern, kirchlichen Einrichtungen, gesellschaftlichen Gruppen und kommunalen Behörden vorgeschlagen und ein Ausbau der Möglichkeiten zur Gewährung materieller Hilfen gefordert.

---

21   Gorschenck (58), S. 247.
21a Gorschenck (58), S. 259.
22   Gorschenck (58).
23   Gorschenck (58).

Die inzwischen erkennbare zahlenmäßige Entwicklung der verschiedenen Arten von Schwangerschaftsabbrüchen hat die Auseinandersetzung wieder aufflammen lassen. Nach den Angaben des Statistischen Bundesamtes wurden 1977 insgesamt 54.300 und 1978 ca. 73.500 Schwangerschaftsabbrüche gemeldet. Der Anteil der allgemein-medizinischen Indikationen betrug 1977 knapp 30 v.H., im Jahr darauf 23 v.H.. Die soziale Indikation lag 1977 dicht unter 60 v.H.; 1978 ergab sich eine auffällige Steigerung: zwei Drittel der legalen Abtreibungen wurden unter Anerkennung einer „sonstigen schweren Notlage" (vgl. Gesetzestext) vorgenommen. Heftige Kritik wird vor allem daran geübt, daß in einem sozialen Rechtsstaat wie der Bundesrepublik zunehmend materielle Notlagen von Schwangeren als so schwerwiegend angesehen würden, daß sie auf zumutbare Weise nicht behoben werden könnten. Man sollte dabei allerdings nicht unberücksichtigt lassen, daß die Probleme vielfach komplexer sind, als dies eine der vorgeschriebenen Indikationen auszudrücken vermag. So hat z.B. H. Pross bei ihrer in den 60er Jahren durchgeführten Befragung zu der Kategorie „materielle Gründe" (als Motiv eines Schwangerschaftsabbruchs) angemerkt, „daß materielle Gründe selten bloß materielle sind. Materielle Bedrängtheit gefährdet die Partnerbeziehungen, erschwert es den Frauen, ihren familiären Aufgaben gerecht zu werden und verdüstert die Lebensstimmung...

In das gängige Schema einer Kritik am „Materialismus" der Frauen passen allenfalls die, die einen bereits erreichten, relativ günstigen Lebensstandard erhalten oder ihn erst noch erhöhen wollen. Auch hier wäre es freilich zu einfach, in moralisierende Klagen auszubrechen, wenn und solange Konsum beinahe gleichbedeutend mit Selbst- und Fremdachtung ist".[24]

8.4 Stellungnahmen zum generativen Geschehen von Seiten kirchlicher und weltlicher Organisationen

Das Bevölkerungsgeschehen ist nicht nur Gegenstand wissenschaftlicher und politischer Diskussion. Auch die Kirchen und andere Organisationen haben sich intensiv damit befaßt oder es sogar zum besonderen Objekt ihrer Aktivität gewählt. Auf die bevölkerungsrelevante Aktivität der sogenannten internationalen Organisationen wird in Kap. 8.5 zurückzukommen sein. Hier soll zunächst auf Stellungnahmen und Aktivitäten hingewiesen werden, die die Situation in der Bundesrepublik berühren.

24 Pross (133), S. 23 und 25.

Von Seiten der katholischen Kirche hat es im Laufe dieses Jahrhunderts immer wieder Stellungnahmen gegeben, die das generative Verhalten und insbesondere die Problematik der Geburtenbeschränkung berühren. Das 1918 in Kraft getretene kirchliche Gesetzbuch legt im Kanon 1015 die Rangordnung der Eheziele fest. Danach ist finis primarius (erster, vorrangiger Zweck) die Zeugung und Aufzucht von Kindern. Als finis secundarius (zweiter, nachgeordneter Zweck) wird die gegenseitige Hilfe der Ehepartner genannt. In der 1930 von Papst Pius XI. verkündeten Enzyklika (Casti connubii, ,,über die christliche Ehe") wird zwar die Gattenliebe als ,,Hauptgrund und eigentlicher Sinn der Ehe" bezeichnet, aber die eindeutige Hierarchisierung der Ziele bleibt bestehen: Der eheliche Akt ist seiner Natur nach primär zur Weckung neuen Lebens bestimmt. Zwecke zweiter Ordnung wie wechselseitige Hilfe, Bestätigung der ehelichen Liebe, Regelung des natürlichen Verlangens dürfen angestrebt werden, aber nur, wenn ,,die Natur des Aktes und damit seine Unterordnung unter das Hauptziel nicht angetastet wird". Diese Lehre hat Papst Pius XII. im Jahre 1951 in einer Ansprache an die katholischen Hebammen Italiens noch einmal erläutert und bekräftigt.[25]

Auch die ,,Pastorale Konstitution über die Kirche in der Welt von heute — gaudium et spes" von 1966 bestätigte diese Auffassung: ,,Ehe und eheliche Liebe (sind) . . . ihrem Wesen nach auf die Zeugung und Erziehung von Nachkommen ausgerichtet."[26]

Zur Vorbereitung des Zweiten Vatikanischen Konzils (1962 — 1965) legten die deutschen Bischöfe ein Arbeitspapier über den Sinn und die Gestaltung der menschlichen Sexualität vor, in dem sie darauf hinwiesen, daß nicht jeder Sexualakt auch Zeugungsakt sein könne. Sexualität ,,solle nicht mehr vorwiegend zeugungsbezogen und ausschließlich oder doch überwiegend auf die Erfüllung der sozialen Funktion der menschlichen Sexualität gerichtet sein, sondern vor allem auch den hohen Wert partnerschaftlicher Beziehungen berücksichtigen."[27]

Unterschiedliche Auffassungen spiegelten sich im Widerstreit der Meinungen während der Sitzungen dieses Konzils wieder, in denen es um die Frage der verantwortlichen Elternschaft ging. Dabei wurden ein Mehrheits- und ein Minderheitsgutachten vorgelegt. Im Mehrheitsgutachten der Päpstlichen Kommission für das Studium des Bevölkerungswachstums, der Familie und der Geburtenhäufigkeit heißt es, es sei unmöglich, ,,mit einem allgemeinen Urteil und im voraus für jeden

---

25 Katholisches Zentralinstitut für Ehe- und Familienfragen (84), S. 5.
26 Rahner/Vorgrimmler (135), S. 501.
27 Sachkommission IV der Gemeinsamen Synode der Bistümer in der Bundesrepublik Deutschland (145), S. 6.

Einzelfall erschöpfend zu bestimmen, was (die) objektiven Kriterien in der konkreten Situation von einem Ehepaar fordern werden". Vielmehr wird auf das christliche Gewissen der Paare hinsichtlich der Entscheidung verwiesen: „Gut unterrichtet und als Christen gut erzogen, werden sie klug und ernsthaft entscheiden, was in Wahrheit dem Wohle des Paares und der Kinder dient, was ihre eigene personale christliche Vollendung nicht außer Betracht läßt und was darum dasjenige ist, was ihnen Gott in der Offenbarung durch das natürliche Gesetz und durch die christliche Botschaft zu tun aufgibt."[28]

Das Mehrheitsgutachten empfahl also, die Entscheidung über Geburtenbeschränkung jedem einzelnen Ehepaar und dessen Gewissen zu überlassen, wobei es allerdings nicht erlaubt sei, dabei Wege zu beschreiten, die das Lehramt in Auslegung des göttlichen Gesetzes verwirft".[29]

Während die katholische Kirche Abtreibung als Mittel der Geburtenbeschränkung grundsätzlich verwirft, hat sich im Hinblick auf die Empfängnisverhütung seit der bereits erwähnten Rede Papst Pius' XII. der Begriffsdualismus Geburtenkontrolle und Geburtenregelung in der katholischen Moraltheologie eingebürgert. Scharf abgelehnt wird die Geburtenkontrolle, die nach katholischer Auffassung „in euphemistischer Aussageweise alle unnatürlichen und darum „mit dem Gottesgesetz unvereinbaren' (Pius XII.) Methoden der bewußten Verhütung der Empfängnis bei der geschlechtlichen Begegnung einschließt". Die katholische Kirche wendet sich damit gegen die Verwendung mechanischer und chemischer Empfängnisverhütungsmittel, und sie tut das Kraft der Autorität des päpstlichen Rundschreibens (Enzyklika), in dem es heißt: „Jeder Gebrauch der Ehe, bei dessen Vollzug der Akt durch die Willkür des Menschen seiner natürlichen Kraft zur Weckung neuen Lebens beraubt wird, verstößt gegen das Gesetz Gottes und der Natur, und die solches tun, beflecken ihr Gewissen mit schwerer Schuld."[30]

Die Empfängnisverhütungsmethode, die nach Ogino-Knaus die empfängnisfreien Tage berücksichtigt, wurde 1958 als eine Maßnahme der Geburtenregelung anerkannt.

In der Enzyklika „Humanae vitae" vom 25.8.1968 wurde dann die verantwortliche Elternschaft zwar grundsätzlich bejaht, gleichzeitig wurden aber als Methoden der Geburtenbeschränkung im Grunde wieder nur die Enthaltsamkeit und die Beachtung der unfruchtbaren Tage der Frau ausdrücklich erlaubt. Die sog. Anti-Baby-Pille, die die Ovulation beeinflußt, darf nur zu therapeutischen Zwecken (in erster Linie zur Regulierung des monatlichen Zyklus der Frau) angewandt werden.

Damit unterstrich Papst Paul VI. erneut die Haltung der katholischen Kirche, welche „Geburtenkontrolle" und „Geburtenregelung" unter-

28 Dokumente der Päpstlichen Kommission (44), S. 427.
29 Rahner/Vorgrimmler (135), S. 503.
30 Zitiert bei Beckmann, Gesenius, Groeger (7), S. 34.

scheidet und mit dem zweiten Begriff „die kirchlich vertretbare Lenkung der Geburtenzahl und -folge"[31] bezeichnet.

Die Enzyklika „Humanae vitae" hat heftige Diskussionen in der katholischen Kirche ausgelöst.[32] Die Haltung des Papstes zur Frage der Empfängnisregelung blieb jedoch bis heute unverändert.

In jüngster Zeit haben Vertreter der katholischen Kirche auch zur Frage des Geburtenrückgangs in Europa Stellung genommen. Stellvertretend für solche Äußerungen kann hier eine Rede des Präsidenten des „Päpstlichen Familienkomitees", Opilio Kardinal Rossi, genannt werden. Er weist darin u.a. auf den „besorgniserregenden Rückgang der Geburten" in Europa hin und zitiert eine Äußerung des Bischofs von Gent (Belgien) in einem Hirtenbrief: „Heutzutage ist die Ehe ein Geschäft zu zweit geworden, das sich fast ausschließlich auf die Beziehung zwischen Mann und Frau beschränkt. Das Kind wird ausgeschlossen, es wird als störend, als Spielverderber empfunden. Wer zur Mutterschaft ja sagt, wird mitleidig belächelt. Die Konsequenzen zeigen sich nicht nur für die Familie, welche ihre Erneuerungskraft und Vitalität verliert, wenn sie nicht mehr kinderfreudig ist, sondern auch für die Gesellschaft, die durch ihre lebensfeindliche Haltung langsam zum Absterben verurteilt ist."[33]

Im Hinblick auf die protestantischen Kirchen ist erkennbar, daß ihr Eheverständnis auch durch die beiden Hauptziele Elternschaft und Gattenliebe charakterisiert ist. Die Rangabstufung beider Ziele wurde vor einem knappen halben Jahrhundert noch klar zugunsten der Kindererzeugung gesetzt. So bekannte sich 1925 die in Stockholm zusammengetretene Weltkirchen-Konferenz für praktisches Christentum zu der Auffassung, es sei „der wesentliche Zweck der Ehe . . . die Erzeugung von Kindern."[34] Die damals mit Nachdruck behauptete Rangordnung entspricht heute nicht mehr der Anschauung der überwiegenden Mehrzahl evangelischer Theologen. Ein 1951 von den Bischöfen der Schwedischen Kirche veröffentlichter Hirtenbrief zur sexuellen Frage macht die tiefgreifende Wandlung in der Einstellung deutlich: „Aber das Kind ist nicht der einzige Zweck. Die Ehe hat vor allem Bedeutung darin, daß sie eine feste und innerliche Gemeinschaft zwischen Mann und Frau ausmacht. Geschlechtlicher Verkehr zwischen Ehegatten kann vollwertiger Ausdruck für diese Gemeinschaft sein, obwohl es aufgrund verschiedener Umstände notwendig werden kann, eine Schwangerschaft zu verhüten."[35] Die veränderte Bewertung der Eheziele kommt auch in einem 1964 erschienen Standardwert der

31 Weber (185).
32 So z.B. die „Königsteiner Erklärung" der deutschen Bischöfe (91), S. 484 - 487; zum Wortlaut der Enzyklika siehe „Humanae vitae" (70).
33 Rossi (140), S. 7.
34 Katholisches Zentralinstitut für Ehe- und Familienfragen (84), S. 3.
35 Hirtenbriefe der Bischöfe der Schwedischen Kirche (67), S. 246.

evangelischen Ethik zum Ausdruck, in dem der Verfasser als Vorbedingung für die Erlaubtheit der Empfängnisverhütung nennt, „daß wir die Personengemeinschaft der Ehe als den Schwerpunkt der Schöpfungsordnung verstehen und ihr dadurch einen Eigenwert zubilligen, der auch unabhängig von der Erzeugung von Kindern . . . besteht."[36]

Aus der „Hörigkeit gegenüber der Naturordnung" (Thielicke) führt die den protestantischen Eltern zugemutete freie Gewissensentscheidung heraus. Der Anspruch auf „Verantwortliche Elternschaft" kann jedoch nur dann glaubwürdig vertreten werden, wenn die wissensmäßigen Voraussetzungen bei den Eheleuten gegeben sind. Zu dieser Schlußfolgerung gelangt die ökumenische Studiengruppe, die 1959 den sog. Mansfield-Report herausgegeben hat. „Deshalb muß uns eine verantwortliche Anwendung des Wissens im Familienleben am Herzen liegen, besonders in Beziehung auf die Zeugung und das Aufziehen der Kinder. Ein Wissen um die Beziehung zwischen sexueller Liebe und dem Vorgang der Zeugung gibt dem Ehepaar die Fähigkeit und daher die Verantwortung, die Zeugung der Kinder aus dem Bereich des biologischen Zufalls oder „Schicksals" in den Bereich der persönlichen Entscheidung zu heben, der auch ein Bereich der Gnade ist, in dem der Mensch frei ist, Gott zu dienen und bewußt dem Willen Gottes zu entsprechen. Darüberhinaus befähigt dieses Wissen Mann und Frau, innerhalb der Vorsehung Gottes zu entscheiden, ob ein Akt der Vereinigung nur der Bereicherung oder dem Ausdruck ihrer persönlichen Beziehung oder auch der Empfängnis eines Kindes dienen soll."[37]

Als derzeit verbindliche Stellungnahme ist die von einer interdisziplinär zusammengesetzten Kommission erarbeitete und 1971 von der Evangelischen Kirche in Deutschland veröffentlichte „Denkschrift zu Fragen der Sexualethik"[38] anzusehen. Sie will – bei grundsätzlicher Respektierung der „Gewissensentscheidung im konkreten Einzelfall" – „Richtlinien weisen", den evangelischen Christen Orientierungshilfen vermitteln. Die geschilderten vorherrschenden Auffassungen im Protestantismus über die Bedeutung sexuellen Verhaltens werden bekräftigt: „Das geschlechtliche Gegenüber und die Begegnung von Männern und Frauen haben ihren Sinn in sich selbst. Deshalb dient die Sexualität nicht in erster Linie der Fortpflanzung". Eine von Gott geschaffene Herrschaftsstruktur der Geschlechter wird ausdrücklich verneint und die Notwendigkeit betont, soziale Fähigkeiten zum partnerschaftlichen Umgang zu entwickeln.

Mehrfach wird in der Denkschrift die Wandlungsfähigkeit geschlechtlicher Beziehungen unterstrichen. Diese flexible Haltung kommt z.B. in der realistischen Einschätzung des Geschlechterverkehrs „verlobter

---

36 Thielicke (169), S. 188 ff.
37 Beckmann, Gesenius, Groeger (7), S. 62.
38 Siehe dazu die Dokumentation des Evangelischen Pressedienstes (52), S. 45 ff.

oder fest befreundeter Paare" zum Ausdruck, d.h. soweit Promiskuität ausgeschlossen bleibt. Das hier bekundete Verständnis steht im Gegensatz zu der „Erklärung zu einigen Fragen der Sexualethik der Hl. Kongregation für die Glaubenslehre", die von der katholischen Kirche 1976 herausgegeben wurde, und in der vorehelicher Geschlechtsverkehr in eheähnlichen Verhältnissen strikt abgelehnt wird: „Diese Auffassung widerspricht der christlichen Lehre, nach der jeder Geschlechtsakt des Menschen nur innerhalb der Ehe erfolgen darf."

Im Abschnitt „Empfängnisregelung" der evangelischen Denkschrift wird an die Bereitschaft der Eheleute appelliert, „Kinder zu haben und Eltern zu werden". Die gewünschte Kinderzahl wird in Abhängigkeit von folgenden Entscheidungsmerkmalen gesehen: Liebe zum Kind, Gesundheit der Mutter, elterliche Fähigkeit zur Erziehung von Kindern und wirtschaftliche Möglichkeiten der Familie. Aufschlußreich erscheint die Anmerkung, daß eine Idealisierung der Mutterschaft abzulehnen sei.

Bei der Wahl der Mittel und Methoden der Empfängnisverhütung sollen neben ethischen auch psychologische und ärztliche Gesichtspunkte berücksichtigt werden. Eine deutliche Diskrepanz zur sexualethischen Lehre der katholischen Kirche wird durch die folgende Aussage bezeichnet: „Zwischen natürlichen und künstlichen Methoden zu unterscheiden, wobei die einen erlaubt und die anderen abgelehnt werden, ist unsachgemäß". Auch die Sterilisation als „endgültige Aufhebung der Fruchtbarkeit" wird unter bestimmten Voraussetzungen für vertretbar gehalten. Dieser Eingriff erscheint berechtigt, wenn a) nach medizinischer Erkenntnis zu befürchten ist, daß ein Kind mit erheblichen körperlichen oder seelischen Schädigungen zur Welt käme oder nicht lebensfähig wäre; b) entsprechende Schädigungen der Mutter drohten; c) andere Mittel und Methoden der Empfängnisregelung versagten.

Entschieden abgelehnt wird ein Schwangerschaftsabbruch als familienplanerisches Mittel. Im Zusammenhang mit den verschiedenen Indikationen (vgl. die Ausführungen zur Reform des § 218 StGB) wird die Entscheidung letztlich von einer eingehenden Würdigung jedes Einzelfalls abhängig gemacht; „rein soziale Gründe" werden jedoch für unvereinbar mit der evangelischen Sozialethik erklärt.

Das Anliegen der „Pro Familia"

Als eine wichtige Organisation des weltlichen Bereichs, deren Aktivitäten das generative Geschehen in der Bundesrepublik berühren, ist die „Pro Familia – Deutsche Gesellschaft für Sexualberatung und Familienplanung e.V." zu nennen. Die „Pro Familia" wurde 1952 als „Deutsche Gesellschaft für Ehe und Familie" gegründet und leistete in den ersten Jahren ihres Bestehens Pionierarbeit auf dem Gebiet der Sexualberatung und Familienplanung. Sie hat die International Planned Parenthood Federation (IPPF) mitbegründet und gehört seit 1968 dem Deutschen Arbeitskreis für Jugend-, Ehe- und Familienberatung an; außerdem ist die Organisation Mitglied des Deutschen Paritätischen Wohlfahrtsverbandes.

Pro Familia ist nach ihrer Satzung weder parteipolitisch noch konfessionell gebunden. Ziel der Organisation ist, „der Familie und dem verantwortungsvollen Willen zum Kinde" zu dienen. „Pro Familia leistet einen Beitrag zur Gesundheit der Bevölkerung und zur gesellschaftlichen Entwicklung durch Ehe- und Partnerschaftsberatung, Familienplanung, Eltern- und Erziehungsberatung und bekämpft den illegalen Schwangerschaftsabbruch."[39]

Die Mittel hierzu sind Informations- und Öffentlichkeitsarbeit sowie Beratungseinrichtungen für Sexual-, Partnerschafts- und Familienplanungsberatung, aber auch Beratung bei Kinderlosigkeit. „In der Beratung sollen dem Ratsuchenden alternative Verhaltensmöglichkeiten eröffnet werden. Sinn der Beratung ist es, Konflikte aufzuzeigen und so den Ratsuchenden zu befähigen, durch veränderte Verhaltensweisen mit seinen Problemen besser umgehen zu können."[40]

Ein wichtiges Ziel der Beratung und Information ist der Schutz vor dem unerwünschten Kind, „der immer auch der Schutz des Kindes vor seiner Unerwünschtheit ist." Dabei folgt Pro Familia dem Grundsatz: Wer alt genug ist, um zu zeugen oder schwanger zu werden, hat das Recht zu wissen, wie er seine Sexualität verantwortungsvoll entfalten kann. „Wenn die Möglichkeit, selbst Kinder haben zu können, nicht über Jahre nur eine angstvolle Erfahrung bleibt, wird sie später um so eher positiv aufgenommen."[41]

Von diesem Standpunkt ausgehend, hat die Pro Familia in den letzten Jahren ihre Aktivitäten auf dem Gebiet der Sexualpädagogik verstärkt. Bereits 1972 lag in einem Viertel der Fälle der Beratungsschwerpunkt auf sexuellen Schwierigkeiten, Partnerschaftsproblemen und sexualpädagogischen Fragen.[42] Seit 1971 bietet die Pro Familia auch Sexualberaterkurse an und veranstaltet Lehrgänge zur Ärzte- und Lehrerfortbildung auf diesem Gebiet.

Seit der Reform des § 218 im Jahr 1974 liegt ein zweiter Schwerpunkt der Arbeit im Bereich der Schwangerschaftskonfliktberatung. Pro Familia wurde in diesem Zusammenhang an der Konzeption eines Modellprogramms des Bundesministeriums für Jugend, Familie und

39 § 2, Abs. 1 (Zweck und Arbeitsweise des Vereins) der Satzung der Pro Familia Deutsche Gesellschaft für Sexualberatung und Familienplanung e.V.
40 Pro Familia Informationen (132), S. 2.
41 Ebenda.
42 Pro Familia Informationen (132), S. 4.

Gesundheit beteiligt. In den Beratungsstellen der Pro Familia erfolgt u.a. – neben denen kirchlicher und anderer Organisationen – die vom Gesetzgeber vorgeschriebene Beratung, wenn ein Schwangerschaftsabbruch beantragt wurde. Besondere Beachtung fand der Modellversuch der „Mobilen Beratungsstelle". Hierbei wurde versucht, mit Informations- und Beratungsangeboten in Gegenden und zu Bevölkerungsgruppen vorzudringen, für die sich bisher besondere Informationsschwierigkeiten ergaben.

Begonnen hat auch die Beratung ausländischer Arbeitnehmer, der angesichts des gewachsenen Ausländeranteils an der Bevölkerung der Bundesrepublik Deutschland eine besondere Bedeutung zukommt.

Pro Familia verfügt über Landesverbände in allen Bundesländern. Beratungsstellen gibt es bisher in ca. 80 Städten. Besetzt sind diese Stellen im allgemeinen mit mindestens einem Arzt oder einer Ärztin, nach Möglichkeit in Zusammenarbeit mit Psychologen, Eheberatern und Sozialarbeitern.

8.5 Bevölkerungspolitische Einstellungen und Ansätze im europäischen Umfeld der Bundesrepublik

Es kann nicht das Anliegen dieses Abschnitts sein, eine umfassende Darstellung der Diskussionen und Verhaltensweisen zu geben, die sich in verschiedenen Ländern Europas im Hinblick auf deren Bevölkerungsentwicklung erkennen lassen. Es soll lediglich auf einige sich abzeichnende Trends hingewiesen werden, die verdeutlichen, inwieweit sich die Situation dort von jener der Bundesrepublik grundsätzlich unterscheidet oder nicht.

Westeuropa

Richtet man zunächst den Blick auf die *westlich orientierten Länder Europas*, so ist folgendes festzustellen:

Abgesehen von Frankreich, konzentrierte sich seit dem Ende des Zweiten Weltkrieges die Aufmerksamkeit in Hinblick auf das Bevölkerungsgeschehen, wenn dieses überhaupt ins Blickfeld der Politik geriet, vor allem auf Wanderungsbewegungen. Das gilt für Großbritannien in Verbindung mit der Einwanderung aus den Commonwealth-Ländern, für die Niederlande mit jener aus den ehemaligen indonesischen Kolonialgebieten, und für andere westeuropäische Länder im Zusammenhang mit Wanderungen, deren Ursache der Mangel oder der Überschuß an Arbeitskräften war.

Erst in den 70er Jahren trat dann in den meisten westlich orientierten Ländern die Problematik des „zweiten" Geburtenrückgangs und damit des generativen Verhaltens der Bevölkerungen ins Bewußtsein.

Insbesondere die dadurch entstehenden Veränderungen des Altersaufbaus und deren Konsequenzen wurden diskutiert und fanden auch die Aufmerksamkeit der internationalen Organisationen.

Zu Zentren der Diskussion auf dem Gebiete des demographischen Vergleichs — auch des Rechtsvergleichs in Sachen Empfängnisverhütung und Abtreibung[43] — sind die Wirtschaftskommission für Europa (ECE als Abteilung der Vereinten Nationen) und der Europarat in Straßburg geworden.[44]

Nochmals abgesehen von Frankreich, ist die Situation z.Zt. dadurch charakterisiert, daß ähnlich wie in der Bundesrepublik um das Für und Wider dieser oder jener Entwicklungsrichtung der Bevölkerung sowie um das Für und Wider evtl. steuernder Eingriffe diskutiert wird. Ebenfalls ähnlich wie in der Bundesrepublik lassen sich zahlreiche politische Maßnahmen feststellen, die das Bevölkerungsgeschehen berühren (also bevölkerungsrelevante), aber kaum solche, die ausdrücklich bevölkerungspolitisch begründet sind.

Frankreich

Frankreich stellt insofern einen Sonderfall dar, als sich hier — wie vorn bereits erwähnt — aufgrund des sehr viel früher einsetzenden „ersten" Geburtenrückgangs (die Geburtenwerte begannen bereits seit Beginn des 19. Jahrhunderts zu sinken), schon nach dem Ersten Weltkrieg eine auf steigende Bevölkerungszahlen gerichtete Bevölkerungspolitik entwickelt hatte. Sie versuchte sowohl die Geburtenwerte zu heben als auch Einwanderung und Einbürgerung zu erreichen.[45]

Auch nach dem Zweiten Weltkrieg zeigte sich in Frankreich ein deutliches Interesse an steigenden Bevölkerungszahlen. Nach Versuchen mit dem Verbot empfängnisverhütender Mittel und von Abtreibung hat sich in Frankreich dann allmählich ein großzügiges Konzept der Familienhilfen (Allocations Familiales) herausgebildet.

„Das französische System der Familienbeihilfen ist durch die Finanzmasse, die es darstellt, ohne Zweifel das familienfreundlichste auf der ganzen Welt. Während sich z.B. im Jahre 1970 die Sozialleistungen insgesamt bezogen auf das Volkseinkommen kaum zwischen den einzelnen Ländern der europäischen Wirtschaftsgemeinschaft unterschieden haben, erreichte der Anteil der Familienbeihilfen an den Sozialleistungen 7.7 % in der Bundesrepublik Deutschland, 13,9 % in Italien und 21,4 % in Frankreich. Trotzdem vermögen die Familienbeihilfen in Frankreich tatsächlich nur einen winzigen Teil des beeinträchtigten Lebensstandards auszugleichen, wie ihn Kinder mit sich bringen. Es

---

43 Kirk/Livi-Bacci/Szabady (86); UN (179).

44 Council of Europe (32); Council of Europe: Recent Demographic Developments in the Member States of the Council of Europe (34).

45 Bericht des Institut National d'Etudes Demographiques (72).

läßt sich beispielsweise ausrechnen, daß bei zwei Paaren, die beide das gleiche, etwas über dem Durchschnitt liegende Einkommen haben − wobei eines kinderlos ist, das andere jedoch drei Kinder hat −, trotz der Familienbeihilfen und der Steuererleichterungen in Frankreich gegenwärtig ein realer Unterschied von 100:60 zugunsten des kinderlosen Ehepaares besteht. Und wenn im Fall der 3-Kinder-Familie die Frau ihre Berufstätigkeit unterbrechen muß, dann wird der Abstand noch größer und beträgt 100:45."[46]

Trotz aller Bemühungen, die sich in Frankreich zeigen, haben nun aber auch dort die Geburtenwerte seit der Mitte der 60er Jahre langsam, jedoch stetig, erneut zu sinken begonnen. Diese Erfahrungen sind es, die in anderen Ländern eine zunehmende Skepsis im Hinblick auf die Bedeutung finanzieller Maßnahmen zur Stabilisierung oder Steigerung von Geburtenwerten förderten. In Frankreich selbst haben die Entwicklungen der letzten zehn Jahre zu einer erneuten intensiven Diskussion „bevölkerungspolitischer Fragen" geführt. Ein Expertengremium, das die französische Regierung in bevölkerungspolitischen Angelegenheiten berät, bekundete 1978: „Junge Menschen müssen sich darüber klar werden, daß größere Lebensqualität nicht durch weniger Kinder gewährleistet wird. Was auf kurze Frist für eine Familie aus ihrer individuellen Schau als gut erscheint, wird auf längere Sicht zur Katastrophe für die Gemeinschaft und damit auch für die Individuen, aus denen sie sich zusammensetzt." Abschließend sei betont, daß sich in Frankreich „pronatalistische" Einstellungen praktisch in allen politischen „Lagern" zeigen. Während die „Rechte" dabei die außenpolitische Stellung Frankreichs im Blickfeld hat, fürchtet die „Linke" im Zuge der „Überalterung" eine allgemeine Zunahme konservativer Gesinnung und eine Verdünnung jener risikofreudigen und fortschrittsgläubigen Jahrgänge, die sie als ihre Basis betrachtet.

Osteuropa

Richtet man den Blick auf die *osteuropäischen Länder*, so ist folgendes zu erkennen:

In den 50er Jahren waren dort Abtreibung und Empfängnisverhütung weitgehend freigegeben und − vermutlich nicht zuletzt wegen der starken Einbeziehung der Frau in das Berufsleben und wegen immer wieder beklagter Wohnungsknappheit − auch viel genutzt worden. Seit der Mitte der 60er Jahre begannen dann dort die Geburtenwerte deutlich zu sinken, am wenigsten in der UdSSR[47] und Polen, am stärksten in Rumänien, Ungarn, der Tschechoslowakei und der DDR.

46 G. Calot: Der französische Weg zum Geburtenüberschuß. In: Franke/Jürgens (55), S. 73 ff.
47 Wobei hier allerdings zu bedenken ist, daß ein deutlicher Rückgang der Geburten in den westlichen Teilen durch die hohen Geburtenwerte der östlichen Teile statistisch überdeckt wird. Vgl. Harmsen (60).

In Verbindung mit dieser Entwicklung tauchten in einigen Ländern Befürchtungen hinsichtlich eines sich abzeichnenden Mangels an Arbeitskräften „für den sozialistischen Aufbau" auf. An Beispielen aus Rumänien, Ungarn und der DDR soll verdeutlicht werden, welche Reaktionen dies zur Folge hatte.

Rumänien

Rumänien war der erste Staat, der auf eine strikte pronatalistische Politik umstellte[48]. Abtreibungsverbote und die Beschränkung des Angebots an empfängnisverhütenden Mitteln haben die im Jahre 1966 auf 14,3 v.T. gesunkene Geborenenziffer auf 27,4 v.T. im darauffolgenden Jahr anschwellen lassen. Das seit 1968 zu beobachtende Sinken der Geburtenwerte (auf unter 20 v.T. seit 1973) zeigt, daß die Bevölkerung dann offenbar auf andere Methoden der Geburtenbeschränkung ausgewichen ist.

Ungarn

Wesentlich vorsichtiger und mit einem umfassenden Sozialprogramm begann man in *Ungarn* gegen die niedrigen Geburtenwerte vorzugehen[49]. Nach Freigabe des Schwangerschaftsabbruchs im Jahre 1955 war die Geborenenziffer dort auf ca. 13 v.T. gesunken. 1973 erstellten Politbüro und Regierung ein geburtenförderndes Programm, in dem die Drei-Kinder-Familie als Norm vorgesehen ist. Paaren unter 35 Jahren, die in halbwegs gesicherten Verhältnissen leben und noch kein drittes Kind haben, soll danach kein Schwangerschaftsabbruch mehr genehmigt werden.

Auf der anderen Seite stellt der Staat u.a. großzügige Entbindungsbeihilfen, Kindergelder und Familienzuschüsse bereit, die zusammen den Durchschnittslohn einer Facharbeiterin übersteigen können. Parallel zu diesen Maßnahmen stieg die ungarische Geborenenziffer bis 1975 auf 18 v.T., sank seitdem aber wieder leicht ab. Man vermutet als Ursache dafür Defizite im Wohnungsbau und die für drei Kinder als zu klein erachtete Standardwohnungsgröße.

DDR

Die DDR war Mitte der 70er Jahre neben der Bundesrepublik das einzige Land, das infolge sehr niedriger Geborenenziffern bereits eine absolute Abnahme der Bevölkerungszahl aufwies. Zu diesem Zeitpunkt setzten dann in der DDR zahlreiche Maßnahmen ein, die auf eine Erhöhung der Geburtenwerte und auf die Verwirklichung des Leitbilds der Drei-Kinder-Familie zielten.[50] U.a. sind in diesem Zu-

48 Trebici (173).
49 Szabady (167).
50 Vortmann (183).

sammenhang folgende Förderungsmaßnahmen zu nennen: Schwangerschaftsurlaub von sechs Monaten; eine Geburtenbeihilfe für jedes Kind; ein Familiengründungsdarlehen, das Eheleuten bis zum 26. Lebensjahr (falls sie unter einer bestimmten Einkommensgrenze liegen) gewährt wird, von dem Teile nach der Geburt von Kindern nicht mehr getilgt zu werden brauchen (völliger Erlaß bei drei Kindern); zinslose Kredite zur Wohnungsbeschaffung in Höhe von 5000,− Mark; 40-Stunden-Woche für Mütter mit mehreren Kindern, und als „aufsehenerregendste" Einrichtung das sogenannte „Babyjahr". Danach können sich Mütter nach der Geburt des zweiten und jeden weiteren Kindes für ein Jahr von der Arbeit freistellen lassen, und nach Ende dieses Jahres besteht Anspruch auf den gleichen oder einen gleichwertigen Arbeitsplatz.

Die Geborenenzahlen in der DDR haben sich zwischen 1975 und 1978 stark erhöht. Selbst wenn ein Teil dieser Erhöhung auf die Tatsache zurückzuführen ist, daß in dieser Zeit stärkere Jahrgänge in das Heiratsalter eingetreten sind, bleibt eine Veränderung des generativen Verhaltens erkennbar. Noch ist es zu früh, um beurteilen zu können, ob der Anstieg der Geburtenwerte in der DDR von längerer Dauer sein wird, und inwieweit es sich um früheres Heiraten und früheres Kinderkriegen oder um eine tatsächliche Steigerung der durchschnittlichen Kinderzahlen pro Familie handelt. Von Seiten der Bundesrepublik werden die dortigen Entwicklungen mit Interesse beobachtet. Obwohl gleiche Maßnahmen bei uns − z.B. wegen ganz anderer Anteile, die von den Frauen im erwerbsfähigen Alter tatsächlich erwerbstätig sind (Bundesrepublik ca. 45 v.H.; DDR nahezu 80 v.H.) − keinesfalls gleiche Folgen haben müssen, können diese Entwicklungen wichtige Aufschlüsse über die Auswirkungen bestimmter Maßnahmen auf das generative Verhalten unter industriellen Lebensbedingungen geben.

8.6 Bevölkerungspolitik in der Dritten Welt und die bevölkerungspolitische Aktivität internationaler Organisationen

Blickt man auf den außereuropäischen Teil der Erde, so sind dort in vielen Ländern Aktivitäten festzustellen, die als Bevölkerungspolitik klassifiziert werden können. Sie reichen von der Einwanderungsgesetzgebung bestimmter Länder (Kanada, Australien, Südafrikanische Union u.a.m.), die zum Ziel hat, die Zusammensetzung der Bevölkerungen nach ethnischen Gruppen zu beeinflussen, bis zum Versuch, ein als zu stark erachtetes Bevölkerungswachstum zu bremsen in vielen Entwicklungsländern. Hier soll die Aufmerksamkeit auf die Bevölkerungsproblematik und auf bevölkerungspolitische Reaktionen in der Dritten Welt gerichtet werden.

In den vergangenen Jahrzehnten ist das starke Bevölkerungswachstum in vielen Ländern der Dritten Welt (siehe dazu Kap. 7) als ein er-

hebliches Hemmnis für deren wirtschaftliche Entwicklung und damit
für eine grundsätzliche Verbesserung der dortigen Lebensbedingungen
erkannt worden.[51] Ob im Hinblick auf diese Situation jedoch „antinatalistische" (d.h. auf eine Senkung der Geburtenwerte zielende)
Maßnahmen offiziell eingeleitet, inoffiziell geduldet, ignoriert oder sogar verboten werden, hängt sehr stark von der politischen Situation in
den einzelnen Ländern ab. Die Vorstellung, daß eine hohe Bevölkerungszahl einen Machtfaktor bedeutet, ist keineswegs generell beseitigt. So ist zu erkennen, daß einige Entwicklungsländer trotz zunehmender Verelendung sich gegenüber ihrem Bevölkerungszuwachs pro-
natalistisch oder indifferent verhalten (u.a. Äthiopien, Somalia, Paraguay, Surinam).

Wenig Chancen für eine wachstumsbremsende Bevölkerungspolitik
gibt es vor allem in Staaten, in denen Nationalismus und Staatsreligion
eine Zweckbindung eingegangen sind. So wurde z.B. in Lybien und
Saudi-Arabien die „Pille" als „von Feinden des Islam erfunden" bezeichnet. Auch das lange Desinteresse an Bevölkerungspolitik in Lateinamerika hängt mit den dortigen politischen Strömungen eines Nationalismus rechter und linker Prägung zusammen. Der Einfluß der
katholischen Kirche, der seit dem spanischen Kolonialismus Lateinamerika prägte, ist nach neuesten Berichten zu dieser Frage im
Schwinden begriffen.

Falls es zu einer „antinatalistischen" Bevölkerungspolitik kommt,
bilden die Grundlage dafür meist „Familienplanungsprogramme", die
den besonderen kulturgeschichtlichen und sozialstrukturellen Gegebenheiten der jeweiligen Religionen Rechnung zu tragen versuchen.[52]

Familienplanungsprogramme werden weitgehend mit Unterstützung
internationaler Organisationen durchgeführt und entwickelt (siehe dazu weiter unten).

51 United Nations. (180). Chap. XVII.
52 Zum Aufbau eines Familienplanungsprogramms (FPP) sei folgendes bemerkt:
Wenn ein Staat ein nationales FPP offiziell beschließt, wendet er sich um finanzielle, wissenschaftliche und technische Hilfe an Industriestaaten oder internationale Organisationen.
Von seiner Erstellung bis zur Ausführung durchläuft ein FPP verschiedene
Stadien. (1) Zuerst wird versucht die Intensität des Bevölkerungswachstums
statistisch zu erfassen, um auf dieser Basis genauere Planungsziele bezüglich
der Senkung der Fruchtbarkeit fixieren zu können. Da die Datenbeschaffung
in allen Entwicklungsländern äußerst schwierig ist, fällt eine exakte Pro-
grammplanung nicht leicht. (2) Organisation und Durchführung des FPP ob-
liegen in vielen Fällen den Gesundheitsbehörden und sozialen Einrichtungen,
die in Aufklärungskampagnen immer mehr junge Familien, vor allem Frauen,
für Geburtenkontrollmaßnahmen zu gewinnen trachten. (3) Der gesamte Pro-
grammverlauf wird einer Kosten-Nutzen-Rechnung unterzogen, d.h. daß die
Kosten des FPP — und damit die Fruchtbarkeitssenkung — mit den zu erwartenden Entwicklungschancen, die sich daraus ergeben, verglichen werden.
Die Programmziele werden in bestimmten Zeitabständen auf den Grad ihrer

Zur Zeit werden ca. 90 v.H. der Bevölkerung der Dritten Welt von irgendeiner Form der Bevölkerungspolitik oder Familienplanung erfaßt. Die Errichtung und die Existenz von Familienplanungsdiensten — selbst auf niedriger Organisationsstufe — bringen nach der bisherigen Erfahrung eine deutliche Verbesserung der Lebensbewältigung und -qualität der Bevölkerung, auch wo unmittelbare Erfolge hinsichtlich der Senkung der Geburtenwerte noch nicht erkennbar sind.

Bevölkerungspolitik und Familienplanung im regionalen Überblick

Wenn man sich bemüht, den Erkenntnisstand hinsichtlich der Bevölkerungsproblematik, der Einstellung zur Bevölkerungsentwicklung und evtl. ergriffener Maßnahmen für die Dritte Welt darzustellen, so ergibt sich im Überblick etwa folgendes Bild:

Asien

Das erste asiatische Entwicklungsland, das administrative Maßnahmen zur Verminderung des Bevölkerungswachstums ergriff, war Indien im Jahre 1951. Pakistan folgte 1960 und Südkorea 1961.

1963 wurde in Neu Delhi die „Erste asiatische Bevölkerungskonferenz" abgehalten, veranstaltet von der indischen Regierung und der Wirtschaftskommission für Asien und den Fernen Osten (ECAFE). Dort wurde die Bedeutung einer Verminderung des Bevölkerungswachstums für eine günstige wirtschaftliche und soziale Entwicklung betont, und die Mitgliedsstaaten wurden aufgefordert, Familienplanungsprogramme zu erstellen. Zwischen 1964 und 1974 legten Bangladesch, Indonesien, Laos, Malaysia, Nepal, die Philippinen, Singapur, Sri Lanka (Ceylon), Hongkong, Taiwan (Formosa) und Thailand bevölkerungspolitische Programme vor, die eine Senkung der Fruchtbarkeit vorsehen und Teil eines umfassenderen Entwicklungsprogramms sind. Auf der „Zweiten asiatischen Bevölkerungskonferenz" 1972 in Tokio wurde eine „Declaration of Population Strategy for Development" angenommen, die Bevölkerungspolitik als integralen Bestandteil der Entwicklungsplanung herausstellt. Sie befindet sich in Übereinstimmung mit den von den Vereinten Nationen festgelegten Aktivitäten der (zweiten) Entwicklungsdekade 1970 — 1980, bei denen besonders der enge Zusammenhang von ökonomischen, sozialen und demographischen Faktoren unterstrichen wird.[53]

Verwirklichung hin überprüft, wobei sich die Prüfungstermine häufig mit denen des allgemeinen nationalen Entwicklungsplanes decken, in den das FPP integriert ist.
Religiöse und kulturelle Traditionen, geringe wirtschaftliche Perspektiven und Analphabetismus sind die Haupthindernisse, die sich der wirksamen Durchführung eines FPP in den Weg stellen.
Siehe United Nations, (178), Vol.II, Part. 8.
53 vgl.: UN (177).

Die Volksrepublik China — das größte und volkreichste Entwicklungsland der Erde — betreibt seit Mitte der 50er Jahre Bevölkerungspolitik mit unterschiedlichem Nachdruck und bei weitgehender Geheimhaltung vor der Weltöffentlichkeit. Bis heute wurden drei Geburtenbeschränkungskampagnen gestartet. Die erste von 1956 — 1958, die zweite von 1962 — 1964 und die dritte seit 1969. Durch Appelle zur Heraufsetzung des Heiratsalters sowie durch die Verbreitung der Pille und der Abtreibung, die von sogen. Barfußärzten auch in entlegenen Kommunen durchgeführt werden kann, will die Volksrepublik China ihr Bevölkerungswachstum drosseln. Sie hat sich eine jährliche Wachstumsrate von 1 v.H. bis zum Jahre 2000 zum Ziel gesetzt.

Schwarzafrika

Von allen Regionen der Erde hat Schwarzafrika bisher die wenigsten Familienplanungsaktivitäten aufzuweisen.Die noch hohe Sterblichkeit in diesen Zonen ist sicher mit ein Grund für das dortige geringe Interesse an Familienplanung. Nur in vier Ländern (Ghana, Kenia, Botswana und Insel Mauritius) laufen z.Zt. offizielle Regierungsprogramme zur Minderung des Bevölkerungswachstums. Einige Länder scheitern bisher mit ihren bevölkerungspolitischen Ansätzen vor allem deshalb, weil ihre Maßnahmen nur einen kleinen Teil der Bevölkerung erreichen (so z.B. Mali, Zaire, Swasiland und Uganda). In einer Reihe von schwarzafrikanischen Ländern (Lesotho, Tansania, Liberia, Sambia) ist das Interesse an Bevölkerungspolitik erst jüngsten Datums.
Insgesamt hat in Schwarzafrika die Bekämpfung der durch Seuchen und Infektionskrankheiten verursachten Sterblichkeit noch Vorrang vor einer auf Geburtenbeschränkung zielenden Politik. Einige politische Führer Schwarzafrikas haben die Ansicht vertreten, daß die „Weißen" den afrikanischen Völkern die Geburtenkontrolle als Ersatz für ökonomische Entwicklung andienen möchten, eine Auffassung, die die Verbreitung einer sinnvollen Bevölkerungspolitik stark behindert.

Arabische Staaten

Die arabischen Staaten lassen sich nach ihrer Einstellung zur Bevölkerungspolitik in drei Gruppen einteilen:

Einige Länder erscheinen ihren Führern als zu dünn besiedelt, und man fördert das Bevölkerungswachstum. Dies gilt — in der Mitte der 70er Jahre — für die Erdölförderstaaten Saudi-Arabien, Kuweit, Oman, Katar und die Vereinten arabischen Emirate sowie für Nord- und Südjemen. U.a. ist hier der Zugang zu empfängnisverhütenden Mitteln erschwert und in Saudi-Arabien der Import von Kontrazeptiva ausdrücklich verboten.

In einer zweiten Gruppe von Ländern gibt es zwar keine offizielle Bevölkerungspolitik,man scheint aber an einer Senkung der Geborenenziffern interessiert zu sein und duldet bzw. unterstützt private Initiativen zur Familienplanung. Zu diesen Ländern gehört u.a. Algerien, das Land mit den derzeit höchsten Geborenenziffern (48,7 v.T. für 1975) und den höchsten jährlichen Bevölkerungszuwüchsen der Welt (3,2 v.H. 1975).

In einer dritten Gruppe von Ländern gibt es eine staatliche „antinatalistische" Politik, so in Ägypten, Tunesien und Marokko (Tab. 30).

Türkei

In der Türkei, die aufgrund ihrer besonderen geographischen Lage Mitglied europäischer Institutionen ist, hat sich mit einer Geborenenziffer von ca. 37 v.T. und einem jährlichen Zuwachs von 2,5 v.H. (1975) in den überwiegenden Bevölkerungsteilen noch keine moderne Bevölkerungsweise ausgebreitet. Der Beginn einer „antinatalistischen" Bevölkerungspolitik wurde 1974 eingeleitet, als das türkische Gesundheitsministerium ein Unterstützungsabkommen mit dem Bevölkerungsfonds der Vereinten Nationen (UNFPA) über 100 Millionen Dollar mit dem Ziel abschloß, der bisherigen medizinischen Betreuung von Mutter und Kind auch Familienplanungsmaßnahmen anzugliedern. Der Großteil der Kosten des Projekts ist für den Import empfängnisverhütender Mittel bestimmt, die bis dahin im Lande kaum verfügbar waren.

Lateinamerika

Lateinamerika bietet bevölkerungspolitisch ein uneinheitliches Bild. Lange Zeit begegnete jede Form von Familienplanung dem vereinten Widerstand von politischen Parteien der äußersten Rechten und Linken sowie der katholischen Kirche. Für erstere war Familienplanung ein „imperialistisches Unternehmen der USA, um den Aufstieg Lateinamerikas zu bremsen". Seit der Bukarester Weltbevölkerungskonferenz (1974) beschränkt sich die Kirche auf die Opposition gegen Sterilisation und Abtreibung.

Ein für den Subkontinent vorbildliches Familienplanungsprogramm läuft in Kolumbien. In Chile wird seit 1967 jede Art von Geburtenkontrollmöglichkeit angeboten, und auch auf Cuba sind Kontrazeptiva und Abtreibungsmöglichkeiten zugänglich. Mexiko bekannte sich 1974 zu einem Familienplanungsprogramm[54]. Brasilien nimmt bisher gegenüber Familienplanung eine zwiespältige Haltung ein. Auf der Bukarester Weltbevölkerungskonferenz 1974 plädierten seine Vertreter zwar dafür empfängnisverhütende Mittel allen Schichten zugänglich zu machen, weil damit ein Menschenrecht verwirklicht werden könne, man bekannte sich aber nicht zu einem klaren bevölkerungspolitischen Ziel. In Argentinien wird bisher einerseits die Verbreitung von Kontra-

---

54 Turner (175); Nagel (119).

zeptiva behindert, aber andererseits werden öffentliche Debatten um Geburtenbeschränkung geführt; die deren Verbreitung eher fördern. Einen Zusammenfassenden Überblick über den derzeitigen Stand offizieller antinatalistischer bevölkerungspolitischer Programme gibt die Tab. 30[55].

Bevölkerungspolitik in zwei ausgewählten Entwicklungsländern (Indien und Kolumbien)

Die bevölkerungspolitischen Maßnahmen unterscheiden sich je nach Tradition, Religion, Lebensverhältnissen und politischen Systemen in den Entwicklungsländern erheblich. Beispielsweise soll im folgenden kurz auf die Bevölkerungspolitik Indiens und Kolumbiens verwiesen werden. Indien gehört zu den Ländern der Dritten Welt, die am frühesten mit derartigen Maßnahmen begannen. Kolumbien gehört zu jener Region (Lateinamerika), in der sich am längsten Widerstände gegen Bevölkerungspolitik (bzw. Familienplanung) hielten.

Indien

In Indien versucht man das Bevölkerungswachstum seit 1951 durch Geburtenkontrollprogramme zu bremsen. Hatten sich die beiden ersten Fünfjahrespläne von 1951 − 56 und 1956 − 60 noch relativ vage zum Bevölkerungsproblem geäußert, so änderte sich dies beim dritten Fünfjahresplan 1961 − 66, der eine umfassende Bevölkerungspolitik umriß. Das „erweiterte Familienplanungsprogramm" von 1963 erklärte die Durchsetzung der Geburtenbeschränkung zur Massenbewegung. 1966 wurde ein eigener Verwaltungsapparat für die Familienplanung eingeführt. Der vierte Fünfjahresplan enthielt die (allerdings illusorische) Forderung, die Geborenenziffer bis 1980 auf 25 v.T. und die jährliche Zuwachsrate auf 1,5 v.H. zu senken. 1975 betrug letztere 2,5 v.H. bei einer Bevölkerungszahl von 613 Millionen.

Der Schwerpunkt der Maßnahmen zur Geburtenbeschränkung liegt z.Zt. beim Versuch der Verbreitung von Sterilisation. Ihre Zahl stieg von 1,5 Millionen im März 1966 auf 4,3 Millionen im Juni 1968. Mitte der 70er Jahre betrieben von 100 Millionen indischer Ehepaare ca. 14 Millionen Empfängnisverhütung, und 10 Millionen davon haben sich sterilisieren lassen. Der letzte Fünfjahresplan hatte zum Ziel 18 Millionen Sterilisationen zu erreichen.

Mit Hilfe von Massenpropaganda, der Koppelung beruflicher Karrieren an eine niedrige Kinderzahl, immer stärkerer Verbreitung von Verhütungsmitteln und einem immer dichter werdenden Netz von Gebur-

---

55 Zur Darstellung der Bevölkerungspolitik in einzelnen Ländern der Dritten Welt siehe: International Planned Parenthood Federation (74) (erscheint fortlaufend); Northman (124); Tsui/Bogue (174).

tenkontrollstationen bemüht man sich, Familienplanung zunehmend durchzusetzen. 1974 wurde außerdem die zuvor verbotene Abtreibung legalisiert. Sie wird aus gesundheitlichen, sozialen und wirtschaftlichen Gründen zugelassen, wozu allerdings ein ärztliches Attest erforderlich ist.

Die Durchsetzung der Fünfjahrespläne zur Geburtenkontrolle wird erschwert durch den noch hohen Anteil an Analphabeten (ca. 30 v.H. der Männer und 50 v.H. der Frauen) und den — besonders auf dem Land — großen Einfluß traditioneller Verhaltensweisen. So wird z.b. das Ansehen der Frau durch die Geburt von Söhnen aufgewertet, und Kinder erscheinen wesentlich für die Altersversorgung der Eltern.

Nach wie vor stellt sich das Problem, daß nur ein Teil der etwa 550.000 bis 600.000 indischen Dörfer in das bevölkerungspolitische Programm einbezogen werden kann. Zudem haben mehrere Beobachtungen der Tätigkeit der neueingerichteten Kliniken ergeben, daß für eine Übergangszeit mit einer Umkehrung der beabsichtigten Resultate zu rechnen ist: Die verbesserten medizinischen Behandlungsmöglichkeiten werden als Leistungen des staatlichen Gesundheitsdienstes von der Bevölkerung beansprucht, die Hauptziele — Familienplanung und Sterilisation — dagegen vernachlässigt. So erleben einige Distrikte zunächst ein weiteres Sinken der Sterblichkeit, dem nur zögernd eine Neuorientierung im Fortpflanzungsverhalten folgt.[56]

Die jüngsten Hoffnungen richten sich auf die verbreitete Anwendung der (überwiegend in den USA entwickelten) Intra-Uterin-Pessare. Man glaubt damit ein Empfängnisverhütungsmittel gefunden zu haben, das vier wichtige Voraussetzungen relativ gut erfüllt: einfach, sicher, billig und gefahrlos zu sein. Die Fabrikation dieser Pessare ist in Indien bereits aufgenommen worden.

Kolumbien

Kolumbien weist mit 25,8 Millionen Einwohnern nach Brasilien, Mexiko und Argentinien in Lateinamerika die vierthöchste Bevölkerungszahl auf[57]. 98 v. H. der Bevölkerung konzentrieren sich auf etwa 50 v.H. der Landfläche, während der östliche Teil des Landes weithin unbesiedelt ist.

Die Sterbeziffer der kolumbianischen Bevölkerung (9 v.T.) konnte seit einiger Zeit an das Niveau der entwickelten Länder angeglichen werden, während sich die Geborenenziffer immer noch auf einem hohen Stand (30 — 33 v.T.) befindet. Das jährliche Bevölkerungswachstum beträgt z.Zt. 2,5 v.H.[58]

56 Thompson (171), S. 145.
57 Vgl. Populations Reference Bureau, Inc. (131) sowie Nortman/Hofstatter (125).
58 Ausführlich zu der Situation in Kolumbien s. Koller (92).

Die Altersstruktur der kolumbianischen Bevölkerung ist gekennzeichnet durch einen hohen Anteil von Jugendlichen unter 15 Jahren (46 %) und einem sehr geringen Anteil von über 64jährigen (3 %). Wie alle lateinamerikanischen Länder weist Kolumbien eine zunehmende Verstädterung auf: 1975 lebten 62 % der Bevölkerung in Städten. Die urbane Bevölkerung konzentriert sich jedoch nicht in der Hauptstadt (Bogota) — wie in den meisten lateinamerikanischen Ländern —, sondern verteilt sich auf mehrere urbane Zentren.

„Kolumbien ist ein fast vollständig katholisches Land mit einer Verdoppelungszeit (der Bevölkerung; die Verf.) von 22 Jahren. Die Sterblichkeitskontrolle wurde in Kolumbien erst nach dem Zweiten Weltkrieg wirksam. Zuvor konnte eine Frau damit rechnen, daß nach zehn Schwangerschaften zwei oder drei Kinder bis zum fortpflanzungsfähigen Alter überlebten. Infolge des medizinischen Fortschritts bleiben heute trotz der Unterernährung sieben oder acht am Leben. Jedes Kind vergrößert die unerträgliche finanzielle Belastung der Familie und die Verzweiflung der Mutter. Nach Dr. Sumner M. Kalman unternimmt eine normale Mutter verschiedene Versuche, um die Größe ihrer Familie zu beschränken. Das Verhängnis beginnt mit wirkungslosen einheimischen Mitteln zur Empfängnisverhütung, es folgen Abtreibungen durch Quacksalber und Kurpfuscher, Kindsmord, Frigidität, und am Ende steht nur allzuoft der Selbstmord. Dieses Elend verbirgt sich hinter der nüchternen Statistik eines Volkes, das sich alle 22 Jahre verdoppelt."[59]

Kolumbien gehört zu den ersten Ländern Lateinamerikas, die ein Familienplanungsprogramm auf Regierungsebene einrichteten (1967) und dieses Programm in die nationale Entwicklungsplanung integrierten (1969). Dies ist insofern erstaunlich, als Kolumbien zu den konservativsten Ländern des Subkontinents gehört und etliche Charakteristika aufweist, die typischerweise der Entwicklung einer Bevölkerungspolitik entgegen stehen: einen ausgeprägten Nationalismus, pronatalistische Normen und Traditionen, marxistische politische Bewegungen, eine starre Bürokratie, eine unzureichende Infrastruktur besonders auf dem Land sowie eine sehr konservative katholische Kirche. Dennoch wurden in diesem Land — trotz anfänglich starker Opposition von Seiten der Kirche sowie nationalen und linken Kritikern — bereits zu Beginn der 60er Jahre die ersten Schritte auf dem Weg zu einer nationalen Bevölkerungspolitik eingeleitet.[60]

Heute sind vorwiegend drei Institutionen mit der Familienplanung

59 Ehrlich (46), S. 35.
60 Kolumbien und die Dominikanische Republik waren die einzigen lateinamerikanischen Staaten, die im Dezember 1966 die Erklärung der Vereinten Nationen über die Gefahren eines stetigen hohen Bevölkerungswachstums in der Welt unterzeichneten.

betraut: das Gesundheitsministerium, welches Familienplanung innerhalb eines Mutter-Kind-Fürsorgeprogramms betreibt, Pro Familia (seit
1965) sowie die Vereinigung der medizinischen Fakultäten Kolumbiens
(ASCOFAME). Es wird geschätzt, daß etwa 1/3 der kolumbianischen
Frauen im gebärfähigen Alter von den Programmen erreicht wurde.
Sie konzentrieren sich insbesondere auf die Verbreitung des Gedankens
der Geburtenkontrolle und die Verbreitung von ,,modernen" Kontrazeptiva wie Pille und Intra-Uterin-Pessar (IUD).

In den vergangenen 15 Jahren erfolgte in Kolumbien eine rasche
Fruchtbarkeitssenkung, die in ihrem Ausmaß zu den bedeutendsten in
Lateinamerika und den Entwicklungsländern überhaupt zählt. Zu Be-
ginn der 60er Jahre betrug die Geborenenziffer noch 47,2 v.T.; bis
1973 sank sie auf 33 v.T. ab, wobei sich der Rückgang besonders seit
Anfang der 70er Jahre bemerkbar machte.

Die Fruchtbarkeitssenkung wirkte sich in den verschiedenen Schichten der kolumbianischen Gesellschaft unterschiedlich stark aus. Am
stärksten war sie bei Frauen mit höherer Schulbildung und Wohnsitz
in der Stadt; es folgen Frauen mit niedriger Schulbildung in der Stadt
und dann jene auf dem Land. Vor allem das Bildungsniveau wirkte
sich also aus. Nach dem Zensus von 1976 wurde als durchschnittliche
Kinderzahl für Frauen auf dem Land nach Abschluß der Fruchtbarkeitsperiode (49 Jahre) 6,14 Kinder errechnet, während die entsprechende Zahl für Frauen in der Stadt lediglich 3,28 Kinder betrug.

Der Anteil des Familienplanungsprogramms an der Fruchtbarkeitssenkung läßt sich nicht eindeutig feststellen, da im gleichen Zeitraum,
in dem sich diese Programme ausweiteten, wirtschaftliche, soziale und
kulturelle Veränderungen in der kolumbianischen Gesellschaft statt-
fanden, die ebenfalls das generative Verhalten beeinflußten. Nach
Schätzungen einer Kommission zum Studium der Auswirkungen des
Familienplanungsprogramms waren 1976 nach Regionen differenziert
zwischen 39 − 62 v.H. des Geburtenrückgangs auf die Bevölkerungspolitik der Regierung zurückzuführen.

Aufgrund dieser Erfolge kommt den kolumbianischen Maßnahmen
Signalwirkung für Lateinamerika und die übrige Dritte Welt zu:

Kolumbien scheint ein deutliches Beispiel dafür zu sein, daß Familienplanung in Zusammenhang mit sozio-ökonomischer Entwicklung
einen wesentlichen Beitrag zur Senkung des Bevölkerungswachstums
leisten kann.

Es sei ausdrücklich angemerkt, daß keine Zwangsmaßnahmen ergriffen wurden, sondern die Möglichkeiten der Empfängnisverhütung und
Familienplanung durch Aufklärungs- und Schulungsarbeit propagiert
wurden. Das von der UNO postulierte fundamentale Recht auf Familienplanung, d.h. daß jedes Paar die Zahl und die Folge seiner Kinder
frei bestimmen kann, wurde also konsequent beachtet.

Die Staaten der Dritten Welt sind weitgehend außerstande, Familienplanungsprogramme ganz oder teilweise zu finanzieren. Bevölkerungspolitik kann daher dort nur mit starker finanzieller und technischer Hilfe seitens internationaler Organisationen stattfinden. Im Hinblick auf diese Organisationen gilt es drei Typen zu unterscheiden:

(1) Internationale Organisationen, die freiwillige Zusammenschlüsse souveräner Staaten darstellen, wie die Vereinten Nationen und ihre Sonderorganisationen.

(2) Nationale Organisationen, die aber international tätig sind, so die staatlichen Entwicklungshilfeorganisationen und die zuständigen Ministerien einzelner Länder.

(3) Nichtstaatliche, private Organisationen mit einem weltweiten Betätigungsfeld, so z.b. Stiftungen verschiedener Art.

Die *Vereinten Nationen* errichteten innerhalb ihres Sekretariats bereits 1946 eine Bevölkerungsabteilung („Population Division"), nachdem sie das erste mit Bevölkerungsfragen befaßte Organ ins Leben gerufen hatten, die Bevölkerungskommission („Population Commission"). Diese Kommission ist dem Wirtschafts- und Sozialrat, einem der fünf Hauptorgane der Vereinten Nationen, angegliedert. Die in ihm nach einem geographischen Schlüssel vertretenen Staaten entsenden auch Vertreter in die Bevölkerungskommission.

Die Bevölkerungsabteilung hat die Aufgabe, Informationen über die demographische Lage der Erde bereitzustellen, und zwar im Hinblick auf folgende Aspekte:

– Größe und Zusammensetzung von Bevölkerungen und darin zu erwartende Veränderungen,

– Wechselwirkungen zwischen demographischen, ökonomischen und sozialen Faktoren der Entwicklung,

– Maßnahmen der Bevölkerungspolitik, die einen Wandel in Größe und Zusammensetzung der Bevölkerungen herbeiführen könnten,

– Bevölkerungsfragen, die den Arbeitsbereich der Vereinten Nationen und ihrer Sonderorganisationen berühren.

Im Jahre 1967 erfolgte die Gründung des UN-Fonds für Bevölkerungsaktivitäten (UN-Fund for Population Activities, UNFPA), in dem seit 1971 alle Fäden der UN-Bevölkerungspolitik und -forschung zusammenlaufen. Sein Budget belief sich 1975 auf ungefähr 90 Millionen Dollar (wozu die Bundesrepublik Deutschland 18 Millionen DM beisteuerte, ein Betrag, der sich jährlich erhöht hat). Aus diesem Fonds wurden bzw. werden über 500 Projekte in 80 Ländern der Dritten Welt finanziert.

Die offizielle Grundlage des Engagements der Vereinten Nationen in Bevölkerungsfragen ist die Verkettung des Bevölkerungsgeschehens mit der Durchsetzung der Menschenrechte. Alle Bevölkerungsvorgänge lassen sich mit Menschenrechten in Verbindung bringen, so z.B. das Recht zur Bestimmung der Zahl der eigenen Kinder (Bereich der Fruchtbarkeit), das Recht auf menschenwürdiges Dasein (Bereich der Sterblichkeit und Krankheit) und das Recht auf Freizügigkeit der Person (Bereich der Wanderungen).

In der allgemeinen Erklärung der Menschenrechte der UN vom Jahre 1948 wurde zunächst nur das Recht für Männer und Frauen betont, zu heiraten und eine Familie zu gründen (Artikel 16). Im Jahre 1966 bestätigte die Generalversammlung der UN die Souveränität aller Staaten bei der Festlegung ihrer eigenen Bevölkerungspolitik und bekannte sich zu dem Prinzip, daß jede Familie zu befähigen sei, die Zahl ihrer Kinder selbst zu bestimmen. Die Vereinten Nationen sahen sich nun in der Lage, Verantwortung für die Bereitstellung des dazu erforderlichen Wissens sowie von Familienplanungsdiensten zu übernehmen. Die Entwicklung führte weiter zur Resolution über „Human Rights Aspects of Family Planning" auf der internationalen Konferenz über die Menschenrechte in Teheran 1968, die seitdem die Basis des UN-Auftrags in Bevölkerungsfragen ist: „Ehepaare haben das fundamentale Menschenrecht (basic human right), die Kinderzahl und den Zeitpunkt ihrer Geburt (spacing) frei und verantwortlich zu bestimmen und ein Recht auf angemessene Unterrichtung und Information in dieser Hinsicht" (Übers. der Verf.).

Die Vereinten Nationen werden nur „auf Verlangen" einzelner Staaten tätig und nehmen zur Richtung der dortigen Bevölkerungspolitik selbst nicht Stellung.

Die Sonderorganisationen der Vereinten Natonen sind angehalten, Bevölkerungsfragen in ihrem Arbeitsbereich entsprechend zu bearbeiten. Bedeutende Hilfe für Familienplanung leisten

— die internationale Arbeitsorganisation (International Labour Organization, ILO, Sitz Genf). In ihrer Abteilung für Beschäftigung und Entwicklung beherbergt sie eine „Population and Labour Policies Branch", die besonders das Anwachsen der Erwerbsbevölkerung und deren Beschäftigungs- und Qualifikationschancen studiert;

— die Weltgesundheitsorganisation (World Health Organization, WHO, Sitz Genf). Sie überwacht die medizinische Seite des Bevölkerungswachstums und allgemeine gesundheitliche Probleme einer entwicklungsorientierten Bevölkerungspolitik;

— die Weltorganisation für Erziehung, Wissenschaft und Kultur (UNESCO, Sitz Paris). Ihre Bevölkerungsabteilung befaßt sich u.a. mit der Verbreitung der Information über Familienplanung in den Schulen;

— die Weltbank (International Bank for Reconstruction and Development, IBRD). Sie leistet Investitionshilfe in der Dritten Welt. Ihr zunehmendes Engagement bei der Finanzierung von Familienplanungsprogrammen liegt in der Erkenntnis begründet, daß Investitionen in Produkten und Infrastruktur eines Entwicklungslandes nur sinnvoll sind, wenn die Bevölkerungsentwicklung gleichzeitig unter Kontrolle gebracht wird;

– die Welternährungsorganisation (Food and Agricultural Organization, FAO, Sitz Rom). Sie vermittelt u.a. Familienplanungswissen im Rahmen landwirtschaftlicher Erziehungsprogramme in der Dritten Welt.

Von den *nationalen Organisationen*, die intensive Bevölkerungspolitik leisten und finanzieren, wäre an erster Stelle die „United States Agency for International Development" (USAID) zu nennen, die den Löwenanteil des UNFPA-Budgets und anderer Familienplanungsorganisationen aufbringt. Großes Ansehen wegen ihrer Leistungen auf diesem Gebiet genießen auch die Entwicklungsinstitutionen der skandinavischen Länder, Kanadas und Australiens.

Von den *privaten Organisationen* (Non-governmental Organizations, NGO) sind insbesondere die Ford-Stiftung und die Rockefeller-Stiftung hervorzuheben sowie die weltweit operierende „Internationale Föderation für geplante Elternschaft" (International Planned Parenthood Federation, IPPF, Sitz London). Letztere wurde 1950 gegründet, zählt gegenwärtig 50 Mitgliedstaaten und organisiert ihre Tätigkeit in 8 Büros, die sich auf alle Kontinente verteilen. (Unter den Gründungsmitgliedern des IPPF befand sich – wie bereits erwähnt – die deutsche Organisation Pro Familia, die seitdem Tochtergesellschaft des IPPF ist).

Weltbevölkerungsaktionsplan

Einen Höhepunkt in der internationalen Diskussion um Aktivität im Hinblick auf die Probleme der Entwicklung der Erdbevölkerung stellte im letzten Jahrzehnt die von den Vereinten Nationen 1974 nach Bukarest einberufene *Weltbevölkerungskonferenz* dar. An ihr nahmen offizielle Delegierte von über 130 Staaten der Erde teil, die sich mit Mehrheit den Forderungen anschlossen nach

– verstärkter und verbesserter Forschungstätigkeit auf dem Gebiet der Bevölkerungsentwicklung, ihren Ursachen und vielfältigen Auswirkungen;
– Schaffung eines bevölkerungspolitischen Bewußtseins bei Regierungen, wissenschaftlichen Institutionen und Informationsmedien;
– Einbeziehung von Bevölkerungs- und Familienfragen in Erziehungs- und Bildungsprogramme;
– Anregung von Diskussionen über Bevölkerungsfragen auf politischer und wissenschaftlicher Ebene;
– Bevölkerungspolitik als Ort internationaler Zusammenarbeit ein-

schließlich Gewährung von Unterstützung und technischer Hilfe bei der Durchführung von konkreten Programmen.

Kernstück der Aktivitäten war die Verabschiedung des sogenannten „Weltbevölkerungsaktionsplans"[61], in dem sich die Länder zu einer verantwortungsbewußten Gestaltung der Bevölkerungsentwicklung auf bestimmte Ziele zu verpflichten. Danach sollen sich u.a. die großen Diskrepanzen zwischen der Bevölkerungsweise der Industrienationen und derjenigen der Entwicklungsländer bis zum Jahre 2000 deutlich verringern: Die Geborenenziffern der Entwicklungsländer sollen von gegenwärtig etwa 38 v.T. (1975) auf ca. 27,4 v.T. im Jahre 2000 zurückgehen. Im selben Zeitraum soll die Lebenserwartung der Menschen der Dritten Welt von gegenwärtig 52 Jahren (in den Industrienationen liegt sie bei 70 Jahren) auf 64 Jahre ansteigen.

Der Weltbevölkerungsaktionsplan soll ab 1979 alle 5 Jahre von den Vereinten Nationen hinsichtlich des Grades seiner Verwirklichung überprüft werden. Daß er trotz vielfältiger Diskrepanzen in den Auffassungen der Vertreter der verschiedenen Länder in seinen Grundzügen angenommen wurde, läßt erkennen, welche große Bedeutung dem Bevölkerungsgeschehen heute weltweit beigemessen wird.

---

61 Im einzelnen siehe dazu u.a.: Bundesministerium für wirtschaftliche Zusammenarbeit (23); Miro (115), S. 421 ff.

Danksagung

Die Verfasser danken Frau Dipl.Soz. Claudia Munz für ihre intensive Mitarbeit an der Zusammenstellung von Tabellen, Figuren und Literatur, Frau Dipl.Soz. Carla Grauer für die redaktionelle Bearbeitung und Frau Gudrun Schötter für die technische Erstellung des Manuskripts.

Anhang: Tabellen und Figuren

Verzeichnis der Tabellen:

Verzeichnis der Figuren:

Tabelle 1: Geborene, Gestorbene, Eheschließungen und Ehescheidungen im Deutschen Reich bzw. in der Bundesrepublik Deutschland

Jahr	Lebendgeborene	Gestorbene[1]	Mehr Geborene als Gestorbene	Eheschließungen	Ehescheidungen	im 1. Lebensjahr Gestorbene[7]	Unehelich Lebendgeborene	Totgeborene
	auf 1 000 Einwohner					auf 1 000 Lebend- und Totgeborene		
1841 — 1850*	36,1	26,8	9,3	.	.	.	.	.
1851 — 1860	35,3	26,4	8,9	.	.	.	.	.
1861 — 1870	37,2	26,9	10,3	.	.	.	.	.
1875	40,6	27,6	13,0	9,1	.	243	86	41
1880	37,6	26,0	11,6	7,5	.	235	90	39
1885	37,0	25,7	11,4	7,9	.	223	95	38
1890	35,7	24,4	11,4	8,0	.	223	91	34
1895	36,1	22,1	13,9	8,0	.	227	91	33
1900	35,6	22,1	13,6	8,5	0,16[3]	226	87	31
1905	32,9	19,8	13,2	8,1	0,19	205	85	30
1910	29,8	16,2	13,6	7,7	0,23	162	91	29
1913	27,5	15,0	12,4	7,7	0,27	151	97	29
1920[2]	25,9	15,1	10,8	14,5	0,59	131	114	32
1925	20,8	11,9	8,8	7,7	0,57	105	119	33
1930	17,6	11,0	6,5	8,8	0,63	85	120	31
1935[4]	18,9	11,8	7,1	9,7	0,75	68	78	26
1938[4]	19,6	11,6	7,9	9,4	0,72	60	77	23
1939[4]	20,4	12,3	8,1	11,2	0,89	61	78	23

Jahr					Bundesgebiet einschl. Berlin (West)			
1938	19,5	11,4	8,0	-9,5	1,12[8]	60,2[6]	66,0[6]	22,6
1946[5]	16,1	13,0	3,2	8,8	1,87[8]	97,1	163,8	23,0
1948[5]	16,5	10,5	6,0	10,7	1,69	68,9	102,3	21,7
1950[5]	16,2	10,5	5,7	10,7	1,27	55,3	97,3	21,8
1951[5]	15,7	10,8	5,0	10,3	1,05	53,0	96,4	21,9
1953	15,5	11,3	4,2	9,0	1,05	46,5	86,7	20,3
1956	16,1	11,3	4,8	9,0	0,87	38,9	74,7	18,5
1959	17,3	11,0	6,3	9,2	0,89	34,4	66,9	15,5
1962	17,9	11,3	6,6	9,3	0,87	29,3	55,6	13,9
1963	18,3	11,7	6,6	8,8	0,88	27,1	52,3	13,1
1964	18,2	11,0	7,2	8,7	0,95	25,3	49,9	12,6
1966	17,6	11,5	6,1	8,1	.	23,6	45,6	11,5
1970	13,2	11,9	1,2	7,2		23,2	54,6	10,2
1971	12,7	11,9	0,8	7,0	1,31	23,1	58,1	9,8
1972	11,3	11,8	- 0,5	6,7	1,40	22,4	60,5	9,3
1973	10,3	11,8	- 1,5	6,4	1,45	22,7	62,7	8,9
1974	10,1	11,7	- 1,6	6,1	1,59	21,1	62,7	8,5
1975	9,7	12,1	- 2,4	6,3	1,73	19,7	61,2	7,7
1976	9,8	11,9	- 2,1	5,9	1,75	17,4	63,5	7,3
1977	9,5	11,5	- 2,0	5,8	.	15,4	64,7	6,5
1978[9]	9,4	11,8	- 2,4	5,4	.	14,7	69,6	6,3

* Reichsgebiet, jeweiliger Gebietsstand. – 1 Ohne Totgeborene; ab 1.9.1939 ohne Sterbefälle von Wehrmachtsangehörigen und nachträglich beurkundete Kriegssterbefälle und gerichtliche Todeserklärungen. – 2 Ab 1920 ohne Elsaß-Lothringen. – 3 Durchschnitt der Jahre 1900 - 1904. – 4 Gebietsstand 31.12.1937. – 5 Ausländer in IRO-Lagern inbegriffen. – 6 ab hier auf 1 000 Lebendgeborene. – 7 Für Bundesgebiet einschließlich Berlin (West) unter Berücksichtigung der Geburtenentwicklung. – 8 Ohne Berlin. – 9 Vorläufiges Ergebnis.

Quelle: Statistische Jahrbücher für die Bundesrepublik Deutschland, 1965, S. 61, und 1979, S. 67.

Tabelle 2: Fruchtbarkeitsziffern im Deutschen Reich und in der Bundesrepublik Deutschland. 1870/71 bis 1977[1]

Jahr	Lebendgeborene auf 1000 Frauen im Alter von 15 bis unter 45 Jahren	Ehelich Lebendgeborene auf 1000 verheiratete Frauen unter 45 Jahren	Jahr	Lebendgeborene auf 1000 Frauen im Alter von 15 bis unter 45 Jahren	Ehelich Lebendgeborene auf 1000 verheiratete Frauen unter 45 Jahren
1871/72	163	.	1950	70	121
1876	164	.	1952	68	.
1880/81	167	.	1955	69	.
1885/86	166	.	1957	76	124
1890	160	.	1960	82	126
1900/01	158	.	1962	85	123
1909/11	130	.	1964	87	124
1912/13	117	.	1966	86	121
1920	100	.	1968	80	111
1925	80	.	1970	67	92
1930	67	.	1971	64	88
1933	60	95	1972	57	78
1935	78	.	1973	51	71
1937	77	.	1974	50	70
1938	81	.	1975	48	68
1939	.	131	1976	47	69
1946	65	.	1977	45	67
1948	69	.			

1   1981/72 – 1939 Reichsgebiet, 1946 – 1957 Bundesgebiet ohne Saarland und Berlin.

Quelle: Nach Angaben des Statistischen Bundesamtes

Tabelle 3: Index der Gesamtfruchtbarkeit und Nettoreproduktionsziffer für Frauen im Alter von 15 bis 49 Jahren in der Bundesrepublik Deutschland

Jahr	Index der Gesamtfruchtbarkeit (je 1000 Frauen)	Nettoreproduktionsziffer		
		Gesamtbevölkerung	Deutsche	Ausländer
1960	2372,148	1,101	.	.
1961	2456,750	1,141	.	.
1962	2440,732	1,134	.	.
1963	2518,436	1,170	.	.
1964	2549,430	1,184	.	.
1965	2507,487	1,165	.	.
1966	2534,606	1,190	.	.
1967	2489,573	1,169	.	.
1968	2388,565	1,121	.	.
1969	2213,999	1,039	.	.
1970	2016,349	0,947	0,945	.
1971	1920,834	0,901	0,888	.
1972	1717,625	0,806	0,783	.
1973	1543,471	0,725	0,693	1,080
1974	1512,462	0,711	0,674	1,111
1975	1451,339	0,680	0,642	1,102
1976	1458,738	0,686	0,655	1,061
1977	1404,611	0,659	0,634	0,979

Quelle: Nach Angaben des Statistischen Bundesamtes

Tabelle 4: Kinderzahl der 1899 und früher sowie der 1900 bis 1977 geschlossenen Ehen

Eheschließungs-jahr[1]	von 100 Ehen haben					Kinder je 100 Ehen
	keine	1	2	3	4 und mehr	
	Kind(er)					
1899 und früher	9	9	12	12	58	*490*
1900–1904 ...	9	12	16	15	47	*393*
1905–1909 ...	10	15	20	17	38	*335*
1910–1912 ...	12	17	22	17	32	*294*
1913–1918 ...	14	20	24	17	25	*252*
1919–1921 ...	16	23	24	15	21	*234*
1922–1925 ...	18	24	24	15	20	*222*
1926–1930 ...	17	23	25	15	20	*223*
1931–1935 ...	16	22	27	17	18	*218*
1936–1940 ...	14	25	31	17	14	*205*
1941–1945 ...	13	25	31	17	14	*205*
1946–1950 ...	13	26	30	17	14	*207*
1951–1956 ...	13	25	31	17	14	*205*
1956–1961 ...	13	22	35	19	11	*200*
1962–1966 ...	13	26	40	15	6	*178*
1967–1971[2] ..	15	27	43	10	5	*164*
1972–1977[2] ..	15	34	39	8	4	*153*
Zur Erhaltung des Bevölkerungsbe-standes erforder-liche Kinderzahl (Schätzung) ...	10	10	35	40	5	*230[3]*

1 1899 und früher und bis 1912 Ergebnisse der Volkszählung 1933 in Preußen. 1913 bis 1921 Ergebnisse der Volkszählung 1933 und 1939 im Deutschen Reich. 1922 bis 1935 Ergebnisse der Volkszählung 1950 (ohne Berlin). Danach Ergebnisse der Volkszählung 1970 und des Mikrozensus 1977.
2 Kinderzahl bis Mai 1977 Ergebnisse des Mikrozensus, danach Erwartungszahlen bis zu 20jähriger Ehedauer.
3 Nach Angaben des Stat. Bundesamtes

Quelle: Statistisches Bundesamt: Die Situation der Kinder in der Bundesrepublik Deutschland. Stuttgart-Mainz 1979, S. 25

Tabelle 5: Lebenserwartung der Neugeborenen in Jahren[1] im Deutschen Reich und in der Bundesrepublik Deutschland

Jahr	männlich	weiblich
1871/80	35,58	38,45
1901/10	44,82	48,33
1932/34	59,86	62,81
1946/47	57,72	63,44
1949/51	64,56	68,48
1957/58	66,21	71,34
1958/59	66,75	71,88
1959/60	66,69	71,94
1960/62	66,86	72,39
1962/63	67,10	72,77
1963/64	67,32	73,13
1965/67	67,62	73,58
1967/69	67,39	73,51
1970/72	67,41	73,83
1974/76	68,30	74,81
1975/77	68,61	75,21

1 Bis 1932/34 Reichsgebiet jeweiliger Gebietsstand; von 1946/47 bis 1959/60 Bundesgebiet ohne Berlin; ab 1960/62 Bundesgebiet mit Berlin (West)

Quelle: Wirtschaft und Statistik 1962, Heft 1, S. 22 und Statistisches Jahrbuch für die Bundesrepublik Deutschland, 1962, S. 63, 1965, S. 66 und 1966, S. 62, 1969, S. 51, 1971, S. 51, 1969, S. 51, 1971, S. 51, 1979, S. 73.

Tabelle 6: Beispiel der Berechnung einer Nettoreproduktionsziffer der Bevölkerung des Deutschen Reiches[1]

Vollendetes Altersjahr	Von 100000 lebendgeborenen Mädchen erlebten das nebenstehende Alter	davon wurden angenommen als[2]		Fruchtbarkeitsziffern[3] der		Geborene (Knaben u. Mädchen)	
		verheiratet	unverheiratet	verheirateten	unverheirat. Frauen	ehelich	unehelich
16	90116	48,58	90067,42	233,02	2,51	11,32	226,07
17	89983	349,47	89633,53	289,55	6,00	101,19	537,80
18	89827	1487,71	88339,29	318,58	12,12	473,95	1070,67
19	89646	4244,60	85401,40	309,22	17,50	1312,50	1494,52
20	89450	9081,39	80368,61	293,64	22,30	2666,70	1792,22
.	.	.	.	.	.	.	.
.	.	.	.	.	.	.	.
25	88353	48617,81	39735,19	190,51	20,02	9262,13	795,50
26	88118	54222,16	33895,84	176,61	17,91	9576,37	607,07
27	87872	58646,41	29225,59	159,90	16,44	9377,78	480,47
.	.	.	.	.	.	.	.
.	.	.	.	.	.	.	.
39	84403	68441,85	15961,15	41,00	4,74	2806,19	75,66
40	84047						
41	83688						
42	83316	337603,75	78886,25	21,96	2,24	7414,40	176,71
43	82924						
44	82515						

136501,66 15149,78

151651,44

Wenn man eine Sexualproportion der Lebendgeborenen von 106 Knaben auf 100 Mädchen sowie eine Totgeborenenquote von 3 v.H. zugrunde legt, würde also die Gesamtzahl der von der Ausgangsgesamtheit von 100000 lebend geborenen Mädchen im Laufe ihres Lebens geborenen Mädchen betragen: $\dfrac{151\,651 \cdot 0{,}97}{2{,}06} = 71\,409$

Der Nettoreproduktionsindex hat daher in diesem Falle den Wert 0,71409

1 Zugrunde gelegt wurde eine für das Jahr 1933 aufgestellte Sterbetafel und die z.T. bereinigten Fruchtbarkeitsverhältnisse dieses Jahres. 2 Näheres siehe die nachstehend angegebene Quelle. 3 Zahl der Geborenen überhaupt (Lebend- und Totgeborene) auf 1 000 verheiratete Frauen bzw. unverheiratete Frauen im gebärfähigen Alter.

Quelle: Neue Beiträge zum deutschen Bevölkerungsproblem. Sonderhefte zu Wirtschaft und Statistik, Nr. 15, Berlin 1935.

157

Tabelle 8: Vermehrungsraten zweier Bevölkerungsgruppen bei verschiedener generativer Struktur

Demographisches Merkmal	Statistisches Maß	Wert Gruppe		Schichtenspezifische Differenzierung der Werte	Errechnung der schichtenspezifischen Vermehrungsrate		
		A	B	A:B	A	B	
1. Eheliche Fruchtbarkeit	Geburten je Ehe	6	3	1:0,5	6	3	Geburten je Ehe
2. Uneheliche Fruchtbarkeit	Uneheliche als v.H. der ehelich Geborenen	8	10	1:1,25	0,48	0,3	Uneheliche Geburten auf eine Ehe
3. Aufwuchsleistung	Überlebende des 15. Lebensjahres je Geburt	0,6	0,9	1:1,5	3,888	2,97	15jährigen Aufwuchs je Ehe
4. Heiratshäufigkeit	mittlere Heiratswahrscheinlichkeit	0,6	0,9	1:1,5	2,3328	2,673	Verheiratetennachwuchs der nächsten Generation je Ehe
				1:1,15	1,1664	1,3365	generationsweise Vermehrungsrate

5. Generationen-abstand	durchschnittliches Heirats-alter plus durchschnitt-licher Abstand der Geburt vom Eheschlie-ßungsjahr (in Jahren)				Zahl der Generationen in 50 Jahren
	30	25	1:0,83	1,66	2
			3,33	4	in 100 Jahren

Zu Tabelle 8:

Nach ... Jahren	Gruppe A		Gruppe B	
	Vermehrungsfaktor	Bevölkerungsstand (v.H.)	Vermehrungsfaktor	Bevölkerungsstand (v.H.)
0	1	100,0	1	100,0
50	$1,664^{1,66}$	129,2	$1,3365^{2}$	178,6
100	$1,664^{3,33}$	167,1	$1,3365^{4}$	319,2

Tabelle 8 gibt „ein rechnerisch anschauliches Beispiel, wie sich die Elemente generativer Strukturen zu einer Vermehrungsrate kombinieren lassen und welche Rolle die Differenzierungen der einzelnen Werte dabei spielen. Die Verhältnisse der einzelnen Werte sind zwar schematisch, aber so gewählt, daß sie ungefähr in das folgende Argument passen. Die eine generative Struktur A hat hohe Fruchtbarkeit bei niedriger Unehelichenquote, niedriger Aufwuchsleistung, niedriger Heiratshäufigkeit und hohem Gene-rationenabstand. Die Gruppe B hat umgekehrt bei niedriger innerehelicher Fruchtbarkeit eine höhere Unehelichenquote, wesentlich höhere Aufwuchsleistungen, niedrigeres Heiratsalter und niedrigeren Generationenabstand. Diese Differenzierungen kehren die Unterschiede der Fruchtbarkeit in ihrer Wirkung auf die Vermehrungsrate in das genaue Gegenteil um. Die Gruppe B hat trotz wesentlich geringerer Fruchtbarkeit eine raschere Vermehrung. Von den Sterblichkeitswerten sind dabei nur die bis zum Alter von 15 Jahren in die Rechnung einbezogen. Die späteren sind in ihrer Wirkung auf die Vermehrungsrate wie auch in ihren Differen-zierungen so gering, daß sie vernachlässigt werden können."

Quelle: G. Mackenroth, Die generative Struktur von Bevölkerungen und Sozialschichten. In: Weltwirtschaftliches Archiv, Bd. 75, Heft 1, 1955, S. 5 ff.

Tabelle 7: Durchschnittliches Heiratsalter der Eheschließenden in Jahren[1]
im Deutschen Reich und in der Bundesrepublik Deutschland

Jahr	Männer		Frauen	
	insgesamt	ledig	insgesamt	ledig
1911	28,9	27,4	25,7	24,8
1920	30,3	28,6	26,9	25,7
1925	29,6	27,5	26,4	25,3
1930	29,3	27,5	26,1	25,3
1934	29,0	27,5	26,1	25,4
1947	31,1	28,4	27,1	25,1
1950	30,8	28,1	27,3	25,4
1955	29,6	27,0	26,0	24,4
1960	28,5	25,9	25,2	23,7
1965	28,5	26,0	25,4	23,7
1970	28,3	25,6	24,9	23,0
1975	28,4	25,3	25,1	22,7
1977	28,8	25,7	25,5	22,9

1   1911 bis 1934 im Reichsgebiet, ab 1947 bis 1959 Bundesgebiet ohne Berlin,
ab 1960 Bundesgebiet einschl. Berlin (West).

Quelle: Wirtschaft und Statistik, 1956, Heft 4, S. 199; Statistisches Jahrbuch für
die Bundesrepublik Deutschland, 1962, S. 59, 1977, S. 70, 1979, S. 68.

Tabelle 9: Die soziale Schichtung des Landvolkes in Ostpreußen 1805 und 1867

Berufs-/Besitzschicht	Anzahl der Schichtzugehörigen (in Tausend)		Mittlere jährliche Zunahme, bezogen auf jeweils 1 000 Schichtangehörige
	1805	1867	
Gutswirte	7	17	14
Hofbauern	294	360	3
Eigenkätner	40	144	21
Dorfgewerbe	32	101	19
Instleute/Tagelöhner	220	580	16

Quelle: G. Ipsen: Die preußische Bauernbefreiung als Landesausbau. In: Zeitschrift für Agrargeschichte und Agrarsoziologie, Jg. 2/1954, Heft 1, S. 51.

Tabelle 10: Geburten, Sterbefälle und Saldo der Geburten und Sterbefälle von Deutschen und Ausländern in der Bundesrepublik Deutschland

Jahr	Lebendgeborene			Gestorbene			Geburtensaldo		
	insgesamt	deutscher Staatsangehörigkeit	fremder Staatsangehörigkeit	insgesamt	deutscher Staatsangehörigkeit	fremder Staatsangehörigkeit	insgesamt	deutscher Staatsangehörigkeit	fremder Staatsangehörigkeit
1960	968629	957488	11141	642962	639369	3593	+ 325667	+ 318119	+ 7548
1961	1012687	998732	13955	627561	623531	4030	+ 385126	+ 375201	+ 9925
1962	1018552	999749	18803	644819	640558	4261	+ 373733	+ 359191	+ 14542
1963	1054123	1029448	24675	673069	668277	4792	+ 381054	+ 361171	+ 19883
1964	1065437	1034580	30857	644128	638903	5225	+ 421309	+ 395677	+ 25632
1965	1044328	1006470	37858	677628	672093	5535	+ 366700	+ 334377	+ 32323
1966	1050345	1005199	45146	686321	680499	5822	+ 364024	+ 324700	+ 39324
1967	1019459	972027	47432	687349	681721	5628	+ 332110	+ 290306	+ 41804
1968	969825	924877	44948	734048	728172	5876	+ 235777	+ 196705	+ 39072
1969	903456	852783	50673	744360	737407	6953	+ 159096	+ 115376	+ 43720
1970	810808	747801	63007	734843	726838	8005	+ 75954	+ 20963	+ 55002
1971	778526	697812	80714	730670	721605	9065	+ 47856	− 23793	+ 71649
1972	701214	609773	91441	731264	721673	9591	− 30050	− 111900	+ 81850
1973	635633	536547	99086	731028	721393	9635	− 95395	− 184846	+ 89451
1974	626373	518103	108270	727511	718234	9277	− 101138	− 200131	+ 98993
1975	600512	504639	95873	749260	740269	8991	− 148748	− 235630	+ 86882
1976	602851	515898	86953	733140	724577	8563	− 130289	− 208679	+ 78390
1977	582344	504073	78271	704922	696885	8037	− 122578	− 192812	+ 70234
1978[2]	576468	501483	74985	723218	715174	8044	− 146750	− 213691	+ 66941

				je 1000 Einwohner					
1960	17,4	—	—	11,6	—	—	+ 5,9	—	—
1961	18,0	18,0	20,3	11,2	11,2	5,9	+ 6,9	+ 6,8	+ 14,4
1962	17,9	—	—	11,3	—	—	+ 6,6	—	—
1963	18,3	—	—	11,7	—	—	+ 6,6	—	—
1964	18,2	—	—	11,0	—	—	+ 7,2	—	—
1965	17,7	—	—	11,5	—	—	+ 6,2	—	—
1966	17,6	—	—	11,5	—	—	+ 6,1	—	—
1967	17,0	16,7	25,7	11,5	11,7	3,0	+ 5,5	+ 5,0	+ 22,7
1968	16,1	15,8	25,0	12,2	12,5	3,3	+ 3,9	+ 3,3	+ 21,7
1969	14,8	14,6	23,4	12,2	12,6	3,2	+ 2,6	+ 2,0	+ 20,2
1970	13,4	12,8	22,5	12,1	12,5	2,9	+ 1,3	+ 0,4	+ 19,6
1971	12,7	12,0	24,6	11,9	12,4	2,8	+ 0,8	— 0,4	+ 21,8
1972	11,4	10,5	25,9	11,9	12,4	2,7	— 0,5	— 1,9	+ 23,2
1973	10,3	9,2	25,0	11,8	12,4	2,4	— 1,5	— 3,2	+ 22,6
1974	10,1	8,9	26,7	11,7	12,8	2,3	— 1,6	— 3,5	+ 24,4
1975	9,7	8,7	24,1	12,1	12,6	2,3	— 2,4	— 4,1	+ 21,8
1976	9,8	8,9	22,4	11,9	12,1	2,2	— 2,1	— 3,6	+ 20,2
1977	9,5	8,8	20,2	11,5		2,1	— 2,0	— 3,4	+ 18,1
1978	9,4	...	...	11,8	...	...	— 2,4	...	...

Quelle: Nach Angaben des Statistischen Bundesamtes

Tabelle 11: Bilanz des Geburtenrückgangs 1966 - 1975 in der Bundesrepublik Deutschland

Kinderzahl	Lebendgeborene 1966	Lebendgeborene 1975	Abnahme 1975 gegenüber 1966 insgesamt		Abnahme 1975 gegenüber 1966 Durch Veränderungen der demographischen Komponenten		Abnahme 1975 gegenüber 1966 Durch Veränderungen des generativen Verhaltens		Lebendgeborene 1975 ohne Änderung des generativen Verhaltens[1]
	1000	1000	1000	%	1000	%	1000	%	1000
	1	2	3	4	5	6	7	8	9
Ehelich									
1. Kinder ...	399	263	136	*34,1*	82	*20,6*	54	*13,5*	317
2. Kinder ...	316	186	130	*41,1*	46	*14,6*	84	*26,5*	270
3. Kinder ...	156	67	89	*57,1*	12	*7,7*	77	*49,4*	144
4. und weitere Kinder ...	131	48	83	*63,4*	—	—	83	*63,4*	131
Zusammen ..	1002	564	438	*43,7*	140	*14,0*	298	*29,7*	862
Nichtehelich									
Zusammen ..	48	37	11	*22,9*	5	*10,4*	6	*12,5*	43
Insgesamt									
Insgesamt	1050	601	449	*42,7*	145	*13,8*	304	*28,9*	905

1 Beim generativen Verhalten von 1966.

Quelle: Wirtschaft und Statistik, Heft 6/1977, S. 374.

164

Tabelle 12: Durchschnittliche Kinderzahl je 100 der von 1951 bis 1960 geschlossenen Ehen nach der beruflichen Stellung des Mannes 1971 und der durchschnittlichen Kinderzahl der Eltern der Ehepartner in der Bundesrepublik Deutschland

Berufliche Stellung des Mannes 1971	Durchschnittliche Kinderzahl je 100 Ehen	Durchschnittl. Kinderzahl je 100 Ehen der Eltern ...	
		des Mannes	der Frau
Landwirte insgesamt	278	427	409
davon: Hofgröße unter 20 ha	265	431	412
Hofgröße 20 u. mehr ha	303	421	402
Selbständige insgesamt	204	334	318
davon: bis 1 Mitarbeiter	197	340	332
2 bis 9 Mitarbeiter	208	331	304
10 u.m. Mitarbeiter	217	321	295
Beamte insgesamt	203	325	324
davon: im einfachen Dienst	202	359	355
im mittleren Dienst	200	343	334
im gehobenen Dienst	197	301	309
im höheren Dienst	221	291	294
Angestellte insgesamt	184	320	320
davon: mit einfacher Tätigkeit	190	364	357
mit schwierigen Aufgaben	179	324	325
mit selbständiger Tätigkeit	186	294	300
mit umfassenden Führungsaufgaben	204	284	282
Arbeiter insgesamt	220	412	398
davon: ungelernte Arbeiter	235	445	428
angelernte Arbeiter	228	437	414
Gelernte und Facharbeiter	210	385	380
Vorarbeiter, Kolonnenführer, Meister und Poliere	217	401	373
Alle Ehepaare	208	363	355

Quelle: G.-R. Rückert, Die Kinderzahlen der Ehen in der Bundesrepublik Deutschland im Intergenerationenvergleich. In: Zeitschrift für Bevölkerungswissenschaft, Heft 2, 1976, S. 43.

Tabelle 13: Kinder der 1963 bis 1967 geschlossenen Ehen deutscher Frauen im April 1976 nach sozio-ökonomischen Gruppen in der Bundesrepublik Deutschland

Monatliches Nettoeinkommen des Mannes in DM	Stellung des Mannes im Beruf	Erwerbstätigkeit der Frau				Zahl der Ehen	
		Vollzeitbeschäftigte[1]	Teilzeitbeschäftigte[2]	Nicht-erwerbstätige	Ehen insgesamt	1000	%[3]
		Kinder je 100 Ehen					
unter 1 200	Selbständige[4]	158	200	204	175	12	8
	Beamte	–	–	–	–	1	0
	Angestellte	120	133	132	127	16	10
	Arbeiter	145	183	187	171	88	56
	Nicht-erwerbstätige	80	–	98	86	39	25
	zusammen	135	167	147	146	156	100 (50)
1 200 bis unter 1 800	Selbständige[4]	169	188	223	191	25	4
	Beamte	89	146	187	156	40	6
	Angestellte	97	146	180	147	151	22
	Arbeiter	134	169	202	181	457	65
	Nicht-erwerbstätige	–	–	62	66	28	4
	zusammen	122	163	189	168	702	100 (44)
1 800 bis unter 2 500	Selbständige[4]	173	188	202	185	48	9
	Beamte	133	164	195	177	91	17
	Angestellte	102	153	184	164	234	44
	Arbeiter	153	175	215	200	150	28
	Nicht-erwerbstätige	–	–	42	43	9	2
	zusammen	133	165	193	176	532	100 (39)

2 500 und mehr	Selbständige[4]	173	194	202	189	90	22
	Beamte	146	193	212	201	85	21
	Angestellte	104	151	187	173	213	52
	Arbeiter	122	194	227	209	16	4
	Nicht-erwerbstätige	–	–	–	–	5	1
	zusammen	146	174	194	183	408	100 (35)
Insgesamt[6]	Selbständige Land- u. Forstwirte[5]	259	251	224	256	52	3
	Übrige Selbständige	168	189	205	186	192	10
	Beamte	125	170	201	182	220	12
	Angestellte	102	150	184	162	628	33
	Arbeiter	139	172	203	184	721	38
	Nicht-erwerbstätige	91	104	69	75	87	5
	zusammen	143	167	188	174	1 901	100 (43)

* In der Familie lebende ledige gemeinsame Kinder der Ehegatten oder auch nur des Mannes oder der Frau ohne Altersbegrenzung.

1) 30 und mehr Wochenstunden. – 2) Weniger als 30 Wochenstunden. – 3) In Klammern Anteil der erwerbstätigen Ehefrauen in %. – 4) Ohne Selbständige in der Land- und Forstwirtschaft und ihre mithelfenden Familienangehörigen. – 5) Einschl. mithelfende Familienangehörige in der Land- und Forstwirtschaft. – 6) Einschl. Ehen ohne Einkommensangabe des Mannes.

Quelle: Nach Angaben des Statistischen Bundesamtes

Tabelle 14: Durchschnittliche Kinderzahl je 100 Ehen mit Männern der Geburtsjahrgänge 1920 bis 1936 nach der beruflichen Stellung des Mannes 1971 und der durchschnittlichen Kinderzahl der Eltern in der Bundesrepublik Deutschland

Berufliche Stellung des Mannes 1971	Durchschnittl. Kinderzahl je 100 Ehen	Durchschnittl. Kinderzahl je 100 Ehen der Eltern des Mannes	Verhältnis: eigene Kinderzahl zu Kinderzahl der Eltern
Landwirte insgesamt	274	404	0,68
davon: Hofgröße unter 20 ha	268	410	0,65
Hofgröße 20 u. m. ha	284	395	0,72
Selbständige insgesamt	206	326	0,63
davon: bis 1 Mitarbeiter	199	331	0,60
2 bis 9 Mitarb.	212	324	0,65
10 u.m. Mitarb.	215	313	0,69
Beamte insgesamt	198	323	0,61
davon: im einf. Dienst	201	359	0,56
im mittl. Dienst	197	346	0,57
im geh. Dienst	192	300	0,64
im höher. Dienst	207	281	0,74
Angestellte insgesamt	180	314	0,57
davon: mit einf. Tätigk.	189	358	0,53
mit schwierigen Aufgaben	175	318	0,55
mit selbständ. Tätigkeit	180	290	0,62
mit umfassend. Führungsaufg.	194	284	0,68
Arbeiter insgesamt	214	407	0,53
davon: ungelernt. Arb.	230	434	0,53
angelernt. Arb.	224	431	0,52
Gelernte und Facharbeiter	203	383	0,53
Vorarb., Kolonnenführer, Meister u. Poliere	207	396	
Alle Ehepaare	205	365	0,56

Quelle: G.R. Rückert, Die Kinderzahlen der Ehen in der Bundesrepublik Deutschland im Intergenerationenvergleich. In: Zeitschrift für Bevölkerungswissenschaft, Heft 2, 1976, S. 45.

Tabelle 15: Erwerbsbeteiligung der Frauen nach Altersgruppen und Familienstand*

Stichtag bzw. Monat	Insgesamt 1 000	Im Alter von ... bis unter ... Jahren %						
		unter 20	20 -30	30 -40	40 - 50	50 - 60	60 - 65	65 und mehr
Reichsgebiet								
Alle Frauen								
5.6.1881	5 542	16,5	46,6	21,7	24,0	27,8	21,0	
14.6.1895	6 578	17,3	45,9	23,9	25,3	28,5	21,9	
12.6.1907	9 493	19,0	51,7	34,8	37,2	37,8	25,7	
16.6.1925	11 478	24,2	58,3	39,5	38,1	37,3	31,8	17,6
16.6.1933	11 479	18,4	60,4	40,8	38,3	34,6	26,7	12,7
17.5.1939[1]	12 798	26,2	55,9	44,0	43,3	36,9	28,0	14,0
Verheiratete Frauen								
5.6.1882	714	18,1	9,3	9,1	9,8	9,5	7,1	
14.6.1895	1 058	15,7	11,9	11,8	12,7	12,7	10,0	
12.6.1907	7 818	22,5	22,1	25,7	28,9	29,8	23,5	
16.6.1925	3 645	27,9	26,9	27,9	30,7	31,5	28,5	20,7
16.6.1933	4 177	48,2	31,0	29,2	31,0	30,6	25,2	16,8
17.5.1939[1]	5 246	33,7	30,9	34,1	35,7	33,2	28,5	19,8
Bundesgebiet								
Alle Frauen								
17.5.1939	7 931	26,7	56,2	41,9	41,1	36,6	29,5	17,0
13.9.1950	8 486	19,4	59,4	38,1	36,2	32,3	20,8	9,4
6.6.1961	9 932	20,0	62,4	45,5	43,7	35,6	20,9	8,0
Mai 1965	9 559	60,3	58,4	44,0	47,5	38,7	23,3	7,9
April 1970	9 683	47,3	60,2	45,8	48,7	40,5	22,5	6,5
Mai 1975	10 002	50,6	62,7	51,3	43,8	43,8	16,4	4,4
April 1978	10 159	44,1	65,1	53,4	51,9	42,7	12,2	3,4
Verheiratete Frauen								
17.5.1939	3 111	29,7	29,6	31,9	33,9	33,1	30,4	22,4
13.9.1950	2 933	30,2	27,3	26,0	26,8	25,1	19,0	12,4
6.6.1961	4 515	55,1	43,1	37,1	36,6	29,3	18,1	9,7
Mai 1965	3 779	54,2	44,0	36,3	39,8	31,7	19,3	8,8
April 1970	5 402	57,7	47,8	40,4	42,0	34,1	18,9	7,7
Mai 1975	6 088	57,9	55,6	46,4	46,0	37,1	14,0	4,6
April 1978	6 108	54,6	56,6	48,9	50,2	36,3	10,3	3,8

* 1882 bis 1961 Ergebnisse der Berufszählungen; ab 1965 Ergebnisse des Mikrozensus. – Einschl. Soldaten.
1 Gebietsstand: 31.12.1937. – 2 Anteil an 100 Frauen entsprechenden Alters und Familienstandes.

Quelle: Nach Angaben des Statistischen Bundesamtes

Tabelle 16: Nord- und südamerikanische Zielländer der deutschen Auswanderung
nach den Einwanderungsstatistiken 1820 - 1910

Jahrzehnt	Deutsche Auswanderung insgesamt (i.T)	USA*	Kanada	Brasilien	Argentinien
1820-1830	28,0	7,7		7,0	
1831-1840	172,3	152,5			
1841-1850	469,3	343,6		12,0	
1851-1860	1075,0	951,7	26,7	18,0	
1861-1870	832,9	787,5	25,7	13,7	1,3
1871-1880	622,8	718,2	1,3	17,0	3,8
1881-1890	1342,5	1453,0	3,9	21,6	14,2
1891-1900	529,8	505,2	12,9	12,5	8,7
1901-1910	279,7	341,5	18,6	17,5	19,3

* ab 1871 liegen die USA-Einwanderungszahlen um 10 - 15 v.H. über den
deutschen Auswanderungszahlen. Dieser vermeintliche Widerspruch kann
durch die folgenden Gründe aufgelöst werden: 1) Die USA-Einwanderungsbehörden registrierten durchweg nicht die Nationalität, sondern die Muttersprache (also auch Österreicher). 2) Die deutsche Auswanderungsstatistik
war unvollkommen und erfaßte namentlich die Auswanderung über ausländische Häfen nur lückenhaft.

Quelle: P. Marschalck, Deutsche Überseewanderung im 19. Jahrhundert,
Stuttgart 1975, S. 50.

Tabelle 17: Menschen ostdeutscher Herkunft in Westfalen und der Rheinprovinz
(in Tausend) im Deutschen Reich

Jahr	Zielgebiet	Herkunftsgebiet				zusammen
		Ostpreußen	Westpreußen	Posen	Schlesien	
1880	Westfalen	6,3	5,4	4,2	7,7	23,6
	Rheinprovinz	10,3	4,5	3,2	10,3	28,3
	zusammen	16,6	9,9	7,4	18,0	51,9
1890	Westfalen	36,6	14,6	13,9	21,6	86,7
	Rheinprovinz	28,6	9,7	7,6	16,5	62,4
	zusammen	65,2	24,3	21,5	38,1	149,1
1900	Westfalen	102,2	33,8	57,3	43,1	234,4
	Rheinprovinz	64,5	22,2	28,3	29,5	144,5
	zusammen	166,7	56,0	85,6	72,6	378,9

Quelle: E. Kirsten, E.W. Buchholz, W. Köllmann: Raum und Bevölkerung in der
Weltgeschichte. Bd. 2, Würzburg 1955, S. 223.

Tabelle 18: Anteil der Vertriebenen und Zugewanderten[1] an der Bevölkerung der Bundesrepublik Deutschland

Bevölkerung in 1000	Schleswig-Holstein	Hamburg	Nieder-sachsen	Bremen	Nordrh.-Westfalen	Hessen	Rhld.-Pfalz	Baden-Württb.	Bayern	Bundes-gebiet
1950										
Vertriebene	828	122	1840	51	1369	730	185	890	1931	7946
Zugewanderte	135	70	377	22	398	172	49	150	231	1604
Zusammen	963	192	2217	73	1767	902	234	1040	2162	9550
v.H. d. Bevölk.	37,1	12,0	32,6	13,1	13,4	20,9	7,4	16,2	23,5	20,0
1960										
Vertriebene	644	263	1678	114	2601	892	312	1394	1800	9697
Zugewanderte	156	170	508	58	1178	356	170	492	386	3474
Zusammen	800	433	2186	172	3779	1248	482	1886	2186	13171
v.H.d. Bevölk.	34,8	23,7	33,4	24,7	24,0	26,3	14,2	24,7	23,2	25,2

1 Als Vertriebene gelten in der Statistik alle Deutschen und deren nach dem 1.9.1939 geborene Kinder, die am Stichtag in den unter vorläufig fremder Verwaltung stehenden Ostgebieten des früheren Deutschen Reiches oder im Ausland gewohnt haben. Zugewanderte sind alle Deutschen, die am Stichtag in Berlin oder der sowjetischen Besatzungszone ihren Wohnsitz hatten und ihre nach dem 1.9.1939 geborenen Kinder. Die Zunahme zwischen 1950 und 1960 geht bei den Vertriebenen zu ca. einem Drittel und bei den Zugewanderten zu ca. einem Viertel auf den Geburtenüberschuß zurück, der infolge eines stärkeren Anteils der Personen im mittleren Alter bei den Vertriebenen und Zugewanderten etwa doppelt so hoch ist wie bei der einheimischen Bevölkerung.

Quelle: Statistisches Jahrbuch für die Bundesrepublik Deutschland 1955, S. 48 und 1962, S. 51.

Tabelle 19: Ausländer in der Bundesrepublik Deutschland nach Staatsangehörigkeit, Alter und Aufenthaltsdauer (am 30.9.1977)

| | Insgesamt | | Darunter nach der Staatsangehörigkeit | | | | | | | |
	1000	%	Türkei	Jugo-slawien	Italien	Grie-chenland	Spanien	Österreich	Portugal	Nieder-lande
						1000				
Männlich	2319,7	*58,8*	674,9	366,8	358,9	175,5	117,4	97,7	61,1	57,0
Weiblich	1628,6	*41,2*	443,1	263,2	211,9	152,9	84,0	71,1	49,9	50,3
Insgesamt	3948,3	*100*	1118,0	630,0	570,8	328,5	201,4	168,8	111,0	107,3
			nach Altersgruppen[1]							
Alter von ... bis unter ... Jahren										
unter 6	402,5	*10,9*	173,1	63,2	54,6	35,6	17,9	7,1	12,0	4,1
6 – 10	239,2	*6,5*	91,0	27,1	36,1	24,5	12,7	8,3	7,7	5,1
10 – 15	226,5	*6,1*	80,0	19,2	37,2	23,7	13,5	9,2	7,1	6,7
15 – 18	118,1	*3,2*	42,2	9,2	22,5	11,3	6,9	3,6	3,5	3,5
18 – 21	143,5	*3,9*	42,4	10,5	34,8	11,9	7,2	4,6	3,1	4,3
21 – 35	1305,7	*35,3*	331,9	249,3	185,8	80,2	59,0	55,0	38,2	33,5
35 – 45	758,7	*20,5*	260,1	129,1	90,4	75,3	43,4	24,9	28,1	13,8
45 – 55	323,0	*8,7*	54,8	52,3	55,4	36,2	29,1	11,3	8,8	11,4
55 – 65	107,9	*2,9*	4,8	10,0	20,5	5,1	6,2	7,5	1,3	11,4
65 und mehr	75,1	*2,0*	2,7	3,2	6,6	2,0	1,4	6,5	0,4	12,4

nach der Aufenthaltsdauer[2]

Aufenthalt von ... bis unter ... Jahren										
unter 1	210,3	5,7	70,0	19,1	33,4	7,6	3,7	4,9	3,8	3,1
1 – 2	203,0	5,5	75,3	20,4	25,8	9,7	4,9	4,6	5,4	2,1
2 – 3	203,5	5,5	80,9	22,9	21,9	12,4	5,8	4,5	7,3	3,3
3 – 4	265,6	7,2	104,9	35,7	31,2	15,0	8,8	6,8	11,9	4,2
4 – 6	695,6	18,8	278,2	111,4	80,9	42,8	30,8	18,4	32,6	9,0
6 – 8	750,9	20,3	239,5	176,1	85,7	70,4	38,7	23,9	24,4	8,2
8 – 10	494,1	13,4	123,2	117,8	88,8	49,9	28,9	14,0	10,6	6,6
10 und mehr	877,2	23,7	111,1	69,9	176,2	97,8	75,6	61,0	14,1	68,7

Ergebnis einer Auszählung des Ausländerzentralregisters beim Bundesverwaltungsamt (Köln) durch das Statistische Bundesamt. – Alle Personen, die nicht Deutsche im Sinne des Artikels 116 Abs. 1 GG sind. – Ohne Angehörige der Stationierungsstreitkräfte sowie der ausländischen diplomatischen und konsularischen Vertretungen mit ihren Familienangehörigen.

1 Ohne rd. 248 000 Personen, die nicht nach dem jeweiligen Merkmal aufgegliedert werden konnten.
2 Die Aufenthaltsdauer ergibt sich ohne Berücksichtigung von Aufenthaltsunterbrechungen als Differenz zwischen Auszählungsstichtag und Datum der ersten Einreise. – Ein Ausländer, der beispielsweise vom 1.1.1972 bis zum 31.12.1972 im Bundesgebiet wohnte und ab 1.1.1977 seinen Wohnsitz erneut im Geltungsbereich des Ausländergesetzes hat, hielt sich am 30.9.1977 fünf bis unter sechs Jahre im Bundesgebiet auf.

Quelle: Statistisches Jahrbuch für die Bundesrepublik Deutschland, 1978, S. 66.

Tabelle 20: Wanderungen in bzw. über die Grenzen der Bundesrepublik Deutschland von 1956 bis 1977

(Angaben in 1000)

Jahr	Wanderungen über die Grenzen des Bundesgebietes						Wanderungen nach einer anderen Gemeinde im Bundesgebiet		
	Zuzüge			Fortzüge		Überschuß der Zuzüge			
	insgesamt	darunter aus dem europ. Ausland	außereurop. Ausland	insgesamt	darunter nach dem europ. Ausland	außereurop. Ausland		insgesamt	nach einem anderen Land[1]	innerhalb der Länder
1956	561,9	122,4	31,6	222,5	73,7	86,0	339,5	3270,7	906,3	2364,5
1960	623,9	336,7	50,1	259,9	148,8	61,1	364,0	3241,5	948,4	2293,1
1965	839,9	716,9	74,8	496,2	419,8	69,7	343,8	3600,0	1099,0	2500,9
1967	431,8	335,9	62,5	608,7	523,8	80,4	-176,9	3612,7	1041,8	2570,8
1968	686,1	539,0	64,5	407,9	333,7	70,6	278,1	3617,6	1049,8	2567,8
1970	1072,4	950,7	92,1	498,4	433,8	61,9	574,0	3661,5	1117,6	2544,0
1971	—	—	—	—	—	—	—	3733,9	1125,0	2608,9
1972	903,1	754,5	98,1	572,3	502,9	65,7	330,8	3697,1	1074,9	2622,2
1973	967,9	839,1	93,5	583,9	514,8	65,2	384,0	3675,2	1031,4	2643,8
1974	629,8	515,1	85,9	639,1	563,3	72,3	- 9,4	3432,1	926,7	2502,4
1975	456,1	351,5	77,6	655,3	580,6	72,3	-199,2	2983,6	816,3	2167,3
1976	498,7	393,5	82,8	570,9	494,7	74,4	- 72,2	2950,4	795,6	2154,8
1977	539,9	432,4	90,2	507,2	431,7	74,0	32,7	2995,8	817,4	2178,4

1 nach den in den Ländern ermittelten Zuzügen

Quelle: Statistisches Jahrbuch für die Bundesrepublik Deutschland, 1963, S. 62, 1965, S. 72, 1977, S. 77, 1979, S. 76.

Tabelle 21: Bevölkerung und Bevölkerungsdichte im Gebiet des Deutschen Reiches und der Bundesrepublik Deutschland

| Jahr | Bevölkerung | | | |
| | BRD[1] | | DR[2] | |
	in 1000	je km^2	in 1000	je km^2
1816	–	–	24831	–
1852	–	–	35930	–
1871	20410	82	40997	76
1880	22820	92	45095	83
1890	25433	102	49241	91
1900	29838	120	56046	104
1925	39017	157	63166	134
1933	40956	165	66027	140
1939	43008	173	69314	147
1946	46190	186	–	
1950	49989	201	–	
1961	56175	226	–	
1965	59297	238	–	
1970[3]	60651	244	–	
1974	62054	250	–	
1975	61829	249	–	
1978	61300	247	–	

1 1871 bis 1939 nach dem Gebietsstand am 1.1.1966; ab 1946 jeweiliger Gebietsstand.
2 Reichsgebiet, jeweiliger Gebietsstand.
3 Ergebnis der Volkszählung am 27.5.1970; gilt zugleich als Jahresdurchschnitt.

Quelle: Statistisches Jahrbuch für die Bundesrepublik Deutschland, 1966, S. 27, 1977, S. 29, 1978, S. 29.

Tabelle 22: Bevölkerung im Deutschen Reich bzw. in der Bundesrepublik Deutschland[1] nach Gemeindegrößenklassen

Jahr	unter 2000 (ländliche Gemeinden)	2000 bis unter 5000 (Landstädte)	5000 bis unter 20000 (Kleinstädte)	20000 bis unter 50000 (Mittelstädte)	50000 bis unter 100000 (Mittelstädte)	100000 bis unter 500000	100000 und mehr	500000 und mehr
1871	62,6	12,8	11,5	3,8'	3,8		5,5	
1900	44,0	12,2	13,4	8,1	4,9		17,4	
1910	38,5	11,2	13,6	8,2	5,6		22,9	
1925	35,6	10,8	13,1	8,0	5,7		26,8	
1933	32,9	10,6	13,1	7,7	5,3		30,4	
1939	30,4	10,7	13,6	8,2	5,3		31,8	
1946	30,7	13,3	16,5	9,1	5,9		24,5	
1954	26,1	12,9	16,2	9,3	6,3		29,2	
1961	23,2	12,5	16,7	10,2	6,6		30,7	
1965	21,8	12,6	18,3	10,3	6,4		30,6	
1970	18,4	11,2	19,1	11,6	7,1	15,1		17,3
1975	8,2	8,7	23,6	15,0	9,1	16,8		18,7
1977	8,1	8,5	23,8	15,9	9,2	17,2		17,5
1978	6,2	8,9	24,7	16,3	9,3	17,2		17,3

1 Bis 1939 Deutsches Reich, ab 1946 Bundesrepublik Deutschland ohne Westberlin, 1957 einschl. Saarland, ab 1961 Bundesgebiet ohne Westberlin

Quelle: „Bevölkerungsgliederung". In: Handwörterbuch der Sozialwissenschaften, S. 182, Statistisches Jahrbuch für die Bundesrepublik Deutschland, 1962, S. 43, 1966, S. 43, 1971, S. 36, 1971, S. 34, 1972, S. 34, 1973, S. 44, 1974, S. 43, 1975, S. 57, 1976, S. 57, 1977, S. 58, 1979, S. 58.

Tabelle 23: Bevölkerung nach Altersgruppen im Deutschen Reich und in der Bundesrepublik Deutschland

Stichtag[1]	Bevölkerung insgesamt	Davon im Alter von . . . bis unter . . . Jahren		
		unter 15	15 – 65	65 und mehr
Reichsgebiet				
1.12.1871	100	34,3	61,0	4,6
1.12.1880	100	35,4	59,7	4,7
1.12.1885	100	35,3	59,6	5,0
1.12.1890	100	35,2	59,7	5,1
1.12.1900	100	34,8	60,2	4,9
1. 1.1911	100	34,2	60,9	5,0
16. 6.1925	100	25,7	68,5	5,8
1. 1.1934	100	24,2	68,8	7,1
17. 5.1939	100	23,3	68,9	7,8
Bundesgebiet				
13. 9.1950	100	23,3	67,3	9,4
6. 6.1961	100	21,7	67,2	11,1
27. 5.1970	100	23,2	63,6	13,2
31.12.1974	100	21,8	63,9	14,3
31.12.1977	100	19,9	65,0	15,1

1 1871 - 1925 und 1939 - 1970 Ergebnisse der Volkszählungen; 1934, 1974 und 1977 Ergebnisse der Bevölkerungsfortschreibung. –

Quellen: Statistisches Bundesamt, Bevölkerung und Wirtschaft 1982 - 1972; Fachserie A, Bevölkerung und Kultur, Reihe 1, Gebiet und Bevölkerung. II. Alter und Familienstand der Bevölkerung 1974; Fachserie 1, Bevölkerung und Erwerbstätigkeit, Reihe 1.3 Bevölkerung nach Alter und Familienstand 1977.

Tabelle 24: Verhältnis der Geschlechter in den einzelnen Altersgruppen der Wohnbevölkerung[1] in der Bundesrepublik Deutschland 1963[+] und 1977

Altersklassen Alter von . . . bis unter . . . Jahren	Männerüberschuß (+) Männermangel (-) in 1000	
	1963	1977
0 – 5	+ 122	+ 67
5 – 10	+ 106	+ 102
10 – 15	+ 101	+ 125
15 – 20	+ 92	+ 124
20 – 25	+ 160	+ 62
25 – 30	+ 171	+ 101
30 – 35	+ 129	+ 123
35 – 40	- 273	+ 183
40 – 45	- 565	+ 135
45 – 50	- 445	+ 59
50 – 55	- 546	- 442
55 – 60	- 388	- 559
60 – 65	- 369	- 575
65 und darüber	- 1431	- 2419

+ Bundesgebiet einschließlich Berlin (West).
1 Berechnet aus den Durchschnitten der Bevölkerung nach Altersjahren am Jahresanfang und -ende.

Quelle: Statistisches Jahrbuch für die Bundesrepublik Deutschland, 1965, S. 41 und 1979, S. 59.

Tabelle 25: Gliederung der Bevölkerung nach Geschlecht und Familienstand im Gebiet der Bundesrepublik Deutschland 1939, 1950, 1961 und 1976

Familienstand	männlich	weiblich	zusammen
		17.5.1939	
ledig	49,7	45,7	47,7
verheiratet	46,6	44,8	45,7
verwitwet	3,1	8,6	5,8
geschieden	0,6	0,9	0,8
zusammen	100	100	100
		13.9.1950	
ledig	47,7	42,9	45,2
verheiratet	48,0	43,6	45,6
verwitwet	3,4	12,0	7,9
geschieden	0,9	1,5	1,3
zusammen	100	100	100
		6.6.1961	
ledig	44,1	38,1	40,9
verheiratet	51,8	46,2	48,8
verwitwet	3,0	13,6	8,6
geschieden	1,1	2,1	1,6
zusammen	100	100	100
		31.12.1976	
ledig	43,4	35,5	39,5
verheiratet	52,8	47,3	50,0
verwitwet	2,6	14,3	8,4
geschieden	2,1	3,0	2,5
zusammen	100	100	100

Quelle: Statistisches Jahrbuch für die Bundesrepublik Deutschland, 1953, S. 43, 1966, S. 40 und 1978, S. 62.

Tabelle 26: Geborenen- und Sterbeziffern sowie Überschuß bzw. Defizit der Geborenen in ausgewählten Ländern

Land	Jahr	Lebend-geborene	Gestorbene	Überschuß bzw. Defizit der Geborenen
Bundesrepublik Deutschland	1977[1]	9,5	11,5	- 2,0
DDR	1976[1]	11,6	14,0	- 2,4
Frankreich	1977[1]	14,1	10,1	+ 4,0
Großbritannien u. Nordirland	1976[1]	12,1	12,2	- 0,1
Italien	1976	13,9	9,7	+ 4,2
Niederlande	1977	12,5	7,9	+ 4,6
Polen	1977	19,5	8,8	+10,7
Rumänien	1976	19,5	9,6	+ 9,9
Schweiz	1976	11,7	9,0	+ 2,7
Schweden	1977[1]	11,9	10,7	+ 1,2
Spanien[2]	1976	18,5	8,1	+10,4
Sowjetunion	1976	18,5	9,5	+ 9,0
Tunesien	1976	36,4	6,4	+30,0
Mexiko	1976	34,6	6,5	+28,1
USA	1977[1]	15,0	8,7	+ 6,3
Venezuela[3]	1976	36,4	6,2	+30,2
Indien[4]	1975	39,9	15,7	+24,2
Japan[5]	1976	16,4	6,3	+10,1
Australien	1976[1]	16,7	8,3	+ 8,4

1 Vorläufiges Ergebnis
2 Ohne Ceuta und Melilla
3 Ohne indianische Bevölkerung
4 nach: 1975 World Population Data Sheet des Population Reference Bureau Inc.
5 Nur japanische Staatsangehörige im Lande

Quelle: Statistisches Jahrbuch für die Bundesrepublik Deutschland 1977, Internationale Übersichten, S. 599, 1978, S. 616.

Tabelle 27: Nettoreproduktionsziffern in ausgewählten Ländern seit 1930

Land	1930/34	1935/39	1946/49	1950/54	1955/59	1960/64	1965/69	1970/74	Neueste Ergebn.
Deutsches Reich	0,81	0,92	-	-	-	-	-	-	-
Bundesrepublik Deutschland	-	-	-	0,94	1,04	1,14	1,13	0,81	0,66 (1977)[b]
DDR u. Berlin (Ost)	-	-	-	1,07	1,06	1,13	1,09	0,90[a]	0,73 (1975)
Dänemark	0,93	0,94	1,28	1,18	1,20	1,21	1,11	0,94	0,79 (1977)
Finnland	.	0,99	1,48	1,37	1,31	1,23	1,02	0,78[a]	0,78 (1974)
Frankreich	0,91	0,86	1,33	1,24	1,28	1,34	1,27	1,16[a]	0,90 (1977)
Italien	.	1,18	1,15	1,02	.	1,15	1,15	1,11[a]	1,08 (1973)
Niederlande	1,23	1,15	1,63	1,43	1,45	1,51	1,35	1,04	0,78 (1976)
Norwegen	0,86	0,81	1,19	1,19	1,32	1,36	1,32	1,12	0,85 (1977)
Österreich	.	.	.	0,92	1,12	1,29	1,22	0,98	0,77 (1977)
Schweden	0,77	0,78	1,14	1,04	1,06	1,08	1,06	0,92	0,78 (1977)
Schweiz	0,84	0,78	1,19	1,08	1,09	1,20	1,12	0,91	0,73 (1976)
USA	1,01	0,96	1,42	1,55	1,73	1,62	1,24	1,00	0,85 (1976)
Vereinigtes Königreich[1]	0,78	0,79	1,12	1,01	1,13	1,32	1,25	1,06[a]	0,82 (1976)

1 Nur England und Wales;
a) 1970/73, – b) Deutsche Bevölkerung: 0,63

Quellen: Population Index, verschiedene Jahrgänge, Statistisches Bundesamt, Europarat.
G.R. Rückert: Die demographische Situation in der Bundesrepublik Deutschland im europäischen Vergleich. In: BMJFG: Konsequenzen des Geburtenrückgangs für ausgewählte Politikbereiche (Schriftenreihe, Bd. 58), Stuttgart 1978, S. 19

Tabelle 28: Erdbevölkerungsstatistik im Überblick, 1977

Data for:	Estimated Population July 1, 1977 (Thousands)	World Rank	Births per 1000 Population 1976	Deaths per 1000 Population 1976	Annual Rate of Growth 1976 (Percent)	Year of Latest Population Census
World	4,257,655		29-33	12-13	1.7-2.0	
More Developed	1,154,439		16	9	0.7	
Less Developed	3,103,216		34-39	13-14	2.1-2.4	
Africa	430,757		45-48	18-20	2.5-2.9	
Algeria	17,049	37	50	15-17	3.3-3.5	1977
Angola	6,295	74	47	23	2.4	1970
Benin	3,198	100	49-54	26-28	2.3-2.8	None
Botswana	727	132	39-42	12-14	2.5-3.0	1971
Burundi	4,113	93	41-43	18-19	2.1-2.5	None
Cameroon	7,851	66	41-43	21-23	1.8-2.2	1976
Cape Verde	315	146	29	8	2.1	1970
Central African Empire	1,870	116	43-48	21-26	1.7-2.7	1975
Chad	4,324	91	45-52	25-31	1.4-2.7	None
Comoros	310	148	42-45	19-20	2.1-2.3	1966
Congo	1,425	122	44-47	20-24	2.0-2.7	1974
Djibouti	111	167	48-49	20-27	2.2-2.8	1960-61
Egypt	38,831	20	39	13	2.6	1976
Equatorial Guinea	322	145	35-36	18-19	1.7-1.8	1960
Ethiopia	31,108	26	43-52	20-26	2.2-2.6	None
Gabon	531	137	29-36	21-25	0.4-1.5	1969-70
The Gambia	553	136	48-49	28-29	2.6-2.8	1973
Ghana	11,002	53	45-48	14-15	3.1-3.3	1970
Guinea	4,988	84	44-56	24-28	2.0-2.8	1972
Guinea Bissau	611	134	39-41	23-24	1.5-1.7	1970

Country						
Ivory Coast	7,073	70	45-52	21-25	2.0-3.1	1975
Kenya	14,311	43	48-51	14-15	3.4-3.7	1969
Lesotho	1,248	123	36-37	14-15	2.1-2.3	1976
Liberia	1,678	119	50-51	16-21	3.2	1974
Lybia	2,648	109	47-48	14	4.1	1973
Madagascar	7,962	63	46-48	22	2.4-2.6	1974-75
Malawi	5,309	79	51-54	27-28	2.6	1966
Mali	6,101	76	49-55	29-30	2.0-2.5	1976
Mauritania	1,496	121	43-46	26-28	1.5-2.0	1976-77
Mauritius	910	128	26	8	1.3	1972
Morocco	18,592	35	46-48	16-17	2.9-3.0	1971
Mozambique	9,629	58	42-48	18-19	2.4-3.1	1970
Namibia	936	126	44-45	15-16	2.9-3.0	1970
Niger	4,850	87	55-57	25-32	2.3-3.2	None
Nigeria	66,628	10	48-50	20-24	2.4-3.0	1963
Reunion	478	139	28	6	0.1	1974
Rwanda	4,318	92	48-50	21	2.7-2.9	None
Saint Helena	6	200	25	8	0.3	1966
Sao Tome and Principe	80	174	37-40	11-13	1.1-1.3	1970
Senegal	5,245	81	46-48	20-28	1.9-2.6	1976
Seychelles	62	180	27	8	2.1	1977
Sierra Leone	3,193	102	41-43	18-19	2.2-2.5	1974
Somalia	3,309	98	47-49	20-24	2.3-2.8	1975
South Africa	26,764	27	36-37	12-13	2.3-2.5	1970
Southern Rhodesia	7,054	71	47-50	14-15	3.5	1969
Sudan	19,638	34	49	17	3.2	1973
Swaziland	511	138	45-47	18-19	2.6-2.9	1976
Tanzania	16,334	41	45-49	16-18	2.7-3.3	1967
Togo	2,390	111	49-55	23-27	2.6-2.8	1970
Tunesia	6,077	77	37	10	2.7	1975
Uganda	12,353	51	46-50	16-18	2.8-3.4	1969
Upper Volta	6,364	73	50	28	2.2	1975

Data for:	Estimated Population July 1, 1977 (Thousands)	World Rank	Births per 1000 Population 1976	Deaths per 1000 Population 1976	Annual Rate of Growth 1976 (Percent)	Year of Latest Population Census
Western Sahara	139	160	43-46	26-28	8.4	1970
Zaire	26,313	28	43-47	17-20	2.2-3.0	1970
Zambia	5,224	82	48-50	17-19	3.1	1974
Asia	2,486,045		32-37	12-14	1.9-2.2	
Afghanistan	14,067	45	50-53	28-32	1.8-2.5	None
Bahrain	257	151	43-46	8-10	2.8	1971
Bangladesh	83,511	8	46-48	18-20	2.6-3.0	1974
Bhutan	1,235	124	43	19	2.4	1969
Brunei	182	156	30	4	5.6	1971
Burma	31,958	25	38-39	15	2.3-2.4	1973
China, People's Republic of	982,531	1	26-36	9-13	1.6-2.2	1953
China, Republic of	16,793	38	26	5	2.1	1975
Cyprus	640	133	20	10	0.1	1973
Gaza Strip	411	140	53	18	2.5	1967
Hong Kong	4,514	89	18	5	1.1	1976
India	643,040	2	36-37	15	2.1	1971
Indonesia	141,462	5	35-40	16-17	1.8-2.3	1971
Iran	37,121	22	41-42	11-12	3.0	1976
Iraq	12,048	52	48	14	3.4	1977
Israel	3,611	95	28	7	2.3	1972
Japan	113,860	7	16	6	1.0	1975
Jordan	2,848	107	46-47	11	3.5-3.6	1961
Kampuchea	7,895	64	NA	NA	NA	1962
Korea, Democratic Republic of	17,571	36	43	12	3.1	None
Korea, Republic of	38,195	21	25-26	6	1.8-1.9	1975
Kuwait	1,134	125	43	7	5.9	1975

Laos	3,462	96	43-44	21	2.2-2.3	None
Lebanon	2,796	108	34-37	11	2.3-2.6	1932
Macao	279	149	28-33	8-9	1.5-1.7	1970
Malaysia	13,004	50	30-31	6	2.4-2.5	1970
Maldives	138	162	50	23	2.4	1978
Mongolia	1,537	120	37	10	2.7	1969
Nepal	13,341	49	45-47	19-22	2.4-2.5	1971
Oman	817	129	49	17-18	3.1-3.2	None
Pakistan	75,472	9	44-45	13-15	3.0-3.1	1972
Philippines	44,863	17	32-37	10	2.2-2.6	1975
Qatar	157	157	43-46	13-16	2.7-3.3	None
Saudi Arabia	7,626	67	49	19	3.0	1974
Singapore	2,308	113	19	5	1.4	1970
Sri Lanka	14,068	44	26-27	9	1.5-1.6	1971
Syria	7,863	65	47	14-15	3.2-3.3	1970
Thailand	44,287	18	32-35	10	2.2-2.5	1970
Turkey	41,759	19	34	11-12	2.2-2.3	1975
United Arab Emirates	781	131	43-46	13-16	8.9	1975
Vietnam	49,948	16	40-44	15-19	2.1-3.0	1974 (North) 1976 (South)
Yemen (Aden)	1,717	118	44-49	25-29	1.8-1.9	1973
Yemen (Sana)	4,938	86	44-49	25-29	1.8-1.9	1975
Latin America	341,599		34-47	9	2.4-2.7	
Antigua	72	176	19	7	1.2	1970
Argentina	26,150	29	22-23	9-10	1.3	1970
The Bahamas	220	154	25	5	3.8	1970
Barbados	269	150	18	9	3.7	1970
Belize	149	159	38-42	10-13	2.9	1970
Bolivia	4,950	85	46	19	2.6	1976
Brazil	118,789	6	38-40	10	2.8-3.0	1970
British Virgin Islands	13	193	18	5	3.3	1970
Cayman Islands	13	194	27-30	7	3.2	1970

Data for:	Estimated Population July 1, 1977 (Thousands)	World Rank	Births per 1000 Population 1976	Deaths per 1000 Population 1976	Annual Rate of Growth 1976 (Percent)	Year of Latest Population Census
Chile	10,531	55	22-23	7	1.5-1.6	1970
Colombia	25,014	30	33-34	10	2.1-2.2	1973
Costa Rica	2,071	115	28-29	5-6	2.2-2.4	1973
Cuba	9,604	59	20	6-7	1.4	1970
Dominica	79	175	34-36	8	1.6	1970
Dominican Republic	5,250	80	37-39	9	2.6-2.8	1970
Ecuador	7,323	69	41-43	11	2.9-3.1	1974
El Salvador	4,387	90	42	10	2.9	1971
French Guiana	60	182	25-30	7	3.1	1974
Grenada	99	170	29	6	0.6	1970
Guadeloupe	328	144	25	7	0.6	1974
Guatemala	6,437	72	39-40	14	2.5-2.6	1973
Guyana	802	130	26	7	1.3	1970
Haiti	5,405	78	42-43	16	2.3-2.4	1971
Honduras	3,399	97	45-47	12	3.3-3.5	1974
Jamaica	2,170	114	29	7	1.2	1970
Martinique	311	147	21	7	- 1.5	1974
Mexico	63,687	11	37-44	7	2.9-3.5	1970
Montserrat	11	195	19	11	- 1.2	1970
Netherlands Antilles	236	152	27-30	7	1.0	1971
Nicaragua	2,336	112	45-47	12-13	3.0-3.2	1971
Panama	1,754	117	33	6	2.7	1970
Panama Canal Zone	39	185	13	2	- 1.3	1970
Paraguay	2,982	104	38-43	8	2.7-3.2	1972
Peru	16,362	40	39-42	13	2.7-2.9	1972
Puerto Rico	3,215	99	23	6	3.2	1970
Saint Christopher-Nevis-Anguilla	71	177	17	7	1.3	1970

Country						Year
Saint Lucia	117	166	35	7	1.7	1970
Saint Vincent	106	168	35	11	3.3	1970
Suriname	382	141	30	7	3.0	1971
Trinidad and Tobago	921	127	28	8	0.2	1970
Turks and Caicos Islands	6	199	26	9	1.9	1970
Uruguay	2,876	106	20-21	10	0.4-0.5	1975
Venezuela	13,598	48	36	6	3.3	1971
Virgin Islands	99	171	27	5	3.9	1970
Northern America	240,258		15	9	0.8	
Bermuda	62	179	14-15	5-6	1.5	1970
Canada	23,323	31	16	7	1.3	1976
Greenland	50	183	18	6	0.3	1970
Saint Pierre and Miquelon	6	198	17	9	1.8	1974
United States	216,817	4	15	9	0.7	1970
Europe and Soviet Union	737,096		16	10	0.6	
Albania	2,513	110	30	8	2.3	1960
Andorra	31	187	16	5	7.1	1954
Austria	7,522	68	12	13	0.0	1971
Belgium	9,827	56	12	12	0.1	1970
Bulgaria	8,805	61	17	10	0.6	1975
Channel Islands	127	165	11	13	0.4	1971
Czechoslovakia	15,030	42	19	11	0.8	1970
Denmark	5,089	83	13	11	0.3	1970
Faroe Islands	42	184	18	7	1.0	1970
Finland	4,740	88	14	9	0.3	1970
France	53,103	15	14	11	0.3	1975
German Democratic Republic	16,768	39	12	14	-0.2	1971
Germany, Federal Republic of	61,392	12	10	12	-0.3	1970
Gibraltar	28	188	19	8	0.7	1970
Greece	9,252	60	16	9	1.3	1971
Hungary	10,648	54	18	12	0.5	1970

Data for:	Estimated Population July 1, 1977 (Thousands)	World Rank	Births per 1000 Population 1976	Deaths per 1000 Population 1976	Annual Rate of Growth 1976 (Percent)	Year of Latest Population Census
Iceland	222	153	19	6	0.8	1970
Ireland	3,196	101	22	11	1.1	1971
Isle of Man	63	178	12	16	1.9	1976
Italy	56,436	13	14	10	0.5	1971
Liechtenstein	24	190	15	8	1.7	1970
Luxembourg	357	142	11	13	0.6	1970
Malta	332	143	19	10	0.7	1967
Monaco	25	189	8	12	0.7	1968
Netherlands	13,853	47	13	8	0.6	1971
Norway	4,044	94	13	10	0.4	1970
Poland	34,698	24	20	9	1.0	1970
Portugal	9,725	57	19	10	0.6	1970
Romania	21,664	33	19	10	1.0	1977
San Marino	21	191	15	7	2.0	1947
Spain	36,351	23	18	8	1.1	1970
Sweden	8,255	62	12	11	0.3	1975
Switzerland	6,289	75	12	9	-0.6	1970
United Kingdom	55,956	14	12	12	-0.0	1971
Yugoslavia	21,768	32	18	8	1.0	1971
Soviet Union	258,900	3	18	9	0.9	1970
Oceania	21,900		21-22		1.2-1.3	
American Samoa	31	186	37	9	1.7	1974
Australia	14,062	46	16	8	1.0	1976
Cook Islands	19	192	25	6	1.7	1976
Fiji	600	135	29	4	1.6	1976
French Polynesia	138	161	32-34	7	2.4	1977

Gilbert Islands and Tuvalu	61	181	31-35	6	1.7	1973
Guam	96	172	33	5	-0.4	1970
Nauru	7	197	22	5	1.7	1977
New Caledonia	137	163	31	7	1.7	1976
New Hebrides	100	169	45	18-20	2.2	1967
New Zealand	3,153	103	18	8	0.6	1976
Pacific Islands	129	164	32-35	4-5	3.1	1973
Papua New Guinea	2,908	105	44-45	16-17	2.7-2.9	1971
Samoa	153	158	37	7	1.0	1976
Solomon Islands	206	155	41	9-11	3.0-3.2	1976
Tonga	90	173	33-36	10-12	0.3	1976
Wallis and Futuna	10	196	39-41	10-11	5.0-5.9	1976

1 An actual census was not considered necessary in 1970 due to the availability of population data for Iceland from the National Registry.

NA – Data not available.

Note:

The summary data presented here are taken from the larger report, U.S. Bureau of the Census, 1978. *World Population: 1977 – Recent Demographic Estimates for the Countries and Regions of the World*, ISP-WP-77. Washington, D.C., which contains source notes for the estimates as well as information on benchmark data for earlier years, upon which the estimates are based.

This report was prepared under a Resources Support Services Agreement with the Development Support Bureau, U.S. Agency for International Development. ISP-WP-77(B). Issued October 1978.

Quelle: U.S. Department of Commerce: Bureau of the Census; World Population 1977. Washington, 1978

Tabelle 29: Verteilung der Erdbevölkerung
(ab 1979 geschätzte Werte)

Region	Bevölkerung (in Millionen)					
	1970	1979	1985	1990	1995	2000
Afrika	352	457	536	622	721	834
Lateinamerika	284	352	428	489	555	625
Nordamerika	226	244	262	275	286	296
Ostasien	926	1145	1165	1235	1304	1373
Südasien	1111	1354	1656	1885	2131	2384
Europa	459	483	502	515	528	540
Ozeanien	19	23	26	28	31	35
UdSSR	243	264	283	297	309	321
Industrieländer	1084	1173	1234	1282	1326	1368
Entwicklungsl.	2537	3148	3624	4064	4540	5039
Welt	3621	4321	4858	5346	5866	6407

Quellen: UN Secretariat: World and Regional Population Prospects. E/CONF. 60/CBP/15. April 1974, S. 8.

Tabelle 30: Übersicht über die Entwicklungsländer, die Familienplanungsprogramme unterstützen (1976)

Land	Bevölkerung 1976 (Millionen)	Kategorie	Land	Bevölkerung 1976 (Millionen)	Kategorie
Afrika					
Algerien	17,3	B	Nepal	12,9	A
Benin, Volksrepubl.	3,2	B	Pakistan	72	A
Botswana	0,7	A	Papua-Neuguinea	2,8	B
Ägypten	37,9	A	Philippinen	43	A
Gambia	0,53	B	Singapur	2,3	A
Ghana	9,9	A	Sri Lanka	13,8	A
Kenia	13,8	A	Taiwan	16,3	A
Lesotho	1	B	Thailand	43	A
Liberia	1,7	B	Türkei	40,1	A
Mali	5,7	B	Vietnam, Soziali-		
Mauritius	0,87	B	stische Republik	45	B
Marokko	17,8	A			
			Lateinamerika		
Nigerien	65	B			
Rhodesien	6,5	B	Barbados	0,24	A
Südafrika	25,7	B	Bolivien	5,8	B
Sudan	18,3	B	Brasilien	111	B
Tansania	15,7	B	Chile	10,5	B
Tunesien	5,7	A	Kolumbien	25,2	A
Uganda	11,8	B	Costa Rica	2,1	B
Zaire	25,2	B	Cuba	9,3	B
			Dominikan. Republ.	5,0	A
Asien und Ozeanien			Ecuador	7,1	B
			El Salvador	4,3	A
Afghanistan	19,6	B	Guatemala	5,9	A
Bangladesch	81	A	Haiti	4,7	B
China, Volksrepubl.	845	A	Honduras	2,8	B
Fidschi	0,57	A	Jamaika	2,1	A
Hongkong	4,5	A	Mexiko	62	A
Indien	610	A	Nicaragua	2,3	B
Indonesien	135	A	Panama	1,7	B
Iran	35	A	Paraguay	2,7	B
Irak	11,5	B	Peru	16	B
Korea, Süd	35,9	A	Puerto Rico	3,2	A
Malaysia, West	10,7	A	Trinidad & Tobago	1,1	A
			Venezuela	12,3	B

Quelle: D. Nortman, Changing Contraceptive Patterns: A Global Perspective.
In: Population Bulletin, Vol. 32, Nr. 3, August 1977. S. 5.
A: Offizielle Begründung: Senkung des Bevölkerungswachstums.
B: Offizielle Begründung: Gesundheit für Mutter und Kind oder
Verwirklichung eines Menschenrechts.

191

192

Figur 1: Eheschließungen, Lebendgeborene und Gestorbene auf 1.000 Einwohner 1816 - 2000

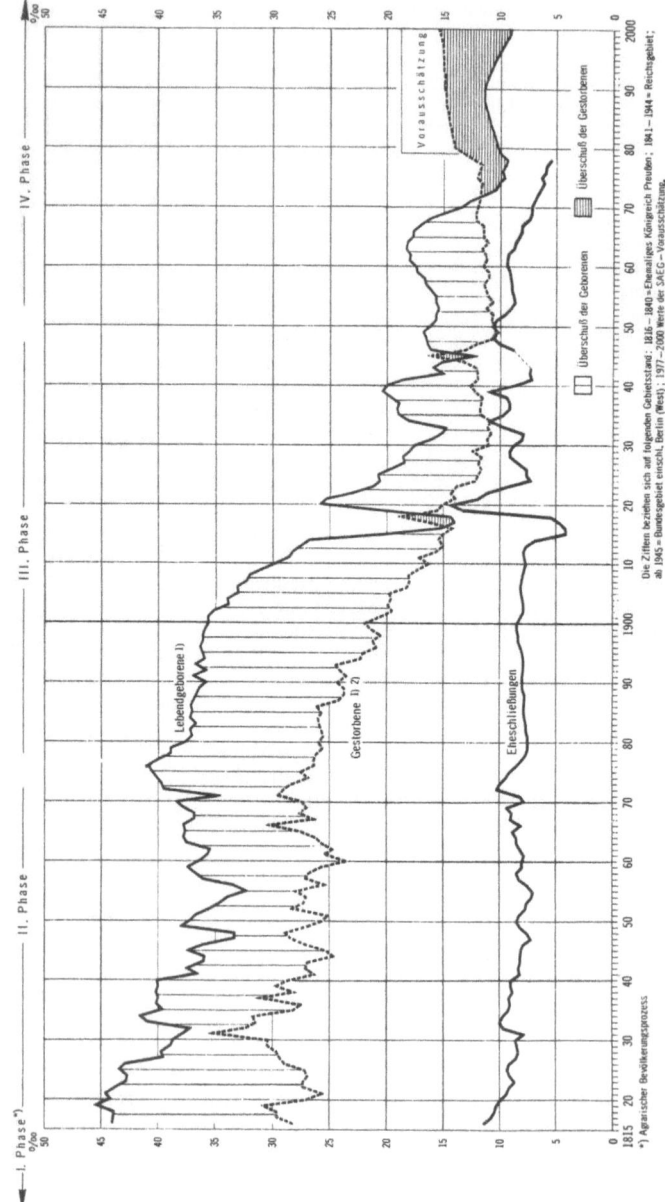

Statistisches Bundesamt 79 0639

Figur 2: Der demographische Übergang in seinen Phasen

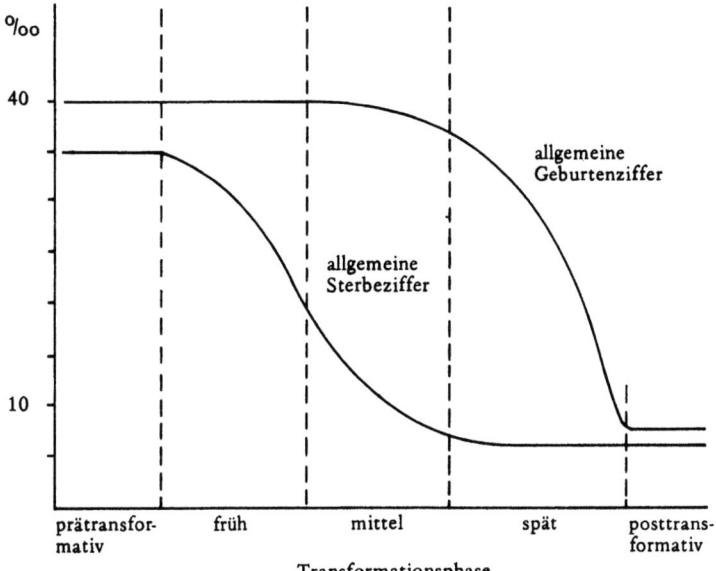

Quelle: J. Hauser, Bevölkerungsprobleme der Dritten Welt, Bern, Stuttgart 1974, S. 131.

Figur 3: Altersaufbau der Wohnbevölkerung der Bundesrepublik Deutschland am 31.12.1977

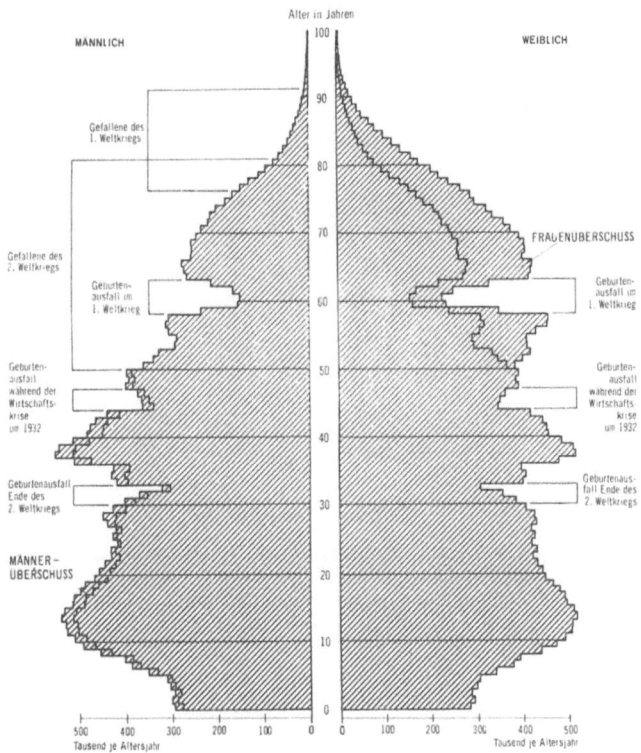

Quelle: Statistisches Jahrbuch für die Bundesrepublik Deutschland, 1979, S. 61.

Figur 4: Bevölkerungsdichte in den Kreisen der Bundesrepublik Deutschland am 31.12.1972

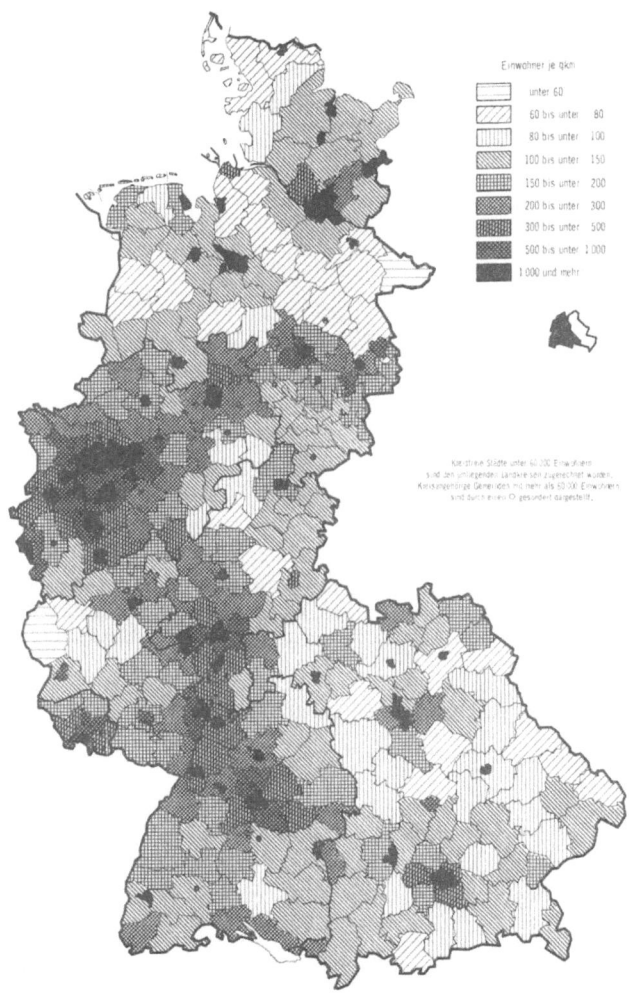

Quelle: Statistisches Jahrbuch für die Bundesrepublik Deutschland, 1974, S. 37.

Figur 5: Sterblichkeit nach Alter und Geschlecht in der Bundesrepublik Deutschland

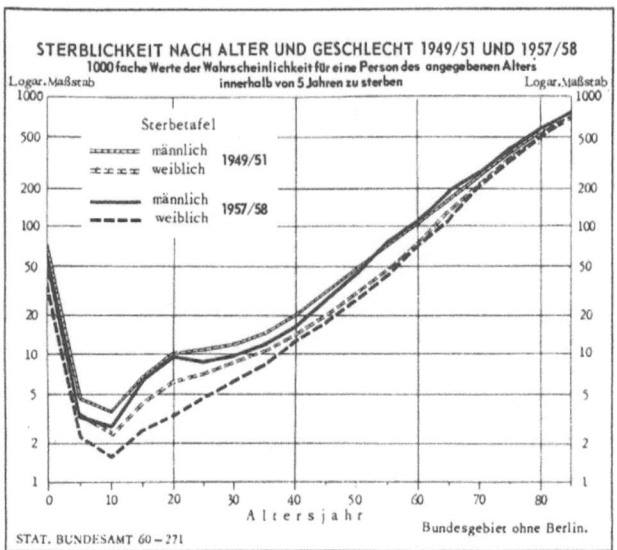

Die 20- bis 25jährigen Männer haben 1957/58 ein höheres Sterberisiko als die 25- bis 35jährigen. Es ist auf die stark gestiegene Sterblichkeit der 20- bis 25jährigen durch Kraftfahrzeugunfälle zurückzuführen.

Quelle: Wirtschaft und Statistik, 1960, Heft 5, S. 275.

Figur 6: Altersaufbau der deutschen Bevölkerung

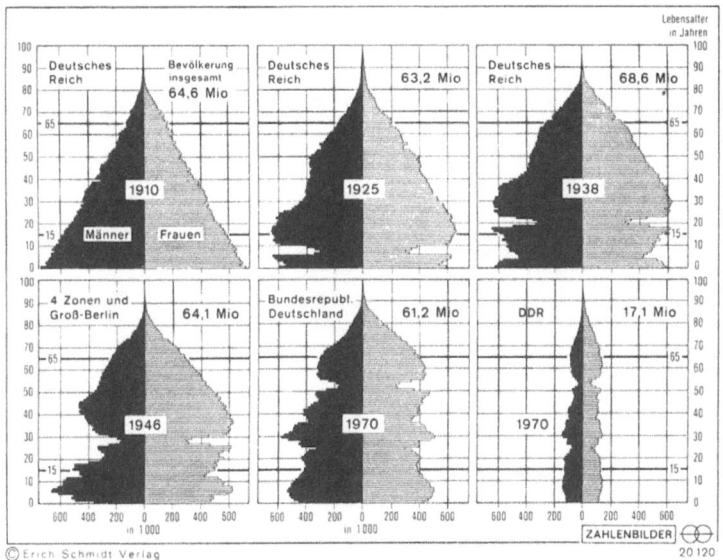

Quelle: Staatsbürgerkundliche Arbeitsmappe der Zahlenbilder aus Politik, Wirtschaft und Kultur, Berlin, Bielefeld, München; 3. Aufl. 1959, Bd. 1, Blatt Nr. 21110, 6/62.

Figur 7: „Problemberge" der Bevölkerungsentwicklung (Bundesrepublik Deutschland)

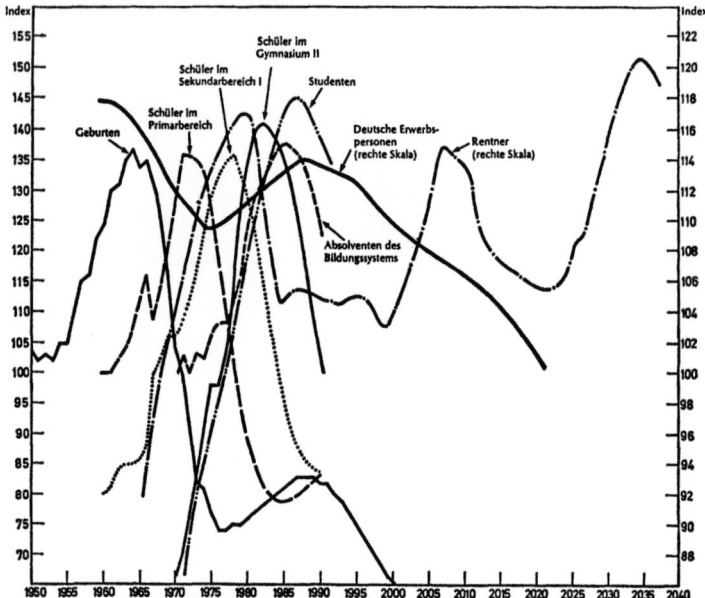

Quelle: Blüm, A.: Geburtenentwicklung und gesellschaftliche Teilsysteme. In: Dettling, W. (42), S. 152.

Figur 8: Geborenenziffern der weißen und schwarzen Bevölkerung der USA von 1850 - 1969

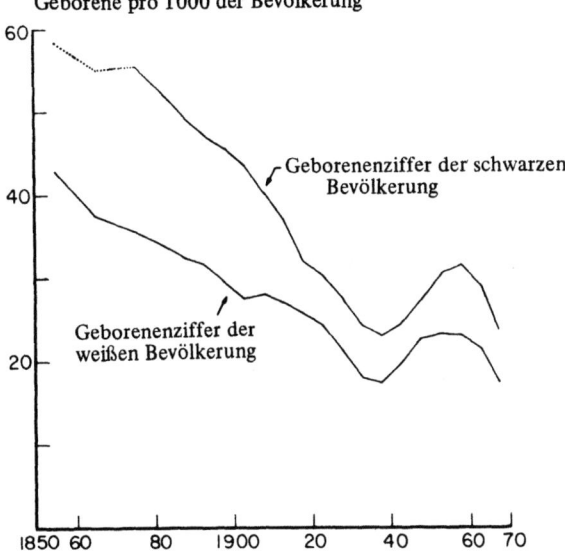

Geborene pro 1000 der Bevölkerung

Geborenenziffer der schwarzen Bevölkerung

Geborenenziffer der weißen Bevölkerung

Quelle: Population Index, Vol. 39, No. 1, Jan. 1973, S. 26.

Figur 9: Unterschiede im Wachstum der Bevölkerung nach Regionen bis 2000

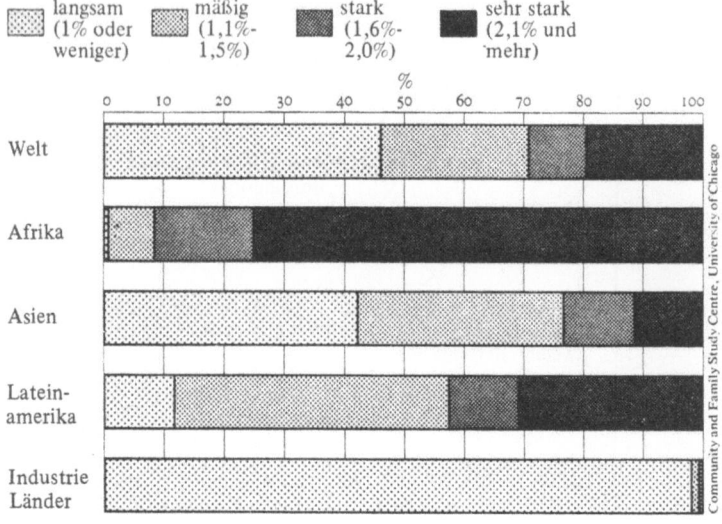

Quelle: People, Vol. 6, No. 1, 1979.

Figur 10: Das Wachstum der Erdbevölkerung

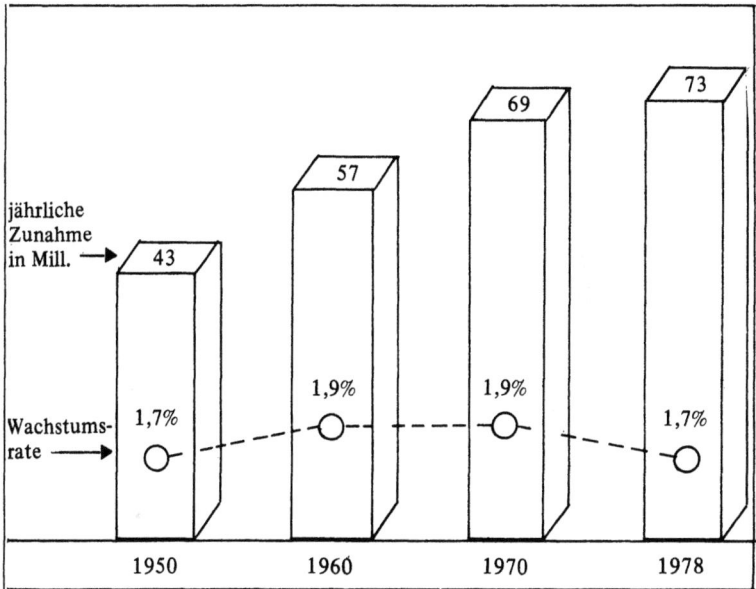

Quelle: Population Reference Bureau (Hg.): „Interchange", Vol. 7, No. 2, Mai 1978.

Figur 11: Kinderzahl je 100 in den Jahren 1962 bis 1966 mit deutschen Frauen geschlossenen Ehen im Mai 1977 in den
Gebietseinheiten des Bundesraumordnungsprogramms

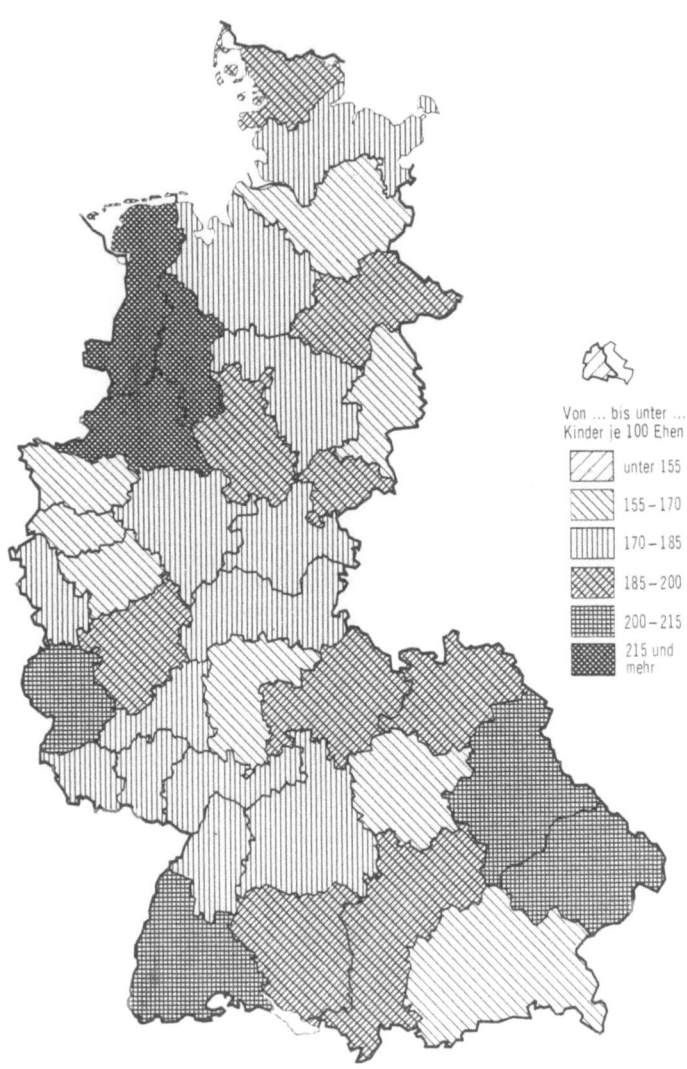

Von ... bis unter ...
Kinder je 100 Ehen

▨	unter 155
▨	155 – 170
▤	170 – 185
▨	185 – 200
▦	200 – 215
■	215 und mehr

Statistisches Bundesamt 78 0501

Verzeichnis der im Text zitierten Literatur

1 *Abel*, W.: Wachstumsschwankungen mitteleuropäischer Völker seit dem Mittelalter, In: Jahrbuch für Nationalökonomie und Statistik, Bd. 142, 1935

2 Akademie der Wissenschaften der UdSSR: Population Problems, Moskau 1974

3 Antwort der Bundesregierung auf die erste Kleine Anfrage der CDU/CSU: Langfristige Bevölkerungsentwicklung. In: Bundestagsdrucksache 8/680 v. 24.6.1977

4 *Ayck*, T., Stolten, I.: Kinderlos aus Verantwortung. Reinbek b. Hamburg 1978

5 *Bahrdt*, H.P.: Die moderne Großstadt. Soziologische Überlegungen zum Städtebau. Reinbek b. Hamburg 1961

6 *Bebel*, A.: Die Frau und der Sozialismus. Berlin 1923 (1. Aufl. 1883)

7 *Beckmann*, J., Gesenius, H., Groeger, G.N.: Kirchen und Geburtenregelung. Handbücherei für Gemeindearbeit, Heft 19, Gütersloh 1962

8 Bericht über die Jahrestagung der Deutschen Gesellschaft für Bevölkerungswissenschaft vom 23.-26.2.1977. In: Mitteilungen der DGfB, Heft 2, 1977

9 *Beshers*, J.M.: Population Processes in Social Systems, New York 1967

10 *Bickel*, W.: Bevölkerungsdynamik und Gesellschaftsstruktur. In: Schweizerische Zeitschrift für Volkswirtschaft und Statistik, 92, 1956.

11 *Böckle*, F.: Ethische Aspekte der Bevölkerungspolitik. In: Dettling, W. (Hg.): Schrumpfende Bevölkerung – wachsende Probleme? München-Wien 1978

12 *Bolte*, K.M.: Bevölkerung (II) Politik. In: Handwörterbuch der Sozialwissenschaften. Stuttgart-Tübingen-Göttingen 1958

13 *Bolte*, K.M.: Bevölkerungsgliederung. In: Handwörterbuch der Sozialwissenschaften. Stuttgart-Tübingen-Göttingen 1958

14 *Bolte*, K.M.: Generative Strukturen im Wandel. In: Hamburger Jahrbuch für Wirtschafts- und Gesellschaftspolitik, 7, 1962

15 *Bolte*, K.M.: Der Begriff der generativen Struktur als Instrument zur Analyse der Bevölkerungsbewegung der Entwicklungsländer. In: Boettcher, E. (Hg.): Entwicklungstheorie und Entwicklungspolitik. Tübingen 1964

16 *Bolte*, K.M., Aschenbrenner, K.: Die gesellschaftliche Situation der Gegenwart. Struktur und Wandel der Gesellschaft, Reihe B der Beiträge zur Sozialkunde, Heft 1, Opladen 1965

17 *Bolte*, K.M.: Bestimmungsgründe des Geburtenrückgangs und Überlegungen zu einer möglichen Beeinflußbarkeit. In: Bevölkerungsentwicklung und nachwachsende Generation. Bericht eines Arbeitskreises der Gesellschaft für sozialen Fortschritt. Bonn 1980.

17a*Bolte*, K.M.: Typen generativer Entscheidung – ein Schritt in Richtung prognosefähiger Bevölkerungstheorie? In: Zeitschrift für Bevölkerungswissenschaft Nr. 2/1980.

18 *Brentano*, L.: Die Malthus'sche Lehre und die Bevölkerungsbewegung der letzten Dezennien. München 1909

18a*Brück*, G.W./*Salzmann*, W.: Internationale Wanderarbeit und Einwanderung. In: Bevölkerungsentwicklung und nachwachsende Generation. Bericht eines Arbeitskreises der Gesellschaft für sozialen Fortschritt. Bonn 1980.

19 Bundesinstitut für Bevölkerungsforschung (Hg.): Die Bevölkerung der Bundesrepublik Deutschland. Wiesbaden 1974

20 Bundesministerium des Innern (Hg.): Bericht über die Weltbevölkerungskonferenz der Vereinten Nationen vom 19.-30.8.1974 in Bukarest. Bonn 1975

21 Bundesministerium für Jugend, Familie und Gesundheit (Hg.): Konsequenzen des Geburtenrückgangs, Band 58. Stuttgart 1978

22 Bundesministerium für Jugend, Familie und Gesundheit (Hg.): Ursachen des Geburtenrückgangs, Band 63. Stuttgart 1979

23 Bundesministerium für wirtschaftliche Zusammenarbeit: Weltbevölkerungskonferenz. In: Entwicklungspolitik, Materialien Nr. 46. Bonn 1974

24 *Buttler*, G.: Bevölkerungsrückgang in der Bundesrepublik. Ausmaß und Konsequenzen. Köln 1979

25 *Buttler*, G., Hof, B.: Bevölkerung und Arbeitsmarkt bis zum Jahre 2000. Köln 1977

26 *Carr-Saunders*, A.M.: World Population: Past Growth and Present Trends. Oxford 1938

27 *Coale*, A.J.: The Demographic Transition. In: International Union for the Scientific Study of Population (IUSSP) (Hg.): International Population Conference 1973. Liege 1974 (Bd. II)

28 *Coale*, A.J., Hoover, E.M.: Population Growth and Economic Development in Low Income Countries. Princeton, N.Y. 1958

29 *Coale*, A.J., Rives, N.W. Jr.: A Statistical Reconstruction of the Black Population of the United States 1880-1970: Estimates of True Numbers by Age and Sex, Birth Rates and Total Fertility. In: Population Index (39) 1973, No. 1

30 *Cohen*, S.S.: Die Theorie des Bevölkerungsoptimums. Ein Beitrag zur dogmengeschichtlichen und dogmenkritischen Behandlung des Bevölkerungsproblems. Diss. Marburg 1934

31 *Cook*, R.C.: Wer wird morgen leben? Hamburg 1951

32 Council of Europe: Population Decline in Europe. London 1977

33 Council of Europe: Recent Demographic Developments in the Member States of the Council of Europe (Country Reports Prepared by Members of the Committee for Population Studies). Strasbourg 1979

34 Council of Europe (J. Morsa): Socioeconomic Factors affecting Fertility and Motivation for Parenthood. Strasbourg 1979

35 *Croon*, H., Utermann, K.: Zeche und Gemeinde. Untersuchungen über den Strukturwandel einer Zechengemeinde im nördlichen Ruhrgebiet. Tübingen 1958

36 *Cutright*, Ph., Hout, M., Johnson, D.R.: Structural Determinants of Fertility in Latin America: 1880-1970. In: American Sociological Review (41) 1976

37 *Davis*, K.: Human Society. New York 1949
38 *Davis*, K.: Social Demography. In: Berelson, B. (Hg.): The Behavioral Sciences Today. New York, London 1963
39 *Davis*, K.: The Theory of Change and Response in Modern Demographic History. In: Population Index, Vol. 29, No. 4, Oct. 1963
40 *Davis*, K., Blake, J.: Social Structure and Fertility: An Analytic Framework. In: Economic Development and Cultural Change, April 1956
41 *Defoe*, D.: Die Pest zu London. Frankfurt/Main 1961
42 *Dettling*, W. (Hg.): Schrumpfende Bevölkerung – wachsende Probleme? München-Wien 1978
43 Deutscher Bundestag: Drucksache 7/4696 (Bericht und Antrag des Sonderausschusses zur Strafrechtsreform vom 3.2.1976)
44 Dokumente der Päpstlichen Kommission für Geburtenregelung: Das Gutachten der Mehrheit. In: Herder-Korrespondenz, 9. Heft, 21. Jg., Sept. 1967
45 *Ehmke*, H.: Die Fristenregelung und das Grundgesetz. Bonn-Bad Godesberg 1975
46 *Ehrlich*, P.: Die Bevölkerungsbombe. München 1971
47 *El-badry*, M.A.: Latin American Population Prospects in the Next Fifteen Years: A Brief Analysis. In: Population Studies (25) 1971
48 *Enke*, S.: Economic Consequences of Rapid Population Growth. In: Economic Journal, Dezember 1971
49 *Enke*, S.: Reducing Fertility to Accelerate Development. In: Economic Journal, Juni 1974
50 *Erler*, U.: Zerstörung und Selbstzerstörung der Frau. Emanzipationskampf der Geschlechter auf Kosten der Kinder. Stuttgart 1977
51 Europarat: Seminar über die Auswirkungen einer stationären oder abnehmenden Bevölkerung in Europa. Straßburg, September 1976
52 Evangelischer Pressedienst, Nr. 6/1976. Frankfurt, 2. Februar 1976
53 *Feichtinger*, G.: Bevölkerungsstatistik. Berlin-New York 1973
54 *Feichtinger*, G.: Ursachen und Konsequenzen des Geburtenrückgangs. In: Külp, B., Haas, H.D. (Hg.): Soziale Probleme der modernen Industriegesellschaft. 1. Halbband. Berlin 1977
55 *Franke*, L., Jürgens, H.W. (Hg.): Keine Kinder – keine Zukunft? Boppard 1978
56 *Franz*, G.: Der Dreißigjährige Krieg und das deutsche Volk, 2. Aufl. Jena 1934
57 *Freedman*, R., Baumert, G., Bolte, K.M.: Expected Family Size and Family Values in West Germany. In: Population Studies, Vol. XIII, Nr. 2, Nov. 1959
58 *Gorschenck*, G. (Hg.): Grundwerte in Staat und Gesellschaft. München 1977
59 *Harmsen*, H.: Sonderdruck „Deutsche Bundesrepublik" aus: Internationale Abortsituation, Abortbekämpfung, Antikonzeption. Rostock 1961
60 *Harmsen*, H.: Voraussetzungen und Bedingungen des Geburtenrückgangs im letzten Jahrzehnt. In: Harmsen, H., Schubnell, H. (Hg.): Ausmaß-Ursachen-Bedeutung des Geburtenrückgangs in der Bundesrepublik Deutschland. Hamburg 1974
61 *Hauser*, Ph.M.: Demographic Factors in the Integration of the Negro. In: Daedalus, Bd. 94, 1965

62 *Heinrichs*, J.: Bedeutet Familienplanung ein Geburtenminus? In: (55)
63 *Hill*, C.: Von der Reformation zur industriellen Revolution. Sozial- und Wirtschaftsgeschichte Englands 1530-1780. Frankfurt/Main 1977
64 *Hill*, R., Stycos, J.M., Back, K.W.: The Family and Population Control: A Puerto Rican Experiment in Social Change, Chapel Hill 1959
65 *Hiller*, E.T.: A Culture Theory of Population Trends. In: Spengler. J.J., Duncan, O.D. (Hg.): Population Theory and Policy. Glencoe, III. 1956
66 *Hirschauer*, P.: Die bevölkerungspolitischen Vorschläge im Freistaat Bayern aus Anlaß seiner gegenwärtigen demographischen Situation. Unveröffentlichte Diplomarbeit. München 1978
67 Hirtenbriefe der Bischöfe der Schwedischen Kirche zur sexuellen Frage. Deutsche Übersetzung in: Volksgesundheitsdienst. Zeitschrift zur Fortbildung der im Gesundheitsdienst tätigen Kräfte, Heft 10, Oktober 1951
68 *Höhn*, Ch., Linke, W.: Voraussichtliche Bevölkerungsentwicklung bis 1990. In: Wirtschaft und Statistik, Heft 6, 1976
69 *Höhn*, Ch.: Kinderzahl ausgewählter Ehejahrgänge. In: Wirtschaft und Statistik, Heft 8, 1976
70 „Humanae vitae", der Wortlaut der Enzyklika zur Empfängnisregelung. Sonderdruck aus „Deutsche Tagespost". Würzburg 1968
71 *Inama-Sternegg*, Th.v.: Die volkswirtschaftlichen Folgen des Dreißigjährigen Krieges für Deutschland. Historisches Taschenbuch, 4. Folge, Bd. 5, 1864
72 Institut National d'Etudes Demographiques (INED), Paris, Bericht an den französischen Minister für Soziale Angelegenheiten über die Geburtenregelung in Frankreich. In: demographische Bedeutung der Steuerung der menschlichen Fruchtbarkeit (Veröffentlichung der Deutschen Akademie für Bevölkerungswissenschaft an der Universität Hamburg), Hamburg 1968
73 Institut National d'Etudes Demographiques (INED), (Hg.): Population, Bd. 26, Paris, März 1972
74 International Planned Parenthood Federation (IPPF) (Hg.): Family Planning in Five Continents. London. Dezember 1976
75 *Ipsen*, G.: Bevölkerungslehre. In: Handwörterbuch des Grenz- und Auslandsdeutschtums, Bd. I, Breslau 1933
76 *Ipsen*, G.: Die preußische Bauernbefreiung als Landesausbau. In: Zeitschrift für Agrargeschichte und Agrarsoziologie, 1, 1954
77 *Jahn*, E.: Alfred Grotjahns quantitative und qualitative bevölkerungspolitischen Forderungen in seinem Gesamtwerk und in ihrer Gegenwartsbedeutung. In: Gesundheitsfürsorge – Gesundheitspolitik. Zeitschrift für die Aufgaben der Volksgesundheitspflege, 7. Jg., 1957/58
78 *Jantke*, C.: Der Vierte Stand. Hamburg 1955
78 *Jürgens*, H.W.: Sozialpsychologische Aspekte eines Bevölkerungsrückgangs. In: Zeitschrift für Bevölkerungswissenschaft, Heft 1, 1977
80 *Jürgens*, H.W.: Thesen zum Geburtenrückgang aus der Sicht der Bevölkerungswissenschaft. In: Gründel, J. (Hg.): Sterbendes Volk? Fakten, Ursachen, Konsequenzen des Geburtenrückgangs in der BRD. Düsseldorf 1973
81 *Jürgens*, H.W., Pieper, U.: Demographische und sozialmedizinische Auswirkungen der Reform des § 218. Stuttgart 1975
82 *Jürgens*, H.W., Pohl, K.: Kinderzahl – Wunsch und Wirklichkeit. Stuttgart

1975

83 *Kappe*, D., Schulte-Altedorneburg, M., Knappstein, T.: Grundformen der Gemeinde: Großstadt und Dorf. Opladen 1975

84 Katholisches Zentralinstitut für Ehe- und Familienfragen: Probleme der Empfängnisregelung aus verantwortlicher Elternschaft in theologischer Sicht. Aktueller Zitaten- und Informationsdienst, Heft 2/3, Köln 1965

85 *Kaufmann*, F.X. (Hg.): Bevölkerungsbewegung zwischen Quantität und Qualität. Stuttgart 1975

86 *Kirk*, D., Livi-Bacci, M., Szabady, E. (Hg.): Law and Fertility in Europe (IUSSP), Dolhain 1975

87 *Kirsten*, E., Buchholz, E.W., Köllmann, W.: Raum und Bevölkerung in der Weltgeschichte, Bevölkerungs-Ploetz. Würzburg 1955

88 *Köllmann*, W.: Grundzüge der Bevölkerungsgeschichte Deutschlands im 19. und 20. Jahrhundert. In: Studium Generale, 12. Jg., Heft 6, 1959

89 *Köllmann*, W.: Bevölkerung in der industriellen Revolution. Göttingen 1974

90 *Köllmann*, W.: Verstädterung. In: Der Mensch in der Großstadt. Kröners Taschenausgabe, Bd. 268. Stuttgart 1960

91 „Königsteiner Erklärung", Wort der deutschen Bischöfe zur seelsorgerischen Lage nach dem Erscheinen der Enzyklika „Humanae vitae". In: Herder-Korrespondenz, Heft 10, 22. Jg., Okt. 1968

92 *Koller*, J.: Fruchtbarkeit und Familienplanung in Kolumbien − ein lateinamerikanisches Beispiel. Unveröff. Diplomarbeit. München 1978

93 *Leenen*, W.R.: Bevölkerungspolitik in der Bundesrepublik − eine neue gesellschaftspolitische Aufgabe? In: Aus Politik und Zeitgeschichte, Beilage zur Wochenzeitung „Das Parlament", Heft 21, 1978

94 *Leibenstein*, H.: Economic Backwardness und Economic Growth, Studies in the Theory of Economic Development. New York, London 1957

95 *Leibenstein*, H.: Pitfalls in Benefit-Cost-Analysis of Birth-Prevention. In: Population Studies 23, 1969

96 *Leyhausen*, P.: Bevölkerungsdichte und Ökologie. In: Gründel, J. (Hg.): Sterbendes Volk? Düsseldorf 1973

97 *Linde*, H.: Die generative Form spezifischer Bevölkerungen. In: Forschungs- und Sitzungsberichte der Akademie für Raumforschung und Landesplanung, Bd. I (1950), 1. Lieferung, Raum und Gesellschaft, Bremen 1952

98 *Linde*, H.: Die Bedeutung von Th.R. Malthus für die Bevölkerungssoziologie. ·In: Zeitschrift für die gesamte Staatswissenschaft, 118. Bd., Heft 4, Okt. 1962

99 *Löbsack*, T.: Nur noch Wunschkinder? Düsseldorf, Wien 1963

100 *Lorenz*, Ch.: Bevölkerungslehre. In Ziegenfuß, W. (Hg.): Handbuch der Soziologie, Stuttgart 1955/56

101 *Lütge*, F.: Deutsche Sozial- und Wirtschaftsgeschichte. Berlin-Göttingen-Heidelberg 1960 (2. Aufl.)

102 *Luther*, M.: Vom ehelichen Leben (1522). In: D. Martin Luthers Werke. Kritische Gesamtausgabe, 10. Bd., 2. Abtlg., Weimar 1907

103 *Mackenroth*, G.: Bevölkerungslehre, Berlin-Göttingen-Heidelberg 1953

104 *Mackenroth*, G.: Bevölkerungslehre. In: Gehlen, A., Schelsky, H. (Hg.): Soziologie. Ein Lehr- und Handbuch zur modernen Gesellschaftskunde. Düsseldorf-Köln 1955

105 *Mackenroth*, G.: Die generative Struktur von Bevölkerungen und Sozial-

schichten. In: Weltwirtschaftliches Archiv, Bd. 75, Heft 1, 1955

106 *Mackenroth*, G., Bolte, K.M.: Bevölkerung (I) Theorie. In: Handwörterbuch der Sozialwissenschaften. Stuttgart-Tübingen-Göttingen 1958

107 *Mackensen*, R.: Das generative Verhalten im Bevölkerungsrückgang. In: Kaufmann, F.X. (Hg.): Bevölkerungsbewegung zwischen Quantität und Qualität. Stuttgart 1975

108 *Mackensen*, R. (Hg.): Empirische Untersuchungen zum generativen Verhalten. Soziologische Arbeitshefte, Heft 17. Berlin 1979

109 *Mackensen*, R., Wewer, H. (Hg.): Dynamik der Bevölkerungsentwicklung. München 1973

110 *Malthus*, Th.R.: Eine Abhandlung über das Bevölkerungsgesetz, 6. Aufl., Übers. von V. Dorn. In: Sammlung sozialwissenschaftlicher Meister, hg. von H. Waentig, Jena 1924

111 *Marschalck*, P.: Deutsche Überseewanderung im 19. Jahrhundert. Stuttgart 1973

112 *Marschalck*, P.: Social and Economic Conditions of European Emigration to South America in the 19th and 20th Centuries. In: Konetzke, R., Kellenbenz, H. (Hg.): Jahrbuch für Geschichte Lateinamerikas, Bd. 13, Köln, Wien 1976

113 *Mayer*, R.: Einführung in die Bevölkerungswissenschaft, Stuttgart 1972

114 *Miller*, A.: Kultur und menschliche Fruchtbarkeit. Stuttgart 1962

115 *Miro*, C.A.: The World Population Plan of Action. A Political Instrument whose Potential has not been Realized. In: Population and Development Review, Vol. 3, No. 4, December 1977

116 *Möser*, J.: Patriotische Phantasien IV, 15, J. Mösers sämtliche Werke. Historisch-kritische Auswahl in 14 Bänden, Bd. 7, Oldenburg, Hamburg 1944

117 *Mombert*, P.: Bevölkerungslehre. Jena 1929

118 *Munz*, C.: Generatives Verhalten zwischen Rationalität und Alltagsbewußtsein – Materialien zu einer Auseinandersetzung mit aktuellen Strömungen in der Fertilitätsforschung. Unveröffentlichte Diplomarbeit. München 1978

119 *Nagel*, J.S.: Mexico's Population Policy Turnaround, Population Bulletin (Population Reference Bureau), Vol. 33, No. 5, December 1978

120 *Neidhardt*, F.: Die Familie in Deutschland. Gesellschaftliche Stellung, Struktur und Funktion, 4. Aufl., Opladen 1975

121 *Nellner*, W.: Grundlagen und Hauptprobleme der Statistik. In: Lemberg, A., Adding, F. (Hg.): Die Vertriebenen in Westdeutschland. Kiel 1959

122 Neue Juristische Wochenschrift, Jg. 28, Heft 13, München 1975

123 *Neundörfer*, L.: Wanderungen I. In: Handwörterbuch der Sozialwissenschaften. Stuttgart-Tübingen-Göttingen 1958

124 *Nortman*, D.: Changing Contraceptive Patterns: A Global Perspective. In: Population Bulletin (a Publication of the Population Reference Bureau, Inc.), Vol. 32, Nr. 3, Aug. 1977

125 *Nortman*, D., Hofstatter, E.: Population and Family Planning Programs: A Factbook. In: The Population Council (Hg.): Reports on Population Family Planning, Nr. 2, Okt. 1976

126 *Notestein*, F.W.: Population – the Long View. In: Schultz, Th.: Food for the World. Chicago 1945

127 *Nukunya*, G.K.: Cultural and Demographic Influences on the African Fa-

mily. In: (176)
128 *Oehlert*, H.G.: Der Geburtenrückgang in der Bundesrepublik Deutschland. In: Harmsen, H., Schubnell, H. (Hg.): Ausmaß-Ursachen-Bedeutung des Geburtenrückgangs in der Bundesrepublik Deutschland. Hamburg 1974

129 *Pearl*, R., Reed, L.J.: On the Rate of Growth of the Population of the United States since 1790 and its Mathematical Representation. Proceedings of the National Academy of Science, 6, 1920

130 *Planck*, U.: Die Landfamilien in der Bundesrepublik Deutschland. In: Lüschen, G., Lupri, E. (Hg.): Soziologie der Familie. Opladen 1970

131 Population Reference Bureau, Inc.: 1978 World Population Data Sheet. Washington

132 PRO FAMILIA Informationen, hg. von PRO FAMILIA Deutsche Gesellschaft für Sexualberatung und Familienplanung e.V., Aug. 1977

133 *Pross*, H.: Abtreibung. Motive und Bedenken. Stuttgart 1971

134 *Pross*, H.: Die Wirklichkeit der Hausfrau. Reinbek 1975

135 *Rahner*, K., Vorgrimmler, H.: Kleines Konzilkompendium. Sämtliche Texte des Zweiten Vatikanums, Freiburg i.B. 1976

135a *Rein*, D.B.: Bevölkerungsrelevante Politik in der Bundesrepublik Deutschland. In: Geburtenrückgang und nachwachsende Generation. Bericht eines Arbeitskreises der Gesellschaft für sozialen Fortschritt. Bonn 1980

136 *Ritter*, G.A., Kocka, J. (Hg.): Deutsche Sozialgeschichte. Dokumente und Skizzen, Bd. II, München 1974

137 *Robbins*, L.: The Optimum Theory of Population. London Essays in Economics in Honour of E. Cannan. London 1927

138 *Rosenmayr*, L.H.: Der alte Mensch in der Gesellschaft. Einführung in die Gerosoziologie. Reinbek 1978

139 *Rosenstiel*, L.v.: Zur Motivation des generativen Verhaltens. In: Zeitschrift für Bevölkerungswissenschaft, Heft 2, 1978

140 *Rossi*, O. Kardinal: Familie und Weltkirche. Eine Rede anläßlich des 25jährigen Bestehens des Familienbunds der Deutschen Katholiken, Landesverband Bayern. Bamberg 1978

141 *Rückert*, G.R.: Analysen und Kommentare zur gegenwärtigen Bevölkerungsentwicklung und ihren absehbaren Trends in der Bundesrepublik Deutschland. In: Kaufmann, F.X. (Hg.): Bevölkerungsbewegung zwischen Quantität und Qualität. Stuttgart 1975

142 *Rückert*, G.R.: Charakteristika kinderloser Erstehen. In: Zeitschrift für Bevölkerungswissenschaft, Heft 3/4, 1975

143 *Rückert*, G.R.: Die Kinderzahl der Ehen in der Bundesrepublik Deutschland im Intergenerationenvergleich, Heft 2, 1976

144 *Rürup*, B.: Zum Problem der langfristigen Alterssicherung. In: Aus Politik und Zeitgeschichte, Juli 1979

145 Sachkommission IV der Gemeinsamen Synode der Bistümer in der Bundesrepublik Deutschland. Sinn und Gestaltung menschlicher Sexualität. Sonderdruck 1973

146 Sachverständigenkommission der Bundesregierung: Dritter Familienbericht (Albers, W./v. Schweitzer, R./Schubnell, H./Süßmuth, R.). Zusammenfassender Bericht, Bonn, Bundestagsdrucksache 8/3120 vom 20.8. 1979

147 *Schäfers*, R.: Sozialstruktur und Wandel der Bundesrepublik Deutschland. Stuttgart 1976; 2. Aufl. 1979

148 *Schattat*, B.: Demo-ökonomische Modelle. In: (149)
149 *Schmid*, J.: Einführung in die Bevölkerungssoziologie. Reinbek 1976
150 *Schmid*, J.: Das Weltbevölkerungsproblem und die Vereinten Nationen. In: „Weltprobleme", hg. von P.J. Opitz, München 1980
151 *Schmidt-Kaler*, T.: Wie sicher sind unsere Renten? In: Aus Politik und Zeitgeschichte, Juli 1979
152 *Schubnell*, H.: Der Kinderreichtum bei Bauern und Arbeitern. Freiburg/Breisgau 1941
153 *Schubnell*, H.: Das Wachstum der Weltbevölkerung. In: Der Monat, Juni 1961
154 *Schubnell*, H.: Der Geburtenrückgang in der Bundesrepublik Deutschland, Bd. 6 der Schriftenreihe des Bundesministeriums für Jugend, Familie und Gesundheit. Stuttgart-Berlin-Köln-Mainz 1973
155 *Schubnell*, H.: Sterben die Europäer aus? In: (55)
156 *Schwarz*, K.: Veränderung der Geburtenabstände und Auswirkung auf die Geburtenentwicklung. In: Wirtschaft und Statistik, Heft 11, 1973
157 *Schwarz*, K.: Gründe des Geburtenrückgangs 1966 bis 1975 und für „Nullwachstum" erforderliche Kinderzahl der Ehen. In: Wirtschaft und Statistik, Heft 6, 1977
158 *Schwarz*, K.: Das deutsche Defizit. In: (55)
159 *Shorter*, E.: Der Wandel der Mutter-Kind-Beziehungen zu Beginn der Moderne. In: Wehler, H.U. (Hg.): Historische Familienforschung und Demographie, Jg. 1, Heft 2/3 der Zeitschrift Geschichte und Gesellschaft. Göttingen 1975
160 *Soetbeer*, H.: Die Stellung der Sozialisten zur Malthus'schen Bevölkerungslehre. Göttingen 1886
161 *Spencer*, H.: A Theory of Population. Produced from the General Law of Animal Fertility. London 1852
162 Statistisches Bundesamt (Hg.): Statistische Jahrbücher für die Bundesrepublik Deutschland (Angabe der Bände im Text). Wiesbaden
163 Statistisches Bundesamt (Hg.): Wirtschaft und Statistik (Angabe der Hefte im Text). Wiesbaden
164 *Strohm*, E.: Ein bemerkenswertes Urteil über die Werbung für Empfängnisverhütung. In: Die Neue Familie. Informationsorgan für den Band für Volksgesundheit und bewußte Elternschaft e.V., 12. Jg., Heft 1, 1960
165 *Stycos*, J.M.: Human Fertility in Latin America: Sociological Perspectives, Ithaca N.Y. 1968
166 *Stycos*, J.M.: Recent Trends in Latin American Fertility. In: Population Studies (31), No. 3, 1978
167 *Szabady*, E.: Law and Fertility in Hungary. In: Kirk, D., Livi-Bacci, M., Szabady, E. (Hg.): Law and Fertility in Europe (IUSSP), Dolhain/Belgien 1975
168 *Tews*, H.P.: Soziologie des Alterns, Heidelberg 1971 (2 Bde.)
169 *Thielicke*, H. (Hg.): Kindersegen und Geburtenkontrolle. Hamburg 1964
170 *Thompson*, W.S.: Population. In: American Journal of Sociology, Vol. 34, 1929
171 *Thompson*, W.S.: Population and Progress in the Far East. Chicago 1959
172 *Toman*, W., Hölzl, S., Koreny, V.: Faktoren der Bevölkerungsentwicklung. Ursachen und Beweggründe für den Kinderwunsch. Erlangen-Nürnberg 1977

173 *Trebici,* M.: La Population de la Roumanie et les Tendences Démographiques. Bukarest 1976
174 *Tsui,* A.O., Bogue, D.J.: Declining World Fertility: Trends, Causes, Implications. In: Population Bulletin, Vol. 33, Nr. 4, 1978 (hg. v. Population Reference Bureau, Inc.)
175 *Turner,* F.C.: Responsible Parenthood: Mexico's New Population Policies. Washington D.C. 1974
176 *Ungern-Sternberg,* R.V., Schubnell, H. (Hg.): Grundriß der Bevölkerungswissenschaft. Stuttgart 1950
177 United Nations (Hg.): International Development Strategy: Action Program of the General Assembly for the Second United Nations Development Decade. New York 1968
178 United Nations (Hg.): The Population Debate: Dimensions and Perspectives. Papers of the World Population Conference. Bukarest 1974. New York 1975 (2 Bde.)
179 United Nations (Hg.): Fertility and Family Planning in Europe around 1970. A Comparative Study of Twelve National Surveys, New York 1976
180 United Nations (Hg.): The Determinants and Consequences of Population Trends, Vol. 1, New York 1973, Vol. 2, New York 1978
181 *Unshelm;* E.; Geburtenbeschränkung und Sozialismus. Versuch einer Dogmengeschichte der sozialistischen Bevölkerungslehre. In: Monographien zur Frauenheilkunde und Eugenik, Sexualbiologie und Vererbungslehre. Nr. 6, 1. Hauptstück I, Leipzig 1924
182 *Urdze,* A., Rerrich, M.: Frauenalltag und Kinderwunsch: Entscheidungsgründe für oder gegen weitere Kinder bei Müttern mit 1 Kind. Forschungsbericht des Instituts für Soziologie (Univ. München) 1980
183 *Vortmann,* H.: Geburtenzunahme in der DDR – Folge des „Babyjahres" – Geburtenentwicklung und Familienförderung in der DDR. In: Vierteljahreshefte zur Wirtschaftsforschung, Heft 3, Berlin 1978
184 *Wander,* H.: Zur Bevölkerungs- und Einkommensentwicklung in der Dritten Welt. In: Institut für Weltwirtschaft an der Universität Kiel (Hg.): Die Weltwirtschaft, Heft 1, 1976
185 *Weber,* L.M.: Geburtenregelung. In: Lexikon für Theologie und Kirche, 2. Aufl., Freiburg i.B. 1960
186 *Wingen,* M.: Grundfragen der Bevölkerungspolitik. Stuttgart-Berlin-Köln-Mainz 1975
187 *Wingen,* M.: Rahmensteuerung der Bevölkerungsbewegung als gesellschaftspolitische Aufgabe. In: Aus Politik und Zeitgeschichte, Beilage zur Wochenzeitung „Das Parlament", Heft 52, 1977
188 *Wingen,* M.: Bevölkerungsentwicklung – eine politische Herausforderung, München 1979
189 *Wollny,* G.: Die Zukunft ist anders. Boppard 1962
190 *Zeppernick,* R.: Kritische Bemerkungen zum Zusammenhang zwischen Alterslastenausgleich und Kinderlastenausgleich. In: Finanzarchiv. Bd. 37. Heft 2. Tübingen 1979

Zu den Autoren

Karl Martin Bolte, Professor Dr., Jg. 1925, Ord. Professor an der Universität München für Soziologie.
Wichtige Veröffentlichungen: Sozialer Aufstieg und Abstieg – Eine Untersuchung über Berufsprestige und Berufsmobilität, 1959; Deutsche Gesellschaft im Wandel Bd. 1, 1966, Bd. 2 1970; Der Achte Sinn – Gesellschaftsprobleme der Gegenwart, 1971; Bundesrepublik wohin? – Gesellschaftsordnung, Gesellschaftskritik und gesellschaftspolitische Bestrebungen in der Bundesrepublik Deutschland, 1974; Leistung und Leistungsprinzip – Zur Konzeption, Wirklichkeit und Möglichkeit eines gesellschaftlichen Gestaltungsprinzips, 1979.

Dieter Kappe, Professor Dr. sc. pol., Volkswirt, Jg. 1931, Lehrstuhl für Soziologie an der Universität Dortmund.
Wichtige Veröffentlichungen: (zus. mit K. M. Bolte, F. Neidhardt) Soziale Ungleichheit, Opladen 1974; (zus. mit T. Knappstein, M. Schulte-Altedorne. burg) Grundformen der Gemeinde: Großstadt und Dorf, Opladen 1975; Bevöl. kerung und Gesellschaft, Informationen zur politischen Bildung, Bonn 1968. Arbeiter und Angestellte in der politischen Bildung, Kiel 1969.

Josef Schmid, Dr. phil., Dipl.-Volkswirt, Jg. 1937, wiss. Assistent am Institut für Soziologie der Universität München.
Wichtige Veröffentlichungen: Einführung in die Bevölkerungssoziologie (Rowohlt Studium 98), Reinbek 1976; Zur soziologischen Konzeption menschlicher Fruchtbarkeit, in: Ursachen des Geburtenrückgangs – Aussagen, Theorien und Forschungsansätze zum generativen Verhalten (Band 63 der Schriftenreihe des BMJFG), Stuttgart 1979; Das Weltbevölkerungsproblem und die Vereinten Nationen, in: P. J. Opitz (Hrsg.), Weltprobleme (Bayer. Landeszentrale für pol. Bildung), München 1980.

MIX
Papier aus verantwortungsvollen Quellen
Paper from responsible sources
FSC® C105338

If you have any concerns about our products,
you can contact us on
ProductSafety@springernature.com

In case Publisher is established outside the EU,
the EU authorized representative is:
Springer Nature Customer Service Center GmbH
Europaplatz 3, 69115 Heidelberg, Germany

Printed by Libri Plureos GmbH
in Hamburg, Germany